고득점 합격의 지름길

사회

머리말

꿈을 향해 나아가고 있는 검정고시 수험생 여러분!

오늘날 우리가 살아가고 있는 이 사회는 하루가 다르게 빠르게 변화하고 발전해 가고 있습니다. 그 속에서 우리는 변화에 발맞춰 가기 위해 끊임없이 도전하고 경쟁하면서 자기 자신을 가꾸어 나가야 합니다. 원석에서 보석으로 거듭나는 그 날을 위해!!

그렇게 한 걸음 더 나아가기 위해 검정고시라는 또 하나의 도전을 준비하는 당신께 힘찬 응원의 박수를 보냅니다. 그리고 그 도전에 제가 작게나마 힘이 되고, 보탬이 되길 소망해 봅니다.

'사회'라는 과목은 우리 사회의 모습을 가장 잘 담아내고 있는 현실적이고 종합적인 과목입니다. 법과 정치, 경제, 사회·문화, 지리 등 다양한 영역이 한데 어우러져 있는 '검정고시 사회' 과목의 고득점을 위한 지름길은 균형 있는 학습 태도입니다. 이해를 바탕으로 꼼꼼한 암기를 필요로 하는 과목인 만큼 어느 한쪽에 치우친 공부보다 폭넓은 학습이 필요합니다. 변화하는 교육과정에 맞춘 이 책은 분명 여러분에게 좋은 길라잡이가 되어 줄 것입니다.

> **첫째,** 교재 내용은 새롭게 개정된 교육과정을 반영하였고, 교과 내용을 완벽히 분석하여 구성한 최신간입니다.
>
> **둘째,** 각 단원마다 중요한 개념과 원리를 정확히 이해하고 쉽게 응용할 수 있도록 교과 내용을 체계적이고 논리적으로 정리하였습니다.
>
> **셋째,** 학습한 내용을 바로 확인할 수 있도록 관련 문제와 이해하기 어려운 내용에 대해 상세한 참고 해설을 추가 구성하였습니다.
>
> **넷째,** 단원별로 기출문제를 분석하여 자주 출제되는 문제의 유형 파악과 함께 각 문제에 따른 자세한 해설을 달았으며, 문제 해결력·응용력을 길러 줄 수 있는 한 단계 더 나아간 고난도 유형의 문제를 제시하였습니다.

어떻게 공부해야 할지 걱정과 고민에 빠진 수많은 수험생들에게 필요한 것은 철저한 계획과 준비 그리고 끝까지 포기하지 않겠다는 굳은 의지와 자신감 있는 태도, 효율적으로 목표를 달성하겠다는 부지런한 실천입니다. "합격!! 언젠간 하겠지." 이런 막연한 태도를 버리시고, 기왕이면 가장 짧은 시간 내에 스피드하게 합격하겠다는 자세로 공격적으로 도전하십시오. 인생은 길고 여러분 앞에 펼쳐진 미래는 더 다채롭습니다. 합격이 빠를수록 여러분 앞에는 더 많은 인생의 기회가 놓이게 될 것입니다.

물론 그 도전하는 과정 또한 즐기십시오. 고난을 겪은 사람만이 또 다른 고난이 닥쳐와도 이겨낼 수 있는 강인한 힘이 있습니다. 어느새 여러분의 경험은 소중한 자산이 될 것입니다.

아름다운 여인 조각을 사랑한 마음이 간절해서 결국 그의 바람이 조각을 사람으로 바꾼 그리스 신화의 이야기가 있습니다. 간절한 열망이 꿈을 이루게 하고 긍정적 자기 암시가 결국 좋은 결과를 가져오는 것, 이것을 피그말리온 효과(Pygmalion effect)라고 합니다.

수험생 여러분!!
간절히 바라십시오. 진정으로 원하십시오. 그리고 부단히 노력하십시오.
말하는 대로, 노력한 대로, 반드시 "꿈은☆이루어집니다." 파이팅!!

― 편저자 이재운

1 시험 과목 및 합격 결정

시험 과목 (7과목)	필수	국어, 수학, 영어, 사회, 과학, 한국사(6과목)
	선택	도덕, 기술·가정, 체육, 음악, 미술 과목 중 1과목
배점 및 문항	문항 수	과목별 25문항(단, 수학 20문항)
	배점	문항당 4점(단, 수학 5점)
합격 결정	고시 합격	각 과목을 100점 만점으로 하여 평균 60점(소수점 셋째 자리에서 절사) 이상을 취득한 자를 합격자로 결정(단, 평균이 60점 이상이라 하더라도 결시과목이 있을 경우에는 불합격 처리)
	과목 합격	시험성적 60점 이상인 과목은 과목합격을 인정하고, 본인이 원할 경우 다음 차수의 시험부터 해당 과목의 시험을 면제하며, 그 면제되는 과목의 성적은 이를 고시성적에 합산함 ※ 과목합격자에게는 신청에 의하여 과목합격증명서 교부

2 응시 자격

① 중학교 졸업자 및 이와 같은 수준 이상의 학력이 있다고 인정된 사람

※ 3년제 고등기술학교 졸업(예정)자의 경우에도 중학교 졸업자 및 이와 동등 이상의 학력이 있다고 인정된 사람이어야 함

② 고등학교에 준하는 각종 학교 졸업자 또는 졸업 예정자와 중학교 또는 동등 이상의 학력이 있는 자를 대상으로 하는 3년제 직업훈련 과정의 수료자

③ 초·중등교육법 시행령 제97조, 제101조, 제102조에 해당하는 사람

④ 보호소년 등의 처우에 관한 법률 시행령 제69조제3호에 해당하는 사람

※본 공고문에서 졸업 예정자는 최종 학년에 재학 중인 사람을 말함

응시자격 제한

1. 고등학교 또는 초·중등교육법 시행령 제98조제1항제2호의 학교를 졸업한 사람 또는 재학 중인 사람 (휴학 중인 사람 포함)
2. 공고일 이후 중학교 또는 초·중등교육법 시행령 제97조제1항제2호의 학교를 졸업한 사람
3. 고시에 관하여 부정행위를 한 사람으로서 처분일로부터 응시자격 제한 기간이 경과되지 않은 사람
4. 공고일 기준으로 이후에 1의 학교에 재학 중 제적된 사람(단, 장애인복지법 제32조의 규정에 의하여 등록된 장애인으로서 신체적·정신적 장애로 학업을 계속하는 것이 불가능하여 자퇴한 사람은 제외)

③ 제출서류(현장접수)

① 응시원서(소정서식) 1부

② 동일한 사진 2매(탈모 상반신, 3.5cm×4.5cm, 3개월 이내 촬영)

③ 본인의 해당 최종학력증명서 1부

- 졸업(졸업예정)증명서(소정서식)

  ※ 상급학교 진학여부가 표시된 검정고시용에 한함

  　졸업 후 배정받은 상급학교에 진학하지 않은 사람은 미진학사실확인서 추가 제출

- 중·고등학교 재학 중 중퇴자는 제적증명서

- 중학교 의무교육 대상자 중 정원 외 관리대상자는 정원 외 관리증명서

- 중학교 의무교육 대상자 중 면제자는 면제증명서(소정서식)

- 평생교육법 제40조에 따른 학력인정 대상자는 학력인정서

- 초·중등교육법 시행령 제96조제1항제2호 및 제97조제1항제3호에 따른 학력인정 대상
  자는 학력인정증명서(초졸 및 중졸검정고시 합격자는 합격증서사본 또는 합격증명서)

- 합격과목의 시험 면제를 원하는 사람은 과목합격증명서 또는 성적증명서

  ※ 과목합격자가 응시하는 경우, 학력이 직전 응시원서에 기재된 것과 같은 때에는 과목합격증명서의 제출로서

  　본인의 해당 최종학력증명서를 갈음함

- 3년제 고등공민학교, 중·고등학교에 준하는 각종 학교와 직업훈련원의 졸업(수료,
  예정)자는 졸업(졸업예정, 수료)증명서

- 3년제 고등기술학교 및 졸업(예정)자는 직전학교 졸업증명서

④ 신분증 : 주민등록증, 외국인등록증, 운전면허증, 대한민국 여권, 청소년증 중 하나

시험에 관한 자세한 사항은 한국교육과정평가원 홈페이지(http://www.kice.re.kr)
또는 ARS(043-931-0603) 및 각 시·도 교육청 홈페이지에서 확인하시기 바랍니다.

구성 미리보기

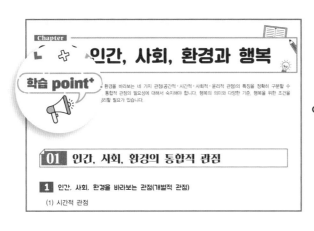

학습 point+

단원별로 학습 point를 분석하여 좀 더 쉽고 효율적으로 학습할 수 있는 방법을 제시하였어요.

검색

어렵고 익숙하지 않은 용어는 따로 찾을 필요 없이 바로 확인할 수 있도록 설명했어요.

바로 바로 CHECK

핵심 내용을 얼마나 정확히 이해하였는지 스스로 점검해 보며 실력을 확인하는 시간을 가져 보세요.

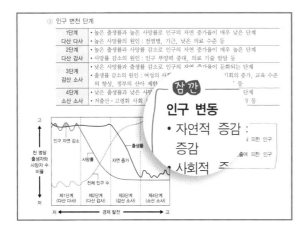

잠깐

기본 이론과 관련된 보충 설명을 통해 심층적으로 학습하는 시간을 가져 보세요.

02 인간과 자연의 관계

1 자연을 바라보는 다양한 관점 중요+

(1) 인간 중심주의 자연관

① 의미 : 자연의 가치를 인간의 이익이나 필요에 따라 평가하는 관점

② 특징
  ㉠ 이분법적 관점 : 인간과 자연은 구분되며, 인간을 자연보다 우월하고 독립된 존재라고 주장한다.
  ㉡ 도구적 자연관 : 자연이 지니는 도구적 가치에 중점을 두고, 자연을 인간의 욕구 충족을 위한 도구로 바라본다.

③ 의의 : 자연을 개발함으로써 과학 기술 발전과 경제 성장을 이루는 데 기여하였다.

④ 문제점
  ㉠ 자연의 본래적 가치를 인정하지 않고 도구적으로만 이용하기 때문에 자연을 훼손할 수 있다.
  ㉡ 산업화와 도시화 과정에서 환경오염, 생태계 파괴 등과 같은 환경 위기를 초래할 수 있다.

> **본래적 가치**
> 다른 어떤 것의 수단이 아니라, 그 자체가 목적이기 때문에 갖는 가치

중요

기출문제를 바탕으로 교과 내용을 분석하여 자주 출제된 부분에는 중요 표시를 하였어요.

심화학습

시험에 나올 수 있는 중요 이론과 보충 내용을 통해 이해의 깊이를 높일 수 있도록 하였어요.

심화학습 사회와 현대 사회의 이상적인 정주 환경

첫째로 지리(地理)가 좋아야 하고, 둘째는 생리(生利)가 좋아야 하며, 셋째는 인심(人心)이 넷째로 산수(山水)가 좋아야 한다. 이 네 가지에서 하나라도 모자라면 살기 좋은 땅이 아니다. ...도 생리가 부족하면 오래 살 수 없고, 생리가 좋아도 지리가 나쁘면 오래 살 수 없다. ...리가 모두 좋다 하여도 인심이 나쁘면 반드시 후회할 일이 생기고, 가까운 곳에 즐길 만한 산수가 ...면 마음을 풍요롭게 가꿀 수 없다. —이중환, 「택리지」—

(가) 시료

(나) 최근 각종 여론 조사에 따르면 사람들이 거주지를 선택할 때 중요하게 고려하는 요인으로는 대중교통의 편리성, 은행이나 병원 및 공공시설 등 편의 시설과의 접근성, 공원 및 녹지 면적 비중, 적당한 주택 가격 수준, 우수한 교육 여건, 직장과의 인접성 등이 있다. —2014, ○○ 설문 조사 기관—

(가) 조선 후기의 실학자인 이중환이 저술한 「택리지」에는 가거지(可居地, 사람이 살기에 적합하여 살기 좋은 곳)의 조건들로 지리(풍수지리적 명당), 생리(그 땅에서 생산되는 이익, 풍부한 산물), 인심(넉넉하고 좋은 이웃간의 정), 산수(빼어난 경치)를 들었다.

(나) 현대인들은 쾌적하고 편리한 주거 환경, 교육과 의료 시설 등이 갖추어져 있는 질 높은 정주 환경을 선호한다.

2 경제적 안정

(1) 경제 성장의 필요성

실전예상문제

실제 출제된 기출문제와 적중률이 높은 예상문제를 통해 실력을 점검해 보세요.

---

01 세계 인구가 성장한 요인에 해당하지 않는 것은?
① 산업화로 인한 생활 수준의 향상
② 최근 선진국의 높은 인구 증가율
③ 의학 기술의 발달로 인한 사망률 감소
④ 농업 기술 발달에 따른 인구 부양력 증대

02 다음 인구 변천 단계를 나타낸 그래프에서 2단계에 해당하는 설명으로 옳은 것은?

01 최근 개발 도... 출산율의 영... 세계 인... ...율 감소와 높은 ...급증하고 있어 ...있다.

02 그래프의 2단계는 초기 팽창 단계로, 출산율이 높은 상태에서 의료 기술의 발달로...

정답 및 해설

'왜 정답이 아닌지' 상세하게 설명한 해설을 통해 이론 학습에서 놓친 부분을 한 번 더 살펴보세요.

차 례

PART I 삶의 이해와 환경

Chapter 01 | 인간, 사회, 환경과 행복 · 002
    01 인간, 사회, 환경의 통합적 관점 · · · · · · · · · · · · · · · 002
    02 행복의 의미와 기준 · 004
    03 행복한 삶을 실현하기 위한 조건 · · · · · · · · · · · · · · · 008
    ✖ 실전예상문제 · 012

Chapter 02 | 자연환경과 인간 · 028
    01 자연환경과 인간 생활 · 028
    02 인간과 자연의 관계 · 036
    03 환경 문제 해결을 위한 노력 · · · · · · · · · · · · · · · · · 039
    ✖ 실전예상문제 · 045

Chapter 03 | 생활 공간과 사회 · 060
    01 산업화와 도시화 · 060
    02 교통 · 통신의 발달과 정보화 · · · · · · · · · · · · · · · · 068
    03 지역과 공간 변화 · 075
    ✖ 실전예상문제 · 076

PART II 인간과 공동체

Chapter 04 | 인권 보장과 헌법 · 092
    01 인권의 의미와 변화 양상 · · · · · · · · · · · · · · · · · · 092
    02 인권 보장을 위한 헌법의 역할과 시민 참여 · · · · · · · · · 097
    03 인권 문제의 양상과 해결 · · · · · · · · · · · · · · · · · · 105
    ✖ 실전예상문제 · 108

Chapter 05 | 시장 경제와 금융 ·· 122

01 자본주의와 합리적 선택 ······························· 122

02 시장 경제와 시장 참여자의 역할 ··················· 126

03 국제 무역의 확대와 영향 ······························ 131

04 자산 관리와 금융 생활 ································ 134

✱ 실전예상문제 ·· 140

Chapter 06 | 사회 정의와 불평등 ·· 156

01 정의의 의미와 실질적 기준 ·························· 156

02 다양한 정의관의 특징과 적용 ····················· 159

03 불평등의 해결과 정의의 실현 ····················· 162

✱ 실전예상문제 ·· 169

PART Ⅲ 사회 변화와 공존

Chapter 07 | 문화와 다양성 ·· 186

01 세계의 다양한 문화권 ································ 186

02 문화 변동과 전통문화의 창조적 계승 ·············· 190

03 문화 상대주의와 보편 윤리 ························· 192

04 다문화 사회와 문화 다양성 존중 ················· 195

✱ 실전예상문제 ·· 198

Chapter 08 | 세계화와 평화 ·· 214

01 세계화에 따른 변화 ································· 214

02 국제 사회의 모습과 평화의 중요성 ················ 221

03 동아시아의 갈등과 국제 평화 ····················· 225

✱ 실전예상문제 ·· 231

Chapter 09 | 미래와 지속 가능한 삶 ·· 246

01 세계의 인구와 인구 문제 ···························· 246

02 세계의 자원과 지속 가능한 발전 ·················· 253

03 미래 지구촌의 모습과 내 삶의 방향 ··············· 259

✱ 실전예상문제 ·· 262

PART

I

삶의 이해와 환경

Chapter 01 인간, 사회, 환경과 행복

Chapter 02 자연환경과 인간

Chapter 03 생활 공간과 사회

Chapter

01 인간, 사회, 환경과 행복

 인간, 사회, 환경을 바라보는 네 가지 관점(공간적·시간적·사회적·윤리적 관점)의 특징을 정확히 구분할 수 있어야 하며 통합적 관점의 필요성에 대해서 숙지해야 합니다. 행복의 의미와 다양한 기준, 행복을 위한 조건을 이해하고 정리할 필요가 있습니다.

01 인간, 사회, 환경의 통합적 관점

1 인간, 사회, 환경을 바라보는 관점(개별적 관점)

(1) 시간적 관점

① 의미 : 어떠한 사회 현상을 시대적 배경과 맥락에 대한 이해를 바탕으로 살펴보는 것

② 특 징

   ㉠ 과거의 사실이나 제도 등을 통해 현재의 사회 현상과 문제가 일어나는 이유와 그 결과를 이해할 수 있다.

   ㉡ 미래의 변화에 대해 예측할 수 있다.

   ㉢ 사회 문제의 바람직한 해결 방안을 찾는 데 도움을 준다.

③ 탐구 방법 : 어떠한 사회 현상과 관련된 과거의 자료를 수집하여 과거와 현재의 관계를 분석한다.

(2) 공간적 관점

① 의미 : 사회생활과 인간 생활을 위치, 장소, 분포 양상, 이동, 네트워크 등 공간적 맥락에서 살펴보는 것

네트워크	검색
인구나 물자가 서로의 경계를 넘어 이동하며 만들어진 관계	

② 특 징

   ㉠ 공간 정보를 통해 지역 간의 차이를 이해하는 데 도움을 준다.

   ㉡ 자연환경과 인문 환경이 인간의 생활에 미치는 영향을 파악할 수 있다.

③ 탐구 방법 : 인간과 사회, 자연이 서로 영향을 주는 방식을 분석한다.

(3) 사회적 관점

① 의미 : 어떠한 사회 현상이 나타나는 이유를 사회 제도 및 사회 구조의 측면에서 살펴 보는 것

② 특 징

　㉠ 사회 제도나 사회 구조가 사회 현상에 미치는 영향을 파악할 수 있다.

　㉡ 정책 대안을 마련하는 데 활용할 수 있다.

③ 탐구 방법 : 정치 · 경제 · 사회 제도 및 시민의 권리와 의무를 분석한다.

(4) 윤리적 관점

① 의미 : 인간의 행위를 도덕적 가치로 평가하고, 그 평가 기준을 탐색하여 사회 현상을 살펴보는 것

② 특 징

　㉠ 도덕적 가치 판단을 토대로 도덕적 행위 기준을 설정하는 데 도움을 준다.

　㉡ 사회가 나아가야 할 바람직한 방향을 제시해 준다.

　㉢ 사회 문제의 바람직한 해결책을 모색할 수 있다.

③ 탐구 방법 : 도덕적 가치 판단과 규범을 토대로 사회 현상을 설명하고 분석한다.

2 통합적 관점 중요⁺

(1) 개별적 관점을 통한 사회 현상 이해의 한계

① 사회 현상은 다양한 요인, 사실과 가치의 문제가 복잡하게 섞여 나타난다.

② 개별적 관점으로는 사회 현상에 담긴 복잡한 의미를 다양한 측면에서 종합적으로 파악하기 어렵다.

(2) 통합적 관점을 통한 탐구

① 의미 : 시간적 · 공간적 · 사회적 · 윤리적 관점을 모두 고려하여 사회 현상을 통합적으로 살펴보는 것

② 필요성

　㉠ 사회 현상을 종합적으로 이해하고, 사회 문제에 대한 다양한 해결 방안을 모색할 수 있다.

　㉡ 인간과 사회에 대한 통찰력을 함양할 수 있다.

　㉢ 사회 현상을 정확하게 이해하고, 이를 바탕으로 인류가 나아가야 할 방향을 제시하여 인류의 삶을 개선할 수 있다.

심화학습 화장장 건설을 둘러싼 갈등을 바라보는 관점

　○○지역에 화장장 건설 문제를 두고 지역 주민과 지방 정부 간의 갈등이 심화되고 있다. 화장장은 꼭 필요한 공공시설이지만 기피 시설이기 때문에 화장장 건설에 대한 입장이 대립되고 있기 때문이다.

1) 시간적 관점 : 과거에는 대부분 매장 문화였으나, 산업화와 유교 문화의 쇠퇴 등으로 화장 문화가 확대되고 있다.

2) 공간적 관점 : 화장장은 화장 시 오염 물질을 배출하므로 환경에 미치는 영향을 고려한 입지가 중요하다.

3) 사회적 관점 : 화장장 설립 갈등과 같은 님비 현상을 해결하기 위한 법과 제도가 마련되어야 한다.

4) 윤리적 관점 : 정부는 화장장 설립 시 피해를 입은 주민에게 정당한 보상을 해야 하고, 주민은 공익 또한 고려해야 한다.

02 행복의 의미와 기준

1 행복의 의미

(1) 일반적 의미

일상생활 속에서 느끼는 만족감이나 기쁨이 충분한 상태

(2) 행복에 대한 다양한 의미

① 아리스토텔레스 : "행복은 최고의 선이며, 삶의 궁극적인 목적"이라고 정의

② 석가모니 : "생로병사(生老病死)의 괴로움에서 벗어난 상태"라고 정의

국민의 행복 지수

1) 인간 개발 지수(양적 지표)
   • 유엔 개발 계획(UNDP)이 인간다운 생활 수준을 측정하고자 개발하였다.
   • 1인당 국내 총생산, 소득 평등도(지니 계수), 기대 수명, 교육 수준, 문맹률 등 206개 양적 기준을 종합 평가한다.

2) 더 나은 삶 지수(OECD 행복 지수)
   • 경제 협력 개발 기구(OECD) 회원국의 생활 환경과 삶의 질을 측정한다.
   • 주거 환경, 소득, 일자리, 공동체 생활, 교육, 환경, 정치 참여 등 11개 영역을 조사한다.
   • 양적 지표에 질적 지표를 추가하였다.

3) 세계 행복 보고서
   • 국제 연합(UN)이 해당 국가의 국민을 대상으로 삶의 질에 관한 주관적인 설문 조사 결과를 종합하였다.
   • 고용, 보건, 환경, 교육 등 주관적 행복 체감도를 바탕으로 한다.
   • 양적 지표와 질적 지표를 둘 다 반영하였다.

2 행복의 다양한 기준

(1) 시대적 상황에 따른 행복의 기준

① 선사 시대

  ㉠ 생존을 위해 식량을 확보하고, 외부의 위협으로부터 안전하게 사는 것이 행복이다.

  ㉡ 행복은 본래 '우연한 기회에 운 좋게 나에게 주어진 것'이라는 행운과 거의 같은 의미로 사용되었다.

② 고 대

  ㉠ 그리스 : 이성을 잘 발휘하고, 철학을 통해 지혜와 덕을 얻는 것이 행복이다.

  ㉡ 헬레니즘

    ⓐ 전쟁이나 혼란에 따른 불안에서 벗어나 철학적 성찰을 통해 마음의 평안을 얻는 것이 행복이다.

    ⓑ 에피쿠로스 학파 : 육체의 고통이 없고 마음에 불안이 없는 상태가 행복이다.

    ⓒ 스토아학파 : 자연의 질서에 따라 초연한 삶을 사는 것이 행복이다.

③ **중세** : 신앙을 통해 신과 하나가 되고 구원을 얻는 것이 행복이다.

④ **근 대**

　ⓖ 산업화와 민주화를 통해 물질적인 풍요로움과 인간의 기본권 및 자유와 평등을 보장받는 것이 행복이다.

　ⓛ 사상가

　　ⓐ 칸트 : 인간으로서 도덕을 반드시 지켜야 행복을 누릴 자격이 있으며, 자신의 처지에 만족하는 것이 행복이라고 여겼다.

　　ⓑ 벤담 : 최대 다수의 최대 행복을 주장하며, 쾌락을 즐기는 것이 최고의 행복이라고 여겼다.

⑤ **현 대**

　ⓖ 개인주의가 확산되고 자아실현의 욕구가 커지면서 개인의 주관적 만족감이 중시되었다.

　ⓛ 물질적 풍요뿐만 아니라 취미와 건강, 사회 복지 등 행복의 기준이 다양해졌다.

(2) 지역적 여건에 따른 행복의 기준

① **자연 환경** : 주어진 기후나 지형 등에 행복을 느끼거나, 반대로 환경의 결핍된 요소를 충족하는 것이 행복의 기준이 된다.

　ⓖ 건조 기후 지역 : 생존에 필요한 물을 확보하는 것이 행복

　ⓛ 일조량이 부족한 지역 : 햇볕을 쬘 수 있는 것이 행복

② **인문 환경** : 종교, 문화, 산업 등에 따라 행복의 기준이 다르다.

　ⓖ 종교적 영향이 큰 지역 : 종교의 교리에 따라 살아가는 것이 행복

　ⓛ 민족 및 정치적 갈등을 겪는 지역 : 평화와 정치적 안정을 달성하는 것이 행복

　ⓒ 절대적 빈곤을 겪는 지역 : 빈곤 탈출이 절실함

　ⓔ 차별이 있는 지역 : 인간으로서 자유와 평등을 누리는 것이 절실함

　ⓜ 정치·경제적으로 안정된 지역 : 삶의 질 향상이 목표

3 진정한 행복 중요⁺

(1) 삶의 목적으로서의 행복

① 오랜 기간에 걸쳐 삶 전체를 통해 느끼는 행복이 진정한 행복이다.

② 사람들이 추구하는 다양한 가치나 목표는 행복을 위한 수단임을 알아야 한다.

③ 행복의 기준은 다양하나, 궁극적으로 삶의 목적은 행복이다.

(2) 진정한 행복

① 의미 : 일시적인 행복이 아니라 지속적이고 정신적인 즐거움

② 행복 추구 시 고려 사항

    ㉠ 개인의 주관적 만족감뿐만 아니라 사회 구성원으로서 누리는 사회적 여건도 함께 고려해야 한다.

    ㉡ 의미 있는 삶의 목표를 설정하고, 그 목표를 달성하기 위해 노력해야 한다.

    ㉢ 물질적 조건과 정신적 가치를 함께 추구해야 한다.

    ㉣ 자신의 삶을 타인과 비교하지 않고, 자기 삶에 대해 만족하고 성찰해야 한다.

─ 심화학습 ─ 동양의 행복론

1) 유교 : 하늘로부터 부여받은 도덕적 본성을 보전하고 함양하면서 다른 사람과 더불어 살아가며 인(仁)을 실현하는 것이 참된 행복이다.

2) 불교 : '나'라는 의식을 벗어 버리기 위한 수행과 고통 받는 중생을 구제하는 실천을 통해 해탈의 경지에 이르는 것이 행복이다.

3) 도교 : 타고난 그대로의 본성에 따라 인위적인 것이 더해지지 않은 자연 그대로의 모습으로 살아가는 것이 참된 행복이다.

03 행복한 삶을 실현하기 위한 조건

1 질 높은 정주 환경

(1) 정주 환경의 의미와 종류

① 의미 : 일정한 공간에서 살아갈 수 있는 주거지와 다양한 주변 환경

② 종 류

    ㉠ 자연환경 : 물, 공기, 토양 등

    ㉡ 인문 환경 : 교통 및 통신 시설, 교육 시설, 문화 시설, 공공시설 등

(2) 질 높은 정주 환경

① 질 높은 정주 환경의 필요성

    ㉠ 인간의 기본적인 삶의 문제를 해결하고 행복한 삶을 살기 위해 필요하다.

    ㉡ 사람들이 살아가는 공간은 그곳에서 살아가는 사람들과 밀접한 관계가 있기 때문에 인간의 행복과 관련된다.

② 질 높은 정주 환경의 조건

    ㉠ 깨끗한 자연환경과 안락한 주거 환경

    ㉡ 공공 서비스, 의료 서비스, 교육 서비스 등이 잘 갖추어진 곳

    ㉢ 발달된 교통과 통신 시설

③ 질 높은 정주 환경 조성을 위한 노력

    ㉠ 산업화 이전 : 자연환경에 순응하며 삶

    ㉡ 산업화 이후 : 자연을 개발하여 삶의 질을 높이는 정주 환경을 위해 노력

    ㉢ 오늘날 : 국가적 차원에서 살기 좋은 정주 환경을 위해 다양한 정책 실시

심화학습 전통 사회와 현대 사회의 이상적인 정주 환경

> (가) 사람이 살 터로는 첫째로 지리(地理)가 좋아야 하고, 둘째는 생리(生利)가 좋아야 하며, 셋째는 인심(人心)이 좋아야 하며, 넷째로 산수(山水)가 좋아야 한다. 이 네 가지에서 하나라도 모자라면 살기 좋은 땅이 아니다. 지리가 뛰어나도 생리가 부족하면 오래 살 수 없고, 생리가 좋아도 지리가 나쁘면 그 또한 오래 살 수 없다. 지리와 생리가 모두 좋다 하여도 인심이 나쁘면 반드시 후회할 일이 생기고, 가까운 곳에 즐길 만한 산수가 없으면 마음을 풍요롭게 가꿀 수 없다.　　　　　　　　　　　　　　　　－이중환, 『택리지』－
>
> (나) 최근 각종 여론 조사에 따르면 사람들이 거주지를 선택할 때 중요하게 고려하는 요인으로는 대중교통의 편리성, 은행이나 병원 및 공공시설 등 편의 시설과의 접근성, 공원 및 녹지 면적 비중, 적당한 주택 가격 및 주거 비용, 우수한 교육 여건, 직장과의 인접성 등이 있다.　　　　－2014, ○○ 설문 조사 기관－

(가) 조선 후기의 실학인 이중환이 저술한 『택리지』에는 가거지(可居地, 사람이 살기에 적합하여 살기 좋은 곳)의 조건들로 지리(풍수지리적 명당), 생리(그 땅에서 생산되는 이익, 풍부한 산물), 인심(넉넉하고 좋은 이웃간의 정), 산수(빼어난 경치)를 들었다.

(나) 현대인들은 쾌적하고 편리한 주거 환경, 교육과 의료 시설 등이 갖추어져 있는 질 높은 정주 환경을 선호한다.

2 경제적 안정

(1) 경제 성장의 필요성

① 생계유지와 같은 기본적인 삶의 조건을 유지하려면 어느 수준 이상의 경제적 여건이 전제되어야 한다.

② 경제 성장을 통해 교육 및 의료 혜택이 보장되어야 삶의 질이 높아진다.

(2) 경제적 안정

① 경제적 안정의 필요성 : 국민 소득의 증가와 행복의 관계가 반드시 비례하지는 않기 때문에 국민의 행복 실현을 위해 경제 성장뿐만 아니라 경제적 안정이 같이 보장되어야 한다.

② 경제적 안정을 위한 노력
　㉠ 일자리를 확대하여 실업자를 줄이고 최저 임금을 보장하여 고용 안정을 이루어야 한다.

ⓒ 사회 복지 제도를 확대해야 한다. 예 실업 급여 제도, 사회 보험 등

ⓒ 경제적 불평등을 해소해야 한다.

> **심화학습** 맹자의 항산(恒産)과 항심(恒心)
>
> 맹자 "일반 백성은 항산(恒産)이 있어야 항심(恒心)이 있을 수 있다."
>
> 맹자는 항산(일정한 생업)이 없으면 그 때문에 항심(도덕적인 마음)을 가지지 못한다고 생각하였다. 경제적 안정이 궁극적으로 백성의 도덕성을 유지하기 위한 토대가 된다고 보았으며, 통치자는 백성의 행복을 위해서 기본적인 생업을 보장하여 경제적 안정을 이루게 해 주어야 한다고 하였다.

3 민주주의의 실현

(1) 민주주의의 필요성

① 국민의 인권 및 기본권이 보장되어야 국민 각자가 자유롭게 살아가고 행복한 삶을 살 수 있다.

② 시민 참여가 활성화된 사회에서 시민이 행복할 수 있다.

(2) 민주주의 실현을 위한 노력

① 시민의 의사를 정치 과정에 반영할 수 있는 민주적 정치 제도가 마련되어야 한다.

② 시민이 정치에 적극적으로 참여하고 자신의 의사를 적극적으로 표현해야 한다.

4 도덕적 삶의 실천과 성찰하는 삶

(1) 도덕적 삶의 실천과 도덕적 성찰

① 도덕적 삶의 실천 : 도덕적으로 생각하고 느끼며 행동하는 것

② 도덕적 성찰

ⓐ 자신의 언행에 대해 잘못이 없는지 반성하고 바로 잡은 것

ⓑ 사회 문제에 대해 살피고 해결하고자 노력하는 것

ⓒ 소크라테스 : "성찰하지 않는 삶은 살 가치가 없다."

③ 도덕적 삶과 도덕적 성찰의 필요성

　㉠ 사회 전체를 위해 도덕적 가치에 대한 합의와 실천이 필요하다.

　㉡ 자신과 타인의 행복을 함께 추구해야 사회 전체의 행복 실현도 가능해진다.

(2) 도덕적 실천과 성찰을 위한 노력

① 자신의 도덕성에 대해 성찰해야 한다.

② 역지사지(易地思之)와 관용의 자세로 다른 사람과 더불어 살아가려고 노력해야 한다.

관용 ▼ 검색
상대방의 서로 다른 사고방식이나 행동 등을 존중하는 태도

③ 기부와 사회봉사 등을 통해 도덕적 삶을 실천해야 한다.

01 다음 설명에 해당하는 관점으로 옳은 것은?

> 어떠한 사회 현상을 시대적 배경과 맥락에 대한 이해를 바탕으로 살펴보는 것

① 시간적 관점
② 사회적 관점
③ 공간적 관점
④ 윤리적 관점

02 공간적 관점에 대한 설명으로 옳은 것은?

① 사회 현상을 도덕적 가치로 평가하고 분석한다.
② 사회 현상을 시대적 배경과 맥락을 바탕으로 분석한다.
③ 사회 현상을 사회 제도 및 사회 구조의 측면에서 분석한다.
④ 사회 현상을 위치, 장소, 분포 양상, 이동 등을 고려하여 분석한다.

03 사회적 관점의 탐구 방법으로 옳은 것은?

① 정치 · 경제 · 사회 제도를 분석한다.

② 자연환경이 인간의 생활에 미치는 영향을 분석한다.

③ 도덕적 가치 판단과 규범을 토대로 사회 현상을 분석한다.

④ 과거의 자료를 수집하여 과거와 현재의 관계를 분석한다.

03

사회적 관점은 사회 현상이 나타나는 이유를 사회 제도 및 사회 구조의 측면에서 살펴보는 것으로 정치 · 경제 · 사회 제도 및 시민의 권리와 의무를 분석하여 탐구한다. ② 공간적 관점, ③ 윤리적 관점, ④ 시간적 관점에 대한 설명이다.

04 다음과 같은 문제점을 해결하기 위해 등장한 관점은?

> 개별적 관점으로는 사회 현상에 담긴 복잡한 의미를 다양한 측면에서 종합적으로 파악하기 어렵다.

① 시간적 관점

② 사회적 관점

③ 통합적 관점

④ 윤리적 관점

04

사회 현상은 다양한 요인이나 사실과 가치의 문제가 복잡하게 섞여 나타나기 때문에 개별적 관점으로 사회 현상을 분석하는 데 한계가 있다. 그래서 통합적 관점이 필요하다.

ANSWER

03. ① **04.** ③

05 다음 기사 내용에서 바라보고 있는 관점은?

> 최근 인간과 동물의 유전 형질을 동시에 가진 '키메라 배아'를 키워 이식용 장기를 만드는 연구가 진행되고 있다. 이러한 연구가 성공한다면 질병으로 고통받는 환자들의 삶의 질이 높아질 것이다. 반면에 키메라 배아는 인간과 동물의 경계를 흐릿하게 한다는 점에서 생명에 관한 논쟁을 불러일으키고 있다.
>
> – 「○○신문」 –

① 사회적 관점
② 공간적 관점
③ 윤리적 관점
④ 통합적 관점

05
인간 생명의 존엄성을 위협하는 생명 윤리 논쟁을 불러일으킬 수 있다는 기사 내용을 통해 윤리적 관점임을 알 수 있다.

06 다음 지도에서 나타난 환경 문제를 이해하는 관점으로 옳은 것은?

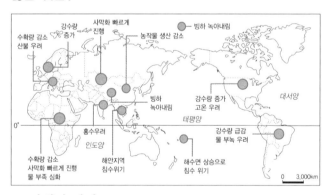

① 사회적 관점
② 공간적 관점
③ 윤리적 관점
④ 통합적 관점

06
지도는 지구 온난화로 인한 대륙별, 지역별 영향을 나타낸 것으로 이는 지구 온난화의 영향을 공간적 관점에서 분석한 것이다.

ANSWER

05. ③   06. ②

07 다음은 유해 동물로 지정된 비둘기로 인한 사회 문제에 대한 글이다. 이를 바라보는 관점으로 옳은 것은?

> 과거에 평화의 상징이었던 비둘기는 현재 도심에서 각종 문제를 일으키는 골칫거리가 되었다.

① 시간적 관점
② 사회적 관점
③ 공간적 관점
④ 윤리적 관점

07
과거와 현재를 비교하고 있는 시간적 관점이다.

08 지구 온난화 문제의 원인을 사회적 관점으로 분석한 사례는?

① 산업화와 도시화
② 인구와 공장 증가
③ 국가의 이해관계 충돌
④ 국가 간 산업화 정도의 차이

08
개별 국가의 이해관계 충돌은 사회적 관점이다.
① 산업화와 도시화는 시간적 관점이다.
② 인구와 공장 증가는 시간적 관점이다.
④ 국가 간 산업화 정도의 차이는 공간적 관점이다.

ANSWER
07. ① 08. ③

09 다음 제시문에서 아동 노동 문제를 바라보는 관점은?

> 카카오 농장주들은 생산비를 줄이기 위해 싼값에 아동을 고용하여 카카오 농장에서 일을 시키고 있다. 아동 노동 문제는 인간의 존엄성을 훼손하는 심각한 사회 문제이다.

① 시간적 관점
② 윤리적 관점
③ 공간적 관점
④ 사회적 관점

[10~11] 다음 글을 읽고 물음에 답하시오.

> 일본은 독도가 자국의 영토라는 왜곡된 주장을 계속해서 펼치고 있다. 하지만 독도가 대한민국의 고유의 영토라는 사실은 '삼국사기', '팔도총도' 등 다수의 옛 문헌과 지도에서 확인되고 있다. 과거 1877년 일본의 최고 행정 기관인 태정관은 '독도는 일본과 관계없다는 사실을 명심하라.'라고 분명히 지시하였다.
> –동북아 역사 재단 '우리 땅 독도를 만나다'–

10 위의 글에 해당하는 관점으로 옳은 것은?

① 사회적 관점
② 공간적 관점
③ 윤리적 관점
④ 시간적 관점

09
아동 노동 문제를 인간의 존엄성과 관련지어 인식하고 있기 때문에 윤리적 관점에 해당된다. 윤리적 관점이란 도덕적 가치를 기준으로 인간의 행위를 평가하고, 사회 현상을 살펴보는 것을 말한다.

10
제시문은 과거의 문헌들을 언급하며 독도 문제에 대한 시간적 관점을 가지고 쓴 글이다.

ANSWER
09. ② 10. ④

11 위에 해당하는 관점에 대한 설명으로 옳은 것은?

`고난도` ① 사회 현상의 시대적 배경과 맥락을 살펴본다.

② 사회 현상을 다양한 방면에서 통합적으로 살펴본다.

③ 사회 현상을 위치, 장소 등 공간적 맥락에서 분석한다.

④ 사회 현상이 나타나는 배경을 사회 구조 및 제도의 측면에서 분석한다.

12 다음 설명에 해당하는 용어는?

> 일상생활 속에서 느끼는 만족감이나 기쁨

① 용서

② 도덕

③ 행복

④ 윤리

11
시간적 관점이란 어떠한 사회 현상을 시대적 배경과 맥락에 대한 이해를 바탕으로 살펴보는 것을 말한다.
② 통합적 관점, ③ 공간적 관점, ④ 사회적 관점에 대한 설명이다.

12
행복은 일상생활 속에서 느끼는 만족감이나 기쁨이 충분한 상태를 말한다.

ANSWER
11. ① 12. ③

13 다음과 같은 명언을 남긴 인물은?

> "행복은 최고의 선이며, 삶의 궁극적인 목적이다."

① 플라톤

② 석가모니

③ 소크라테스

④ 아리스토텔레스

14 동양의 행복론 중 도교와 관련된 내용으로 옳은 것은?

① 인(仁)을 실현하는 것

② 해탈의 경지에 이르는 것

③ 도덕적 본성을 함양하면서 사는 것

④ 자연 그대로의 모습으로 살아가는 것

15 다음 중 행복의 의미에 대한 설명으로 옳은 것은?

고난도

> ㄱ. 행복은 물질적인 조건만 해당된다.
> ㄴ. 경제적 여유, 건강 등은 행복 그 자체이다.
> ㄷ. 자신의 삶이 전반적으로 즐거울 때 행복하다고 할 수 있다.
> ㄹ. 행복의 기본적인 조건들만 충족된다면, 삶의 전반적인 행복은 스스로의 마음에 달려 있다.

① ㄱ, ㄴ

② ㄱ, ㄷ

③ ㄴ, ㄷ

④ ㄷ, ㄹ

15

ㄱ. 행복은 마음이 즐겁고 만족스러운 상태를 일컫는다.

ㄴ. 경제적 여유, 건강 등은 행복의 조건이 될 수 있지만 행복 그 자체는 아니다. 이런 조건들이 충족된다고 해서 반드시 행복해지는 것은 아니기 때문이다.

16 시대별 행복의 기준으로 옳지 <u>않은</u> 것은?

① 선사 시대 : 생존을 위하여 먹을 것을 얻는 것

② 중세 : 신앙을 통해 구원을 얻는 것

③ 근대 : 우연한 기회에 운 좋게 나에게 주어진 것

④ 현대 : 개인이 느끼는 주관적 만족감

16

선사 시대에는 생존을 위해 식량을 확보하고 외부의 위협으로부터 안전하게 사는 것이 행복이었기 때문에, 행복은 본래 '우연한 기회에 운 좋게 나에게 주어진 것'이라는 행운과 거의 같은 의미로 사용되었다. 근대에는 산업화와 민주화를 통해 물질적인 풍요로움과 인간의 기본권 및 자유와 평등을 보장받는 것이 행복이라고 여겼고, 현대에는 물질적 풍요로움뿐만 아니라 취미와 건강, 사회 복지 등 행복의 기준이 다양해졌다.

ANSWER

15. ④ **16.** ③

17 다음과 같은 행복의 기준이 적용되었던 시대는?

> 물질적 풍요로움뿐만 아니라 건강, 복지 등 행복의 기준이 다양하다.

① 고대
② 중세
③ 근대
④ 현대

17
현대는 물질적 풍요로움뿐만 아니라 취미와 건강, 사회 복지 등 행복의 기준이 다양하다.

18 다음 중 글의 제목으로 적절한 것은?

> 제목 : (　　　　　)
> 조선 시대의 행복의 기준과 지금의 행복의 기준이 다르고, 아프리카 사람의 행복의 기준과 우리나라 사람의 행복의 기준이 다를 것이다.

① 행복의 보편성
② 행복의 상대성
③ 행복을 위한 조건
④ 행복을 위한 노력

18
행복은 시대적 상황이나 지역적 여건에 따라 다른 상대적인 의미이다.

ANSWER
17. ④　18. ②

19 행복의 기준에 대한 설명으로 옳은 것은?

고난도

① 기후와 지형 등 인문 환경은 행복의 기준에 영향을 미친다.

② 종교, 문화 등 자연환경은 행복의 기준에 영향을 미친다.

③ 정치적 갈등으로 분쟁이 심한 지역에서는 빈곤 탈출이 행복의 기준이다.

④ 일조량이 부족한 지역에서는 햇볕을 쬘 수 있는 것이 행복의 기준이다.

19

행복의 기준은 사람들이 추구하는 가치나 시대 상황, 자연 환경에 영향을 받는다.
① 기후와 지형 등은 자연 환경이다.
② 종교, 문화 등은 인문 환경이다.
③ 평화와 정치적 안정을 달성하는 것이 행복의 기준일 것이다.

20 행복의 기준 중 인문 환경에 해당하는 사례로 옳은 것은?

> ㄱ. 종교의 자유가 보장된 것이 행복이다.
> ㄴ. 사막 지역에서 물을 얻는 것이 행복이다.
> ㄷ. 정치적 갈등 없이 평화가 보장된 것이 행복이다.
> ㄹ. 일조량이 부족한 지역에서 일광욕을 할 수 있는 것이 행복이다.

① ㄱ, ㄴ

② ㄱ, ㄷ

③ ㄴ, ㄷ

④ ㄴ, ㄹ

20

인문 환경은 종교, 문화, 산업 등에 해당한다.
ㄴ, ㄹ은 기후와 지형 등 자연환경이 행복의 기준에 영향을 준 사례에 해당한다.

ⒶⓃⓈⓌⒺⓇ
19. ④ 20. ②

21 질 높은 정주 환경의 조건이 <u>아닌</u> 것은?

① 깨끗한 자연환경

② 안락한 주거 환경

③ 의료 서비스가 잘 갖추어진 곳

④ 교통의 발달로 소음이 심한 곳

22 행복을 유지하기 위한 경제적 안정에 대한 설명으로 옳지 <u>않은</u> 것은?

① 물질적 조건은 인간이 행복할 수 있는 기본적 토대이다.

② 국민 소득이 증가할수록 행복감은 반드시 비례하여 증가한다.

③ 경제 성장으로 국민 소득이 향상되면 어느 정도 삶의 질이 높아진다.

④ 국민이 행복하기 위해서는 경제적 성장뿐만 아니라 경제적 안정이 필요하다.

23 행복과 민주주의의 발전에 대한 설명으로 옳은 것은?

① 민주주의와 개인의 행복은 관련이 없다.

② 시민 참여가 활성화된 사회에서 시민이 행복하다.

③ 시민 참여는 개인적 차원이 아닌 사회적 차원의 문제이다.

④ 민주주의는 공동체의 발전을 개인의 행복보다 중요시한다.

23
민주주의 제도가 잘 정착되고 시민 참여가 활성화된 곳에서는 시민들이 그렇지 못한 사회에 비해 행복감이 높다.

24 다음에서 설명하고 있는 지리서는?

기출

- 조선 후기의 실학자 이중환이 저술하였다.
- 전국을 8도로 나누어 각 지역에 대해 설명하였다.
- 살기 좋은 환경의 조건으로 지리, 생리, 인심, 산수를 강조하였다.

① 택리지

② 동사강목

③ 대동지지

④ 아방강역고

24
실학자 이중환의 택리지는 우리나라 최초의 인문 지리서로 조선 후기에 제작된 대표적 지리서이다. 사민총론, 팔도총론, 복거총론, 총론 등 네 영역 중 복거총론에서는 사람이 살 만한 곳(가거지)을 지리, 산수, 생리, 인심의 4가지 조건을 들어서 설명하였다.

ANSWER

23. ② **24.** ①

25
기출
인간다운 삶을 위한 경제적 측면의 조건으로 가장 적절한 것은?

① 맑은 물과 공기
② 안정적 소득 보장
③ 민주적인 정치 제도
④ 정신적 안정과 행복감

26 다음 내용을 통해 알 수 있는 행복의 조건은?

> 내가 사는 곳은 비가 오면 강물이 넘치고 집이 물에 잠긴다. 바닥에는 냄새나는 녹색 물이 고여 있어 지나다닐 곳이 없다. 4살짜리 아이는 기관지염과 말라리아에 걸렸고, 이제는 티푸스까지 걸렸다.
> – 마이크 데이비스, 「슬럼, 지구를 뒤덮다」 –

① 경제적 안정
② 도덕적 실천
③ 민주주의의 발전
④ 질 높은 정주 환경

25
인간다운 삶은 사람이 살아가는 데 있어서 필요한 최소한의 의식주뿐만 아니라 생존 및 인간의 존엄성도 보호받을 수 있는 삶을 말한다. 즉 삶의 질이 매우 높은 상태를 말한다. 이 중 경제적 측면의 조건은 안정된 소득 보장이다.

26
제시문은 질 낮은 정주 환경에서 인간다운 삶을 살기 어려운 경우를 나타내고 있다. 행복한 삶을 위해서는 질 높은 정주 환경이 필요하다.

ANSWER
25. ② 26. ④

27 표를 통해 추론할 수 있는 행복의 조건은?

2015년

구 분	콩 고	중 국	대한민국	일 본
영아 사망률(%)	50.6	11.6	2.9	2.2
1인당 국내 총생산(달러)	1,851	7,925	27,214	32,477

① 국가의 안보

② 경제적 안정

③ 도덕적 실천

④ 민주주의의 실현

28 다음 (가)와 (나)에 해당하는 행복의 기준을 옳게 연결한 것은?

고난도

> (가) 선거 제도, 언론의 자유 보장
> (나) 봉사나 기부를 일상화하는 삶

	(가)	(나)
①	경제적 안정	도덕적 실천
②	민주주의의 실현	도덕적 실천
③	민주주의의 실현	경제적 안정
④	질 높은 정주 환경	도덕적 실천

27

국민 1인당 국내 총생산(GDP)이 높을수록 영아 사망률이 낮기 때문에 서로 영향을 미치고 있음을 알 수 있다. 즉 행복은 의식주와 같은 경제적 안정의 조건과 관계가 있다.

28

(가)는 민주주의의 실현, (나)는 도덕적 실천에 해당하는 사례이다.

ANSWER

27. ② 28. ②

29 다음 자료를 통해 알 수 있는 행복의 조건은?

고난도

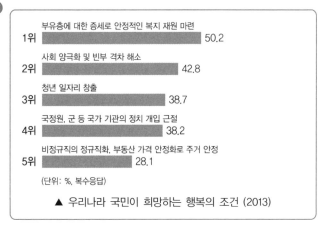

1위 부유층에 대한 증세로 안정적인 복지 재원 마련 — 50.2

2위 사회 양극화 및 빈부 격차 해소 — 42.8

3위 청년 일자리 창출 — 38.7

4위 국정원, 군 등 국가 기관의 정치 개입 근절 — 38.2

5위 비정규직의 정규직화, 부동산 가격 안정화로 주거 안정 — 28.1

(단위: %, 복수응답)

▲ 우리나라 국민이 희망하는 행복의 조건 (2013)

① 부의 획득

② 경제적 안정

③ 도덕적 성찰

④ 도덕적 실천

29

자료에서 국민이 희망하는 행복의 조건 중 1위 안정적 복지, 2위 빈부 격차 해소, 3위 일자리 창출 응답은 경제적 안정에 대한 요구로 볼 수 있다.

30 다음의 빈칸에 들어갈 내용으로 옳은 것은?

모두가 행복해지기 위해서는 사회 구성원들이 바람직한 도덕적 가치에 대해 합의하고, 이를 행동에 옮기는 ( )(이)가 이루어져야 한다.

① 도덕적 사고

② 윤리적 사고

③ 도덕적 실천

④ 도덕적 성찰

30

모두가 행복해지기 위해서는 사회 구성원들이 바람직한 도덕적 가치에 대해 합의하고, 이를 행동에 옮기는 도덕적 실천이 이루어져야 한다.

ANSWER
29. ② 30. ③

31 다음 설명에 해당하는 용어는?

> 자신의 언행에 대해 잘못이 없는지 반성하고 바로
> 잡은 것

① 도덕적 성찰
② 도덕적 실천
③ 관용적 태도
④ 개방적 태도

31
도덕적 성찰이란 자신의 언행에 대해 잘못이 없는지 반성하고 바로 잡은 것으로 사회 문제에 대해 살피고 해결하고자 노력하는 것을 말한다.

32 다음 글을 통해 알 수 있는 행복의 기준은?

> 일반 백성은 고정적인 생업이 없으면 흔들림 없는
> 도덕적인 마음도 없어집니다. 그러므로 지혜로운 왕은
> 백성들의 생업을 부여하고, 풍년에는 언제나 배부르고
> 흉년에도 죽음을 면하게 해야 합니다.

① 경제적 안정
② 민주주의의 실현
③ 질 높은 정주 환경
④ 도덕적 실천과 성찰

32
제시문은 맹자의 견해로 백성들의 경제적 안정이 보장되어야만 도덕적인 국가가 될 수 있다고 주장한다. 경제 성장과 경제적 안정을 통해 의식주와 같은 기본적인 욕구가 충족되어야 삶의 질을 유지할 수 있다.

ANSWER
31. ① 32. ①

자연환경과 인간

기후와 지형에 따라 달라지는 인간 생활의 다양한 모습, 자연 재해의 종류 및 안전한 환경에서 살아갈 시민의 권리는 출제 가능성이 높습니다. 인간 중심주의 및 생태 중심주의 자연관의 특징을 이해하고 구분할 수 있어야 하며, 환경 문제의 종류 및 환경 관련 국제 협약은 출제 빈도가 매우 높기 때문에 개념 위주로 정리하는 것이 학습에 도움이 됩니다.

01 자연환경과 인간 생활

1 인간 생활의 토대인 자연환경

(1) 자연환경이 인간 생활에 미치는 영향

자연환경의 예	검색
기후, 지형, 토양, 식생 등	

① 인간은 자연환경에 적응하며, 지역에 맞는 다양한 생활 양식을 만들어 낸다.

② 자연환경은 인간의 거주지와 생활 양식, 산업에 많은 영향을 미친다.

③ 인간은 생활에 필요한 각종 도구를 자연으로부터 얻는다.

④ 인간은 자연환경에 순응하여 살아가기도 한다.

⑤ 자연환경의 제약을 극복하고, 자연환경을 적절하게 이용하기도 한다.

⑥ 과학 기술의 발달로 자연환경의 제약이 줄어들었다.

(2) 기후와 인간 생활

① **기후 요소** : 기후를 구성하고 있는 개별적 요소 ⓓ 기온, 강수량, 바람 등

② **기후 요인** : 기후 요소에 영향을 미쳐 기후의 차이를 가져오는 요인

　ⓐ 위도 : 저위도에서 고위도로 갈수록 기온이 낮아진다.

　ⓑ 해발 고도 : 해발 고도가 높을수록 기온이 낮아진다.

　ⓒ 수륙 분포 : 대륙(육지)의 영향을 많이 받는 지역은 연교차가 큰 대륙성 기후, 해양(바다)의 영향을 많이 받는 지역은 연교차가 작은 해양성 기후가 나타난다.

ⓔ 지형 : 일반적으로 산지는 평지보다 강수량이 많다.

ⓜ 해류 : 난류가 흐르는 해안은 기온이 상승하고 강수량이 많은 편이며, 한류가 흐르는 해안은 기온이 하강하고 강수량이 적은 편이다.

③ **세계의 기후 구분** : 기온과 강수량을 기준으로 구분하며, 저위도에서 고위도로 가면서 열대, 건조, 온대, 냉대, 한대 기후 순으로 나타난다.

심화학습 ╲ 세계의 기후

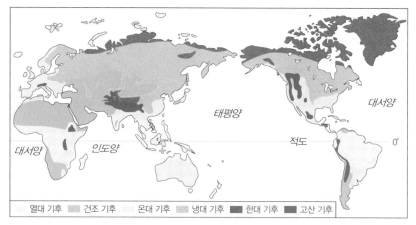

1) 기온 차이가 발생하는 원인 : 지구는 둥글기 때문에 위도에 따라 일사량의 차이가 다르게 나타난다.

2) 위도에 따른 기온 분포

① 저위도(적도) : 태양이 수직으로 비추어 좁은 지역에 열이 집중되어 기온이 높다.

② 중위도 : 비교적 온화한 기후가 나타난다.

③ 고위도(극) : 태양이 비스듬히 비추어 넓은 지역에 열이 분산되어 기온이 낮다.

④ 저위도에서 고위도로 갈수록 기온이 낮아진다.

: 열대 기후 → 건조 기후 → 온대 기후 → 냉대 기후 → 한대 기후 순으로 나타난다.

(3) 다양한 기후 지역의 인간 생활 중요⁺

① 열대 기후 지역 : 인간 거주에 불리함

의생활	통풍을 위해 헐렁한 옷, 단순한 형태의 얇고 간편한 옷차림
식생활	기름에 볶거나 튀기는 요리 발달, 향신료를 많이 사용 → 음식이 상하는 것을 방지함
주생활	• 큰 문과 창문으로 이루어진 개방적인 가옥 • 지붕의 경사가 급함 → 풍부한 강수량 때문 • 지면에서 띄운 고상 가옥 → 열기와 습기, 해충을 피하기 위함
농 업	• 이동식 화전 농업 • 플랜테이션 농업 : 유럽 등 선진국의 자본, 현지 원주민의 노동력과 토지를 결합하여 대규모로 재배하는 상업적 농업 방식 ⓓ 커피, 카카오, 바나나, 사탕수수 등 • 벼농사 발달 → 열대 계절풍 지역

② 건조 기후 지역 : 인간 거주에 불리함

의생활	• 사막 : 온몸을 감싼 헐렁한 옷 → 강한 햇빛과 모래바람을 막음 • 초원 : 동물의 가죽으로 만든 옷
식생활	• 사막 : 오아시스 농업을 통해 재배한 대추야자나 밀을 먹음 • 초원 : 양이나 염소 등의 젖과 고기를 먹음
주생활	• 사막 : 평평한 지붕, 두꺼운 벽, 작은 창문으로 이루어진 흙집 • 초원 : 이동식 가옥 → 물과 풀을 찾아 이동하기 때문
농 업	• 사막 : 오아시스 농업, 관개 농업 • 초원 : 유목

③ 온대 기후 지역 : 인간 거주에 유리함

의생활	• 서안 해양성 기후 : 비옷과 우산 → 연중 습윤하기 때문 • 온대 계절풍 기후 : 사계절에 맞는 옷차림
식생활	• 온대 계절풍 기후 : 쌀을 이용한 음식 문화
주생활	• 지중해성 기후 : 외벽을 하얗게 칠하고 창문을 작게 만듦 → 여름철 강한 태양빛을 차단하기 위함

농 업	• 온대 계절풍 기후(아시아) : 벼농사 발달
	  → 계절풍으로 인해 여름철 강수량이 많기 때문, 고온 다습
	• 지중해성 기후 : 수목 농업 발달(→ 고온 건조한 여름에 잘 견디는 포도, 올리브 등 재배),
	              밀 재배(→ 온난 습윤한 겨울에 재배)

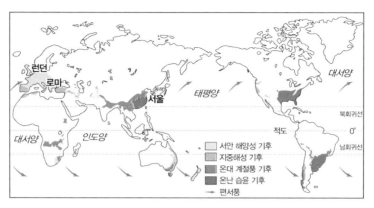

온대 기후 지역의 구분

④ 냉대 기후 지역 : 인간 거주에 유리함

의·식생활	계절의 변화가 나타나 더위와 추위에 적응할 수 있는 생활 모습이 나타남
주생활	침엽수를 이용한 통나무집
농 업	임업 발달

⑤ 한대 기후 지역 : 인간 거주에 불리함

의생활	동물 털과 가죽을 이용한 두꺼운 옷
식생활	• 열량이 높은 육류 중심, 날고기 → 지방과 비타민 섭취를 위함 • 냉동이나 훈제, 염장, 건조법 발달 → 식량 부족 시 대비하기 위함
주생활	• 폐쇄적 가옥 구조 → 추위를 막기 위함 • 고상 가옥 → 지표가 녹거나 건물 열기로 인해 붕괴되는 것을 방지
농 업	순록 유목, 수렵 및 어업 활동

⑥ 고산 기후 지역

　㉠ 해발 고도가 높은 산지에서 나타나는 기후

　㉡ 적도 부근의 고산 지역은 사람들이 살기 적합한 연중 봄과 같은 온화한 기후가 나타난다.

　㉢ 일교차가 크고 햇빛이 강해 챙이 긴 모자를 쓰고 생활하는 경우가 많다.

⑦ 오늘날의 기후 적응 방식

　㉠ 전통적인 의식주 문화가 약해지고, 현대적인 생활 양식이 증가하였다.

> **관개 시설** ▼ 검색
> 농경지에 물을 공급하는 시설로서 저수지, 보, 수로, 댐 등이 있다.

ⓛ 건조 기후 지역에서는 관개 시설을 이용한 농업이 발달하고 있으며, 태양광 에너지 발전소를 세우기도 한다.

ⓒ 기후 특성을 이용하여 다양한 지역 축제를 개최하고 있다.

ⓔ 날씨 마케팅 : 기상 정보를 기업의 경영 활동에 활용해 부가 가치를 창출한다.

　　ⓔ 날씨에 따라 달라지는 편의점 상품의 배치, 기상 조건에 따라 운항 절차 및 시간 조정 등

심화학습 ─ 기후에 따른 생활 양식의 모습

열대 기후 지역의
얇고 간편한 옷차림

건조 기후 지역의
온몸을 감싸는 헐렁한 옷차림

한대 기후 지역의
두껍고 무거운 옷차림

열대 지역의 고상 가옥

사막 지역의 흙벽돌집

건조 초원의 이동식 가옥

지중해 연안 온대 기후 지역의
흰 벽면의 가옥

침엽수를 이용한 통나무집

한대 기후의 고상 가옥

(4) 지형과 인간 생활

① 다양한 지형 : 산지, 하천, 평야, 해안, 사막, 화산, 빙하 지형 등

② 지형이 인간 생활에 미치는 영향 : 교통, 산업 발달 등에 크게 영향을 미친다.
  ㉠ 지형과 교통
    ⓐ 높은 산지나 사막은 교통의 장애가 된다.
    ⓑ 하천은 교통로로 이용할 수 있다.
  ㉡ 지형과 산업
    ⓐ 산지에서는 임업이 발달하였다.
    ⓑ 하천 주변의 평야 지역에는 농업이 발달하였다.
    ⓒ 화산·빙하·카르스트 지형은 독특한 자연 경관을 이용한 관광 산업이 발달하였다.
      ⓔ 화산 지대의 온천, 카르스트 지형을 이용한 베트남의 하롱베이
  ㉢ 과학 기술의 발달로 인간이 거주하고 산업이 발달할 수 있는 지역이 더욱 확대되었다.

(5) 다양한 지형에서의 인간 생활 중요⁺

① 산지 지역
  ㉠ 특징 : 해발 고도가 높고 경사가 급하기 때문에 인간 거주에 불리하다.
  ㉡ 생활 양식
    ⓐ 감자나 옥수수를 재배하는 밭농사가 발달하였다.
    ⓑ 각종 임산 자원을 채취할 수 있다.
    ⓒ 열대 기후 지역 중 해발 고도가 높은 고산 지대에서는 날씨가 서늘하기 때문에 고산 도시가 발달하였다.

② 평야 지역
  ㉠ 특징 : 해발 고도가 낮고, 경사가 낮아 인간 거주에 유리하다.
  ㉡ 생활 양식 : 벼농사, 밀농사 등 주로 농사를 짓는다.

③ 해안 지역
  ㉠ 특징 : 육지와 바다가 만나는 지역으로 두 곳을 모두 이용할 수 있기 때문에 인간 거주에 유리하다.

ⓛ 생활 양식

ⓐ 농업 및 어업·양식업이 발달하였다.

ⓑ 넓은 평야가 있는 해안은 농업이 발달하였다.

조차   ▾   검색
밀물과 썰물 때의 해면 높이의 차

ⓒ 조차가 크고 수심이 얕은 갯벌이 발달한 곳은 염전이나 양식장이 발달하였다.

④ 오늘날의 지형 적응 방식

㉠ 산지 지역

ⓐ 지하자원이 풍부한 지역에서는 광업이 발달하였다.

ⓑ 경관이 아름다운 곳에는 관광 산업이 발달하였다.

㉡ 평야 지역 : 교통로 건설에 유리하기 때문에 많은 사람들이 거주하여 도시가 발달하였다.

㉢ 해안 지역

ⓐ 조력 발전소를 세우기도 한다.

ⓑ 모래 해안과 갯벌 등 해안 지형을 이용한 관광 산업이 발달하였다.

ⓒ 해양 진출에 유리하기 때문에 대규모 항구와 산업 단지가 조성되었다.

2 자연재해와 인간의 삶

(1) 인간 생활을 위협하는 자연재해

① 자연재해의 의미 : 기후, 지형 등 자연환경의 요소들이 안전한 생활을 위협하면서 인간에게 피해를 주는 현상

② 종 류 **중요⁺**

㉠ 기후와 관련된 자연재해(기상 재해) :
홍수, 가뭄, 열대 저기압, 폭설, 우박,
한파 등

→ 기후 변화로 자연재해의 발생 횟수와 피
해 규모가 증가하고 있음

ⓐ 홍수 : 일시에 많은 비가 내릴 때 발생 → 시가지와 농경지의 침수 피해

바로 바로 CHECK✓

기후적인 요인에 의해 발생하는 자연재해
가 **아닌** 것은?

① 홍수   ② 가뭄

❸ 지진   ④ 태풍

ⓑ 가뭄 : 오랫동안 비가 내리지 않아
발생 → **농작물 피해, 각종 용수 부족**

ⓒ 폭설 : 많은 눈이 단시간에 집중해
서 내림 → **교통마비, 구조물 붕괴 유발**

ⓓ 열대 저기압 : 강한 바람과 많은 강
수를 동반(⑩ 태풍, 허리케인)
→ **풍수해 유발**

ⓛ 지형과 관련된 자연재해(지질 재해) : 지진, 지진 해일, 화산 활동, 산사태 등

ⓐ 지진 : 땅이 갈라지고 흔들림 → **건축물과 도로 등의 붕괴, 인명 및 재산 피해**

ⓑ 지진 해일(쓰나미) : 거대한 파도가 해안을 덮침 → **각종 기반 시설의 침수, 인명 피해 발생**

ⓒ 화산 활동

• 용암, 화산 가스 등의 분출 → **농작물과 주거지의 매몰, 화재 유발**

• 화산재의 분출 → **바람을 타고 멀리까지 이동해 다른 지역에까지 피해를 주고,
항공기 운항에 지장을 줌**

③ 자연재해에 따른 피해

㉠ 인명 및 재산 피해를 준다.

㉡ 인간의 생활 공간과 사회 기반 시설을 파손한다.

㉢ 피해 복구에 많은 비용과 시간이 들기 때문에 지역 경제에 악영향을 미친다.

④ 자연재해 대응 체계 마련 : 발생 시기와 피해 규모에 대한 정확한 예측이 어렵기 때문에
평상시 예보 활동과 대피 훈련을 시행하고, 재해 발생 시 신속한 복구 체계를 마련한다.

(2) 안전하고 쾌적한 환경에서 살아갈 시민의 권리

① 시민의 권리 확보를 위한 국가적 차원의 대책

㉠ 국가는 시민의 안전권과 환경권을 보장해야
한다.

> 헌법 제34조 제6항　▾ | 검색
> 국가는 재해를 예방하고 그 위험으로부터
> 국민을 보호하기 위하여 노력해야 한다.

㉡ 「재난 및 안전관리 기본법」, 「자연재해대책법」 등의 법률을 제정하여 국민의 안전을
법적으로 보호해야 한다.

㉢ 자연재해 대치 요령 마련 및 내진 설계 의무화
를 강화해야 한다.

> 내진 설계　▾ | 검색
> 지진에 견딜 수 있도록 건축물의 기초를
> 설계하는 방식

㉣ 자연재해 발생 지역을 특별 재난 지역으로 지정
하고 재난 관리 시스템을 구축해야 한다.

ⓜ 자연재해 발생 지역의 주민에 대한 보상 대책을 마련해야 한다.

② 시민의 권리 확보를 위한 개인적 차원의 대책

　㉠ 재해·재난 대비 안전 교육 및 대응 훈련에 적극적으로 참여해야 한다.

　㉡ 시민 스스로의 안전에 대한 권리를 인식해야 한다.

　㉢ 자연재해 발생 시 행동 요령에 따라 대응하고 신속한 복구와 피해 보상을 신청해야 한다.

　㉣ 자연재해 발생 시 공동체의 빠른 회복을 위해 노력하는 성숙한 시민 의식을 함양해야 한다.

02 인간과 자연의 관계

1 자연을 바라보는 다양한 관점 중요+

(1) 인간 중심주의 자연관

① 의미 : 자연의 가치를 인간의 이익이나 필요에 따라 평가하는 관점

② 특 징

　㉠ 이분법적 관점 : 인간과 자연은 구분되며, 인간을 자연보다 우월하고 독립된 존재라고 주장한다.

　㉡ 도구적 자연관 : 자연이 지니는 도구적 가치에 중점을 두고, 자연을 인간의 욕구 충족을 위한 도구로 바라본다.

③ 의의 : 자연을 개발함으로써 과학 기술 발전과 경제 성장을 이루는 데 기여하였다.

④ 문제점

　㉠ 자연의 본래적 가치를 인정하지 않고 도구적으로만 이용하기 때문에 자연을 훼손할 수 있다.

　㉡ 산업화와 도시화 과정에서 환경오염, 생태계 파괴 등과 같은 환경 위기를 초래할 수 있다.

본래적 가치	검색
다른 어떤 것의 수단이 아니라, 그 자체가 목적이기 때문에 갖는 가치	

심화학습 〉 인간 중심주의 자연관을 주장한 사상가들

1) 아리스토텔레스 : "식물은 동물의 생존을 위해서, 동물은 인간을 위해서 존재한다."

2) 베이컨 : "자연이 인간에게 이롭도록 지식을 활용해야 한다. 방황하고 있는 자연을 사냥해서 노예로 만들어 인간의 이익에 봉사하도록 해야 한다."

3) 데카르트 : "우리는 자연의 주인이자 소유자가 될 수 있다. 인간은 정신을 소유한 존엄한 존재지만, 자연은 의식이 없는 물질이다."

(2) 생태 중심주의 자연관

① 의미 : 자연 본래의 가치를 인정하고 인간의 이익보다 자연의 안정을 고려하는 관점

② 특 징

 ㉠ 전일론적 관점 : 인간을 포함한 자연 전체를 하나로 바라보는 관점으로 모든 생명체가 자연의 일부라고 주장한다.

 ㉡ 자연은 그 자체로 본연의 가치(본래적·내재적 가치)를 지니고 있으며, 인간이 자연보다 우월하다고 생각하지 않는다.

 ㉢ 인간과 자연은 서로 조화와 균형을 이루어야 한다고 주장한다.

 ㉣ 인간은 생태계의 안정을 유지할 의무가 있다고 주장한다.

③ 의의 : 인간을 자연의 한 구성원으로 바라보기 때문에 인간과 자연의 공존 방법을 찾는데 기여하였다.

④ 문제점

 ㉠ 생태계 보호를 위해 인간의 어떤 개입도 허용하지 않는 것은 비현실적이라는 비판을 받을 수 있다.

 ㉡ 생태계 전체의 이익을 위해 개별 생명체가 희생될 수 있다고 보는 환경 파시즘의 성격이 있다.

알아두면 점수따는 이야기   레오폴드의 '대지 윤리'

레오폴드는 생태계 전체를 하나의 유기체로 보고, 생명 공동체의 범위를 인간에서 동물, 식물, 토양, 물을 포함한 대지까지 확대해야 한다고 주장하며, 대지는 경제적 가치로만 평가될 수 없다고 하였다. 또한 그는 인간 역시 생명 공동체의 한 구성원이므로, 생태계의 안정을 유지할 의무가 있으며, 생태계의 균형을 파괴하는 무분별한 개입을 자제해야 한다고 보았다.

2 인간과 자연의 바람직한 관계

(1) 인간이 자연을 바라보는 관점의 변화

① 산업화 이전 : 자연에 순응하며 생활하였다.

② 산업화 이후 : 과학 기술이 발전하면서 자연을 지배의 대상으로 바라보고, 적극적으로 이용하고 개발하였다.

③ 오늘날 : 환경 문제가 심각해지면서 지속 가능한 발전과 환경 친화적 삶을 강조하고 있다.

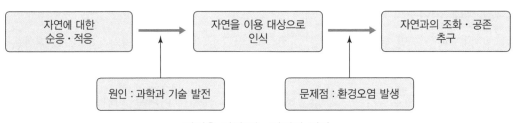

자연을 바라보는 관점의 변화

(2) 인간과 자연의 유기적 관계

① 인간은 자연의 일부로서 자연과 밀접한 관계를 맺으며 생태계의 구성원으로서 살아가고 있다.

유기적 관계	▾	검색

전체를 구성하고 있는 각 부분이 서로 밀접한 관련이 있어서 떼어 낼 수 없는 관계

② 무분별한 자연 개발은 그 피해가 인간에게 다시 돌아오기 때문에 인간과 자연은 서로 대립하는 관계가 아니라 공존하는 관계이다.

③ 인간 중심주의 자연관과 생태 중심주의 자연관의 장점을 조화롭게 추구해야 한다.

(3) 인간과 자연의 공존을 위한 노력

① 개인적 차원

ㄱ 개인은 생태계의 한 구성원으로서 환경친화적인 가치관을 함양해야 한다.

ㄴ 인간과 자연 간의 조화를 강조하는 동양의 자연관을 계승해야 한다.

ㄷ 과학 기술의 발달로 해결할 수 있다는 과학 기술 만능주의를 경계해야 한다.

바로 바로 CHECK√

다음 중 자연과 인간의 공존을 위한 실천 방안을 모두 고른 것은?

ㄱ. 화석연료 사용 확대
ㄴ. 재활용품 사용 금지
ㄷ. 에너지 절약 생활화
ㄹ. 야생동물 보호구역 설정

① ㄱ, ㄴ   ② ㄱ, ㄷ
③ ㄴ, ㄹ   ❹ ㄷ, ㄹ

ⓔ 미래에 대한 책임 의식을 가지고 일상생활에서 자연 보호를 위한 행동을 실천해야
한다.

② 사회적 차원

㉠ 인간과 자연의 공존을 위한 사회 제도를 확대해야 한다.

㉡ 사례 : 생태 도시 및 슬로 시티 지정, 생태 통로
건설, 자연 휴식년제 도입, 갯벌 및 하천 생태계
복원 사업, 멸종 위기종 복원 사업 등

슬로 시티 ▾	검색
전통문화와 자연을 보호하면서 느림의 삶 을 추구하는 도시	

심화학습 동양의 자연관이 주는 교훈

1) 유교 : 세상의 모든 만물은 본래적 가치를 지니며, 인간과 자연이 조화를 이루는 천인합일(天人
合一)의 경지를 지향해야 한다고 강조한다. 하늘과 인간이 하나로 일치하는 유교의 이상적 경지 ↵

모든 존재와 현상이 무수한 원인과 조건에 의해 생겨난다는 불교의 교리 ↰
2) 불교 : 만물이 독립적으로 존재할 수 없으며, 서로 연결되어 상호 의존하고 있다는 연기(緣起)를 깨
닫고 모든 생명을 소중히 여기며 자비를 베풀 것을 강조한다.

인위적인 것이 아닌 자연 그대로 또는 그런 이상적인 경지 ↰
3) 도교 : 사람의 힘이 더해지지 않은 자연 그대로의 질서를 따르는 무위자연(無爲自然)을 추구하며,
자연의 한 부분인 인간과 자연과의 조화를 강조한다.

03 환경 문제 해결을 위한 노력

1 오늘날의 환경 문제

(1) 환경 문제의 원인과 특징

① 환경 문제의 원인 : 인구 증가 및 생활 수준의 향상, 과학 기술의 발달로 자원의 소비량이
증가하면서 각종 오염 물질이 배출되고 생태계가 파괴되었다.

② 환경 문제의 특징

ㄱ 지구 자정 능력의 한계를 넘어섰기 때문에 정상 상태로 회복하는 데 오랜 시간이 소요되고 많은 비용이 발생한다.

자정 능력	검색

자연환경이 시간이 지나면서 대기와 해양의 순환 과정을 통해 스스로 오염 정도를 낮추어 정화하는 능력

ㄴ 발생 지역을 넘어 국경의 경계를 벗어나 전 지구에 광범위하게 영향을 미친다.

(2) 환경 문제의 종류 중요⁺

① 지구 온난화

ㄱ 의미 : 온실가스 배출로 지구의 기온이 상승하는 현상

ㄴ 원인 : 석유나 석탄 등 화석 연료 사용과 삼림 파괴로 인한 온실가스 증가

ㄷ 영향

ⓐ 고산 지대 및 양극 지방의 빙하 감소

ⓑ 해수면 상승으로 저지대 침수 및 홍수 발생 증가

ⓒ 기상 이변과 이상 기후 증가, 사막화 현상 가속화

ⓓ 동식물의 서식 환경 변화 등

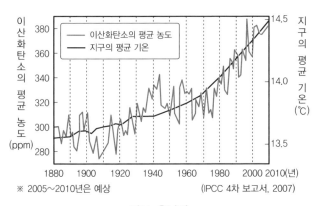

지구 온난화

② 오존층 파괴

ㄱ 의미 : 태양으로부터 자외선을 차단하는 오존층이 파괴되는 현상

ㄴ 원인 : 염화플루오린화 탄소 사용 증가

ㄷ 영향 : 피부 노화(피부암), 시력 장애 발생(백내장), 농작물의 수확 감소 등

염화플루오린화 탄소(CFCs)	검색

염소와 불소를 포함한 유기 화합물을 총칭하는 것으로 프레온 가스로 알려져 있다. 주로 냉장고나 에어컨 등의 냉매제, 발포제, 분사제 등으로 사용된다.

③ 사막화

   ⊙ 의미 : 토양이 황폐해져 사막처럼 쓸모 없는 땅으로 바뀌는 현상

   ⊙ 원인 : 극심한 가뭄(자연적 원인), 과도한 경작과 목축(인위적 원인)

   ⊙ 영향 : 식량 및 물 부족 문제, 황사 심화 등

바로바로 CHECK✓

사막화에 대한 설명으로 옳지 않은 것은?

① 가뭄, 지나친 방목이나 경작 등이 원인이다.

② 지하수가 감소되어 물 부족 문제를 초래한다.

❸ 건조 기후 지역보다 습윤 기후 지역에서 주로 나타난다.

④ 토양이 생산 능력을 상실하면서 사막과 같은 상태가 되는 것을 말한다.

심화학습 〉 사막화 지역

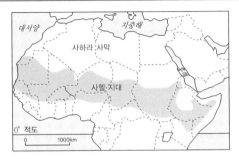

    사막화는 기후 변화와 인간 활동 등에 의해 토양이 사막과 같은 상태가 되는 것으로, 주로 아프리카의 사헬 지대와 같은 건조·반건조 지역에서 심각하게 나타난다. 최근에는 아마존 강 유역의 열대 우림 지역에서도 사막화가 진행되고 있다.

④ 황사

   ⊙ 의미 : 주로 봄철에 중국 내륙에서 발생한 미세한 모래 먼지가 편서풍을 타고 날아오는 현상

   ⊙ 원인 : 물 자원 개발, 광산 개발, 공장 건설 등

   ⊙ 영향 : 농작물 피해, 호흡기 및 눈 질환 발생, 자동차나 항공기 운항 차질, 미세 먼지가 정밀 기기 제작에 악영향

⑤ 산성비

   ⊙ 의미 : 대기 오염 물질이 빗물에 녹아 산성화된 비(pH 5.6 미만)

   ⊙ 원인 : 자동차의 배기가스, 공장이나 가정에서 배출되는 대기 오염 물질

   ⊙ 영향 : 토양과 호수의 산성화로 생태계 파괴, 화강암을 포함한 건물 및 유적지 등의 문화재 부식

⑥ 열대림 파괴

　　㉠ 원인 : 무분별한 벌목과 개간, 목축 등

　　㉡ 영향 : 동식물의 서식지 파괴로 생물 종 감소

2 환경 문제 해결 노력

(1) 전 지구적 차원의 노력　중요⁺

① 지구 온난화 방지 : 기후 변화 협약(1992), 교토 의
　정서(1997), 파리 기후 협약(2015) 등 체결

② 오존층 파괴 방지 : 몬트리올 의정서 체결

③ 사막화 방지 : 사막화 방지 협약 체결

④ 생물 종 보호 : 생물 다양성 협약 체결

⑤ 기타 : 국제적 습지 보호(람사르 협약), 국가 간 유해 폐기물 이동 통제(바젤 협약) 등

교토 의정서	▼	검색

지구 온난화 규제 및 방지를 위한 기후 변화 협약의 구체적 이행 방안으로 선진국의 온실가스 감축 목표치를 구체적으로 규정하고 있음

심화학습　환경 관련 국제 협약

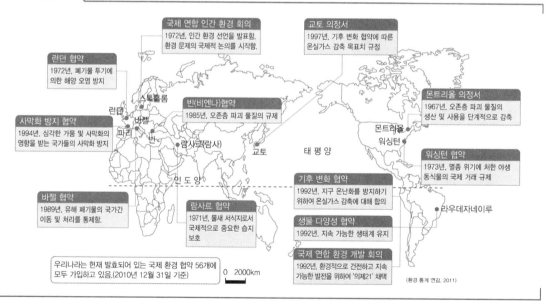

국제 연합 인간 환경 회의
1972년, 인간 환경 선언을 발표함. 환경 문제의 국제적 논의를 시작함.

교토 의정서
1997년, 기후 변화 협약에 따른 온실가스 감축 목표치 규정

런던 협약
1972년, 폐기물 투기에 의한 해양 오염 방지

몬트리올 의정서
1967년, 오존층 파괴 물질의 생산 및 사용을 단계적으로 감축

빈(비엔나)협약
1985년, 오존층 파괴 물질의 규제

사막화 방지 협약
1994년, 심각한 가뭄 및 사막화의 영향을 받는 국가들의 사막화 방지

워싱턴 협약
1973년, 멸종 위기에 처한 야생 동식물의 국제 거래 규제

바젤 협약
1989년, 유해 폐기물의 국가간 이동 및 처리를 통제함.

기후 변화 협약
1992년, 지구 온난화를 방지하기 위하여 온실가스 감축에 대해 합의

람사르 협약
1971년, 물새 서식지로서 국제적으로 중요한 습지 보호

생물 다양성 협약
1992년, 지속 가능한 생태계 유지

국제 연합 환경 개발 회의
1992년, 환경적으로 건전하고 지속 가능한 발전을 위하여 '의제21' 채택

스톡홀름　런던　바젤　파리　빈　람사르(람사)　교토　태 평 양　몬트리올　워싱턴　인 도 양　리우데자네이루

우리나라는 현재 발효되어 있는 국제 환경 협약 56개에 모두 가입하고 있음.(2010년 12월 31일 기준)

0　2000km

(환경 통계 연감, 2011)

(2) 국가적 차원의 노력

① 환경 보전을 위한 제도 마련

ㄱ) 「환경정책기본법」, 「자연환경보전법」 등의 법률을 제정하였다.

환경 영향 평가	▼ 검색

환경에 영향을 미치는 건설이나 개발 등의 사업 계획을 수립하려고 할 때, 사업이 환경에 미치게 될 영향을 미리 조사·예측·평가하여 환경 보전 방안을 강구하는 제도

ㄴ) 환경 영향 평가 및 탄소 성적 표지제, 탄소 배출권 거래 제도를 실시하였다.

ㄷ) 친환경 사업자에는 국가 보조금을 지급하고, 오염 물질 배출 시 부담금을 부과하였다.

② 친환경 산업 육성

ㄱ) 저탄소 녹색 산업을 육성하였다.

신재생 에너지	▼ 검색

풍력, 태양광, 지열, 수력, 바이오 에너지 등 재생 가능한 에너지

ㄴ) 신·재생 에너지 개발 및 친환경 제품 개발을 장려하였다.

ㄷ) 환경 마크 제도 지정 및 에너지 소비 효율 등급 표시제를 실시하였다.

③ 생태 도시 지정

ㄱ) 의미 : 사람과 자연환경 및 문화가 어우러진 환경 친화적인 도시

⑩ 브라질의 쿠리치바, 스웨덴의 예테보리, 독일의 프라이부르크 등

ㄴ) 필요성 : 각종 도시 문제와 환경 문제 해결에 이바지하고, 주민들의 삶의 질을 높일 수 있다.

심화학습 ── 우리나라의 생태 도시

전라남도 순천만	• 람사르 협약에 보호 습지로 등록 • 연안의 습지를 철새와 사람이 공존하는 자연 생태 공원으로 개발 • 자전거 전용 도로와 녹색 도로 조성
제주특별자치도 서귀포시	• 올레길을 개발하여 제주의 자연 경관과 문화 경관을 보고 느낄 수 있도록 함 → 생태 관광 활성화 • 친환경 농업으로 질 좋은 농산물 생산 및 친환경 에너지 개발
울산광역시 태화강	• 수질 개선 • 생태 공원 조성

(3) 기업 및 시민 단체 차원의 노력

① 기업의 노력

 ㉠ 기업 윤리와 사회적 책임 의식을 준수하여 환경 오염을 최소화한다.

 ㉡ 환경 오염 물질 축소 및 방지 시설을 정비한다.

 ㉢ 환경 친화적 기술 개발 및 제품을 생산한다.

 ㉣ 신·재생 에너지 사용을 확대한다.

② 시민 단체의 노력

 ㉠ 환경 문제 해결 과정에서 정부, 기업, 시민을 잇는 다리 역할을 한다.

 ㉡ 환경 문제를 쟁점화하여, 정부나 개인이 환경 친화적인 삶을 살도록 지원한다.

 ㉢ 환경 보호 캠페인 및 홍보 활동, 서명 운동 등을 실시한다.

 ㉣ 정부의 환경 정책과 기업 활동에 대해 감시하고 비판한다.

(4) 개인적 차원의 노력

① 개인 역할의 중요성 : 많은 환경 문제가 일상생활에서 발생하기 때문에 개인의 행동이 환경에 미치는 영향이 매우 크다는 것을 인식해야 한다.

② 일상생활에서의 실천 방안

 ㉠ 자원과 에너지 절약 : 일회용품 사용 줄이기, 대중교통 이용하기 등

 ㉡ 재사용과 재활용 생활화 : 교복 물려주기, 이면지 사용하기, 쓰레기 분리수거하기 등

 ㉢ 환경 친화적 제품 소비 : 녹색 소비 실천하기, 탄소 배출량 인증 제품 소비하기 등

 ㉣ 환경 정책 참여 : 환경 관련 법 준수하기, 시민 단체 가입하기 등

> **녹색 소비**   ▾   검색
>
> 제품을 구매하고 사용한 후 버릴 때까지의 전 과정에 걸쳐 친환경적인 행동을 하는 것

01 다음 두 지역의 기후에 공통적으로 영향을 미친 요인은?

기출

> • 대관령 일대는 여름철 기온이 서늘하다.
> • 안데스 산지의 고산 도시에서는 연중 봄과 같은 날씨가 나타난다.

① 위도

② 해류

③ 해발 고도

④ 바다와의 거리

01
해발 고도가 높아짐에 따라 기온이 낮아진다.

02 적도에서 극지방으로 가면서 나타나는 기후를 순서대로 나열한 것은?

① 건조－열대－온대－냉대－한대 기후

② 열대－건조－온대－냉대－한대 기후

③ 열대－온대－냉대－한대－건조 기후

④ 열대－온대－건조－한대－냉대 기후

02
극에 가까울수록 기온이 낮아지기 때문에 열대－건조－온대－냉대－한대 기후 순으로 나타난다.

ANSWER

01. ③ 02. ②

03 다음 내용에 해당하는 기후는?

- 연중 기온이 높고, 강수량이 풍부하다.
- 콩고 분지, 인도네시아, 아마존 강 유역에서 나타난다.

① 열대 기후
② 온대 기후
③ 냉대 기후
④ 건조 기후

03

열대 기후는 최한월 평균 기온이 18℃ 이상인 지역의 기후를 말한다. 일 년 내내 덥고 비가 많이 오는 열대 우림 기후와 건기와 우기가 뚜렷한 사바나 기후, 계절풍의 영향을 많이 받는 열대 몬순 기후로 구분할 수 있다.

04 다음 그림과 같은 지역에서 나타나는 생활 양식으로 옳지 <u>않은</u> 것은?

① 튀긴 음식을 먹는다.
② 얇고 간편한 옷을 입는다.
③ 이동식 화전 농업을 한다.
④ 순록을 유목하면서 생활한다.

04

순록을 유목하면서 생활하는 곳은 한대 기후 지역이다.

ⒶⓃⓈⓌⒺⓇ
03. ① 04. ④

05 건조 기후 지역에 대한 설명으로 옳은 것은?

① 털옷을 입는다.

② 고상 가옥을 짓는다.

③ 인간 거주에 유리하다.

④ 강수량보다 증발량이 많다.

06 지도에 표시된 지역의 주민 생활은?

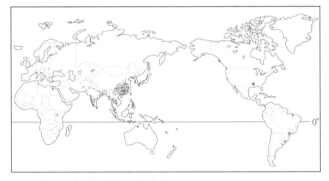

① 벼농사가 발달한 곳이다.

② 수목 농업이 발달한 곳이다.

③ 고산 지대에서 생활하고 있다.

④ 온천을 이용한 관광 산업이 발달한 곳이다.

07 기후에 따른 의복의 모습으로 옳은 것은?

① 한대 지역 주민들은 헐렁한 옷을 입는다.

② 건조 지역 주민들은 온몸을 감싼 옷을 입는다.

③ 온대 지역 주민들은 1년 내내 얇은 옷을 입는다.

④ 열대 지역 주민들은 털옷을 입거나 간편하게 입는다.

07
일교차가 심한 건조 기후 지역 사람들은 얇은 천으로 된 온몸을 감싼 옷을 주로 입는다.

08 인간의 생활 중 지형과 관련된 내용으로 적절하지 <u>않은</u> 것은?

① 하천은 교통로로 이용하였다.

② 평야 지역에서는 임업이 발달하였다.

③ 산지 지역에서는 밭농사가 발달하였다.

④ 과학 기술의 발달로 인간이 거주할 수 있는 지역이 확대되고 있다.

08
임업은 각종 임산 자원을 채취할 수 있는 산지에서 발달한 산업이다.

09 다음과 같은 경관을 볼 수 있는 지형은?

- 염전이나 양식장 발달
- 조력 발전소

① 산지 지형

② 해안 지형

③ 화산 지형

④ 카르스트 지형

09
해안 지형에서는 어업·양식업이 발달하고, 조차가 큰 지역에서는 조력 발전소가 세워지기도 한다.

ANSWER
07. ② 08. ② 09. ②

10

다음 설명에 공통으로 해당하는 자연재해는?

- 진행 속도가 다른 재해에 비해 느리다.
- 장기간 지속되면 사막화에 영향을 준다.

① 가뭄
② 폭설
③ 해일
④ 산사태

가뭄은 강수량이 부족한 기간이 오랫동안 지속되어 농작물의 생산뿐만 아니라 인간 활동에 지장을 주는 자연 재해이다. 비교적 진행 속도가 느리고 피해 범위가 넓은 편이다. 물 부족 문제, 기근 문제를 유발하며, 건조 지역의 사막화 현상을 확대시키기도 한다.

11

다음에서 설명하는 자연재해는?

- 지각판 경계 부근에서 주로 발생한다.
- 산사태, 건물 및 도로 붕괴 등의 현상이 나타난다.
- 바다에서 발생할 경우 쓰나미를 일으키기도 한다.

① 지진
② 태풍
③ 가뭄
④ 홍수

지진은 지각판의 경계 지역에서 지구 내부 에너지의 작용에 의해 발생한다. 건물과 도로 등 각종 시설의 파괴, 화재·해일·산사태 등의 피해가 발생하기 때문에 정확한 예보 체계를 구축하고, 내진 설계를 의무화하며, 대피 훈련과 복구 체계를 마련하여 대비해야 한다.

ANSWER

10. ① **11.** ①

12 지형과 관련된 자연재해가 <u>아닌</u> 것은?

① 홍수

② 지진

③ 지진 해일

④ 화산 활동

13 다음 헌법 조항에서 보장하는 국민의 권리는?

> 국가는 재해를 예방하고 그 위험으로부터 국민을 보호하기 위하여 노력하여야 한다.
>
> −헌법 제34조 제6항−

① 정치에 참여할 권리

② 행복을 추구할 권리

③ 차별 받지 않을 권리

④ 안전하고 쾌적한 환경에서 살아갈 권리

14 인간 중심주의 자연관의 특징으로 옳은 것은?

① 자연의 도덕적 가치를 인정한다.

② 인간은 자연보다 우월한 존재가 아니다.

③ 자연을 오로지 인간을 위한 도구로 간주한다.

④ 자연은 그 자체로 본연의 가치를 인정해야 한다.

15 다음 글의 관점에 해당하는 것은?

> 자연을 사냥해서 노예로 만들어 인간의 이익에 봉사하도록 해야 한다.

① 인간은 자연을 이용할 수 없다.
② 자연과 인간을 분리하여 바라본다.
③ 인간과 자연은 조화를 이루어야 한다.
④ 자연은 그 자체로 가치 있는 존재이다.

16 다음 글에 나타난 관점의 사례로 옳은 것은?

> 인간은 물질적 풍요를 얻기 위해 자연을 개발하거나 이용해야 한다.

① 개발보다 환경을 중시하는 태도
② 자연 환경에 순응하는 생활 양식
③ 간척 사업을 통해 넓힌 국토 면적
④ 인간을 자연의 일부로 바라보는 태도

15

제시문은 베이컨이 주장한 인간 중심주의 자연관으로 인간과 자연은 구분되며, 인간을 자연보다 우월하고 독립된 존재라고 보았다.

16

제시문은 자연을 개발 대상으로 보고, 환경보다 개발을 더 중요시하고 있는 관점이다.

ANSWER
15. ② **16.** ③

17 인간을 위한 도구적 존재로 자연을 본 사상가에 해당하지 <u>않는</u> 인물은?

① 베이컨
② 데카르트
③ 소크라테스
④ 아리스토텔레스

17

인간 중심주의 자연관을 주장한 사상가들
• 아리스토텔레스 : "식물은 동물의 생존을 위해서, 동물은 인간을 위해서 존재한다."
• 베이컨 : "자연이 인간에게 이롭도록 지식을 활용해야 한다. 방황하고 있는 자연을 사냥해서 노예로 만들어 인간의 이익에 봉사하도록 해야 한다."
• 데카르트 : "우리는 자연의 주인이자 소유자가 될 수 있다. 인간은 정신을 소유한 존엄한 존재지만, 자연은 의식이 없는 물질이다."

18 다음과 같은 정책을 실시하는 이유는?

> • 생태 도시 및 슬로 시티 지정
> • 생태 통로 건설

① 인간이 자연에 적응하며 살아가기 위해
② 자연을 개발의 대상으로 생각하기 때문에
③ 인간과 자연이 조화를 이루며 공존하기 위해
④ 인간은 환경 파시즘에 빠질 우려가 있기 때문에

18

무분별한 자연 개발은 그 피해가 인간에게 다시 돌아오기 때문에 인간과 자연은 서로 대립하는 것이 아니라 공존해야 한다.

ANSWER
17. ③ 18. ③

19 다음 글에 나타난 관점을 〈보기〉에서 모두 고르면?

> 인간이 자연 환경을 파괴하면 그 피해는 다시 인간
> 에게 돌아온다는 것을 인식해야 한다.

┌─보기┐
ㄱ. 이분법적 관점   ㄴ. 도구적 자연관
ㄷ. 전일론적 관점   ㄹ. 생태 중심주의 자연관

① ㄱ, ㄴ

② ㄱ, ㄷ

③ ㄴ, ㄹ

④ ㄷ, ㄹ

20 생태 중심주의에 대한 설명으로 옳지 <u>않은</u> 것은?

① 도구적 자연관에 근거한다.

② 인간과 자연의 공존 방법을 찾는다.

③ 인간은 생태계의 안정을 유지할 의무가 있다.

④ 인간의 개입을 허용하지 않아 비현실적이라는 비판
   을 받는다.

19
제시문은 생태 중심주의 관점으로 인간을 포함한 자연 전체를 하나로 바라보고, 모든 생명체가 자연의 일부라고 주장하는 전일론적 태도를 보인다.

20
생태 중심주의 관점에서는 자연 본래의 가치를 인정하고, 인간의 이익을 위해 자연을 도구로 이용하지 않는다.

ANSWER
19. ④   20. ①

21 동양의 자연관 중 다음 설명과 관련된 사상은?

> 세상의 모든 만물은 본래적 가치를 지니며, 인간과 자연이 조화를 이루는 천인합일(天人合一)의 경지를 지향해야 한다.

① 도교
② 유교
③ 불교
④ 민간 신앙

21
제시문은 유교의 자연관에 대한 설명이다.

22 밑줄 친 ㉠의 관점이 반영되어 나타난 사례로 가장 적절 **기출** 한 것은?

> 지나친 개발로 자연 환경이 파괴된 후 ㉠"인간과 자연이 서로 공존해야 한다."라는 관점으로 인간과 자연 사이의 관계를 재정립하였다.

① 자연을 신격화하여 숭배하였다.
② 공업 단지 조성을 위해 갯벌을 간척하였다.
③ 용수 확보를 위해 다목적 댐을 건설하였다.
④ 도로 건설 시 야생 동물을 위한 생태 통로를 건설하였다.

22
생태 중심주의 관점은 인간과 자연환경은 끊임없는 상호 작용을 통해 영향을 주고받는다는 관점으로, 인간을 자연의 일부로 보는 관점이다.

ANSWER
21. ② 22. ④

23 환경 문제에 대한 설명으로 옳은 것은?

① 환경 문제는 해당 국가의 노력으로 해결될 수 있다.

② 산업 혁명 이후 오염 물질 배출량이 감소하고 있다.

③ 최근 기술의 개발로 지구 자정 능력이 높아지고 있다.

④ 자원의 소비량이 증가하면서 각종 환경 문제가 등장하였다.

23

인구 증가 및 과학 기술의 발달로 자원의 소비량이 증가하면서 각종 오염 물질이 배출되고 생태계가 파괴되고 있다. 특히 지구 자정 능력의 한계를 넘어섰기 때문에 정상 상태로 회복하기가 힘든 상황이다.

24 지구 온난화의 영향으로 옳지 <u>않은</u> 것은?

① 농작물의 수확 감소

② 피부암, 백내장 등의 질병 발생

③ 해안 저지대의 침수나 홍수 피해 증가

④ 태풍, 집중 호우, 가뭄 등 이상 기후 증가

24

오존층 파괴로 인해 피부암, 백내장 등의 질병 발생이 증가한다.

ANSWER

23. ④ **24.** ②

25 지도에 나타난 환경 문제에 대한 설명으로 옳지 <u>않은</u> 것은?

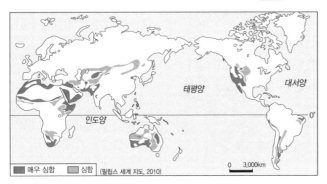

① 사막과 같이 변화하는 현상이다.

② 식량 및 물 부족 문제가 나타난다.

③ 장기간의 가뭄이 원인 중 하나이다.

④ 피해를 줄이기 위해 교토 의정서를 채택하였다.

26 산성비로 인한 피해로 옳은 것은?

① 황사 현상을 일으킨다.

② 문화재, 건축물을 부식시킬 수 있다.

③ 저지대의 침수나 홍수 피해가 증가한다.

④ 심각한 물 부족 사태를 야기할 수 있다.

25

지도에 나타난 환경 문제는 사막화이다. 사막화로 인한 피해를 줄이기 위해 사막화 방지 협약이 체결되었다.

26

산성비는 대기 중 오염 물질과 수증기의 결합에 의해 발생하는 것으로 건축물 등의 부식이나 삼림·호수·토양의 산성화를 야기시킨다.
①·④ 사막화. ③ 지구 온난화에 대한 설명이다.

ANSWER
25. ④ 26. ②

27 기출 다음 내용의 공통된 원인으로 가장 적절한 것은?

> • 해수면 상승으로 투발루 정부는 국민을 다른 나라로 이주시키는 정책을 추진하고 있다.
> • 시짱(티베트) 고원의 빙하가 녹으면서 주변에 거주하는 많은 사람들이 심각한 물 부족에 시달릴 것이다.

① 황사
② 사막화
③ 산성비
④ 지구 온난화

28 기출 다음과 같은 환경 문제가 발생하는 원인은?

> • 피부암이나 백내장의 발생률 증가
> • 자외선이 증가하여 자연 생태계 파괴

① 산성비
② 적조 현상
③ 오존층 파괴
④ 지구 온난화

ANSWER
27. ④ 28. ③

29

기출 지도의 (가)지역에서 발생하는 환경 문제를 해결하기 위한 국제 협약은?

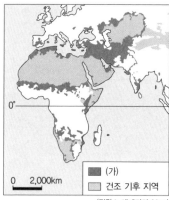

(필립스 세계지리 2011)

① 런던 협약

② 람사르 협약

③ 몬트리올 의정서

④ 사막화 방지 협약

29

사막화는 건조 및 반건조 지역에서 토양이 황폐해지면서 점차 사막으로 변하는 현상을 말한다.

30

기출 다음에서 설명하는 환경 문제는?

• 봄철에 중국의 사막에서 발생한 흙먼지가 편서풍에 의해 우리나라로 이동하는 현상
• 호흡기 질환 및 정밀 기계 공업 등에 영향을 미침

① 황사

② 산성비

③ 오존층 파괴

④ 지하수 고갈

30

황사에 대한 설명이다. 최근 사막화 현상이 황사를 더욱 심화시키고 있다.

ANSWER

29. ④ 30. ①

31 다음에서 설명하는 환경 협약은?

> 지구 온난화 규제 및 방지를 위한 기후 변화 협약의 구체적 이행 방안으로 선진국의 온실가스 감축 목표치를 구체적으로 규정하고 있다.

① 교토 의정서
② 람사르 협약
③ 몬트리올 의정서
④ 사막화 방지 협약

31
교토 의정서는 지구 온난화 방지를 위해 선진국의 온실가스 감축 목표를 규정하고 있는 국제적 협약이다.

32 환경 문제 해결을 위한 국가적 차원의 노력을 〈보기〉에서 모두 고르면?

> |보기|
> ㄱ. 환경 보전법 제정
> ㄴ. 생태 도시 지정
> ㄷ. 환경 영향 평가 축소
> ㄹ. 환경 친화적 제품 생산

① ㄱ, ㄴ
② ㄱ, ㄷ
③ ㄴ, ㄹ
④ ㄷ, ㄹ

32
환경 문제를 해결하기 위해서는 「자연환경 보전법」 등의 법률을 제정하고, 환경 영향 평가를 확대해야 하며, 친환경 도시인 생태 도시를 지정하여 환경을 보호해야 한다.

ANSWER
31. ① **32.** ①

03 생활 공간과 사회

01 산업화와 도시화

1 산업화와 도시화의 전개 과정

(1) 산업화·도시화의 의미

① 산업화 : 농업 중심 사회에서 2·3차 산업 종사자의 비중이 높아지면서 공업 사회로 변화하는 현상

② 도시화 : 도시의 수가 증가하거나 도시에 거주하는 인구 비율이 높아지면서, 도시적 생활 양식이 확대되는 현상

바로바로 CHECK√

(가)에 들어갈 개념으로 적절한 것은?

> (가)란 도시의 수가 증가하거나 도시 인구 비율이 높아지는 현상을 말한다.

① 교외화　　　　② 지역화

❸ 도시화　　　　④ 정보화

(2) 산업화의 전개 과정

① 산업화 이전 : 대부분의 사람들이 1차 산업에 종사하고, 1차 산업에 유리한 촌락에 거주하였다.

② 등장 배경 : 산업 혁명 이후 기계화 및 분업화로 인해 산업화가 진행되었다.

심화학습 과학 기술의 발달 과정

1) 농업 사회(농업 혁명) : 수렵, 채집 활동의 이동 생활에서 농경 기법을 배움으로써 정착 생활이 시작되었다.

2) 산업 사회(산업 혁명) : 18세기 증기기관의 발명으로 대량 생산이 가능해지면서 산업화가 촉진되고 자본주의가 성립되었다.

3) 정보 사회(정보 혁명) : 20세기 컴퓨터의 발명과 인터넷의 발달로 디지털 혁명을 이루어 시·공간을 초월한 변화를 이끌어 냈다.

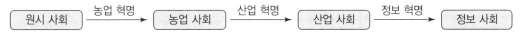

원시 사회 ──농업 혁명──▶ 농업 사회 ──산업 혁명──▶ 산업 사회 ──정보 혁명──▶ 정보 사회

(3) 도시화의 전개 과정 중요⁺

초기 단계 (농업 사회, 후진국)	• 도시화율이 매우 낮음 • 대부분의 인구가 촌락에 분포하고 1차 산업에 종사함
가속화 단계 (산업 사회, 개발 도상국)	• 본격적으로 산업화가 진행되면서 도시화율이 급격하게 상승함 • 이촌향도 현상이 나타나고 도시에 2·3차 산업이 발달함
종착 단계 (정보 사회, 선진국)	• 매우 높은 도시화율로 대도시권이 확대됨 • 도시화율의 증가가 점차 느려지거나 정체되어 있음 • 역도시화 현상(유턴 현상)이 나타남

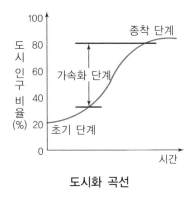

도시화 곡선

(4) 오늘날의 산업화·도시화

① 특 징

　㉠ 전 세계적으로 산업화·도시화가 확산되었다.

　㉡ 세계 인구의 절반 이상이 도시에 거주하고 있다.

② 선진국과 개발 도상국의 차이

㉠ 선진국 : 18세기 산업 혁명 이후 점진적으로 진행되어 현재는 종착 단계로, 도시화율이 높다. → 유럽, 북아메리카, 오세아니아 등

㉡ 개발 도상국 : 제2차 세계 대전 이후 급속히 진행되어 현재는 가속화 단계로, 도시화 속도가 매우 빠르다. → 아시아, 아프리카, 남아메리카 등

③ 우리나라의 산업화와 도시화

㉠ 1960년대 초(초기 단계) : 대부분 1차 산업에 종사하였다.

㉡ 1960년대 중반 이후(가속화 단계) : 경제 개발 계획 추진 → 이촌향도 현상 → 수도권과 남동 임해 공업 지역을 중심으로 산업화·도시화가 진행되었다.

㉢ 1990년대 이후(종착 단계) : 인구의 대부분이 도시에 거주하고 있다.

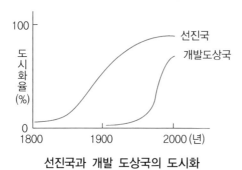

선진국과 개발 도상국의 도시화

우리나라의 도시화율

2 산업화 · 도시화로 인한 변화

(1) 산업화 · 도시화로 인한 거주 공간의 변화

① 특 징

㉠ 인간의 주된 거주 공간이 촌락에서 도시로 변화하였다.

㉡ 교통 발달에 따라 주거지와 직장의 거리가 멀어졌다.

② 도시 내부의 변화

㉠ 높은 인구 밀도와 높은 지가로 인해 집약적 토지 이용이 나타났다.

ⓐ 1차 산업 용도의 토지가 감소하였다.

ⓑ 제한된 공간을 효율적으로 이용하기 위해 건물의 고층화 및 고밀도화가 나타났다.

ⓒ 도시 지역의 기능별 공간 분화가 나타났다.

    ⓐ 접근성, 지대, 지가의 차이로 상업(업무)·주거·공업 지역 등으로 분화되었다.

    ⓑ 대도시의 경우 공간 분화가 뚜렷하게 나타난다.

심화학습 도시 지역의 기능별 공간 분화(지역 분화)

도 심	• 도시의 중심부 : 접근성·지대·지가가 높고, 고층 건물이 밀집되어 있음 • 중심 업무 지구(CBD) : 행정 기관, 백화점, 금융 기관, 주요 기업의 본사 등이 집중되어 있음 • 인구 공동화 현상 : 주간 인구가 많고, 야간 인구는 적은 현상
부도심	도심의 기능을 분담하는 곳으로 교통이 편리한 곳에 형성됨
중간 지역	도심과 주변 지역 사이에 학교, 공장 등이 섞여 나타나는 지역으로, 중간 지역에서 주변 지역으로 갈수록 공장이 많아짐
주변 지역	저렴한 땅값과 넓은 땅이 있기 때문에 도심과 비교해 건물 높이가 낮고, 학교, 공업 지역, 주거 단지가 형성됨
개발 제한 구역 (그린벨트)	대도시에서 시가지의 무분별한 팽창을 막고, 도시 주변의 녹지 공간을 보존하기 위해 설정하는 공간임
위성 도시	교통이 편리한 대도시 주변에 위치하면서 중심 도시의 기능을 분담하는 도시임

도시의 내부 구조

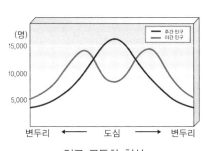

인구 공동화 현상

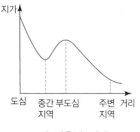

토지 이용별 지가

③ 대도시권 형성

  ㉠ 교외화 : 교통·통신의 발달로 대도시와 주변 도시, 근교 촌락이 하나의 생활권을 이루었다.

> **대도시권** ▼ 검색
>
> 대도시가 그 주변을 포함하여 밀접한 관계를 가지고 일원화되어 있는 지역

  ㉡ 근교 촌락의 변화 : 대도시 주변의 농업 지역이 도시 문제를 해결하기 위해 대규모 주거 지역이나 공업 지역으로 변화하여 도시적 경관을 보인다.

(2) 산업화·도시화로 인한 생태 환경의 변화

① 산업화·도시화 이전 : 농경지, 산림 등 녹지 면적의 비중이 높았다.

② 산업화·도시화 이후

㉠ 토지가 주택, 공장, 도로 등으로 이용되어 녹지 면적이 감소하였다.

㉡ 지표의 포장 면적 증가 및 녹지 감소로 인한 홍수 발생 위험이 증가하였다.

㉢ 오염 물질 배출로 인한 열섬 현상 및 각종 환경 문제로 생활 환경이 악화되었다.

(3) 산업화·도시화로 인한 생활 양식의 변화

① 물질적인 풍요로움

㉠ 대량 생산과 대량 소비가 가능해졌다.

㉡ 소득 증가로 인해 생활 수준이 향상되었다.

㉢ 기계화와 자동화로 인한 노동 시간의 감소로 여가 시간이 확대되었다.

② 도시성 확산

㉠ 익명성을 띤 2차적 인간관계가 확대되고, 효율
성과 합리성을 추구하게 되었다.

도시성	▼	검색

도시에서 살고 있는 사람들의 독특한 생활 양식이나 문화

㉡ 자율성과 다양성을 존중하지만, 이해관계를 기
초로 사회관계가 맺어지기 때문에 사회적 유대감이 약화되기도 한다.

㉢ 도시적 생활 양식의 확대로 다양한 상업 시설 및 문화 시설을 이용할 수 있다.

㉣ 점차 도시 근교 촌락 지역으로 도시성이 확산되었다.

③ 직업의 분화와 전문화

㉠ 도시에 거주하는 사람들은 다양한 직업에 종사하며 주민들 간의 이질성이 높아졌다.

㉡ 직업의 전문성이 증가하면서 직업 간 소득 차이가 발생하였다.

④ 개인주의 가치관 확산

㉠ 핵가족화나 1인 가구의 비중이 확대되었다.

㉡ 공동체보다 개인의 가치와 목표 및 자율성을 중시하는 개인주의적 가치관이 확대되
었다.

㉢ 개인 간 경쟁이 치열해졌다.

3 산업화 · 도시화로 인한 문제 및 해결 방안

(1) 산업화 · 도시화로 인한 문제 중요⁺

① 도시 문제

ㄱ 원인 : 각종 기능과 인구의 과도한 집중으로 여러 가지 시설이 부족해졌다.

ㄴ 주택 문제

ⓐ 많은 인구의 집중으로 주택 수요가 증가하면서 주택 부족 및 집값 상승 문제가 발생하였다.

ⓑ 도시 내의 노후화된 공간이 증가하고, 불량 주택 지역이 형성되었다.

ㄷ 교통 문제 : 교통량 증가에 따라 도로 및 주차 시설 부족 문제와 교통사고가 증가하였다.

② 환경 문제

ㄱ 각종 환경 오염 문제

ⓐ 산업 폐기물과 생활 쓰레기 증가로 인한 토양 오염이 발생하였다.

ⓑ 산업 폐수와 생활 하수 증가로 인한 수질 오염이 발생하였다.

ⓒ 공장 매연과 자동차 배기가스로 인한 대기 오염이 발생하였다.

ㄴ 도시 홍수 증가 : 도시 개발로 인한 콘크리트나 아스팔트로 포장된 도시 표면의 면적 확대 → 인공화된 표면이 빗물을 흡수하지 못하여 짧은 시간에 한꺼번에 빗물이 하천으로 흘러들어 감 → 홍수의 위험 발생도가 높아짐

ㄷ 열섬 현상

ⓐ 의미 : 도심의 기온이 주변보다 높게 나타나는 현상

ⓑ 원인 : 도시화에 따른 인구 증가, 자동차나 건물, 공장에서 배출되는 인공열 등

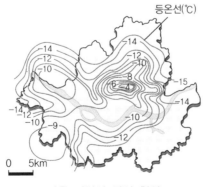

서울 지역의 열섬 현상

③ 사회 문제

　㉠ 노동 문제

　　ⓐ 실업 문제 : 산업화의 영향으로 사회가 요구하는 능력이나 직업이 변화하면서, 일할 능력과 의사가 있음에도 불구하고 일자리를 갖지 못하게 되었다.

　　ⓑ 노사 갈등 : 노동자와 사용자 사이의 이해관계 충돌로 발생한다.

　㉡ 인간 소외 현상 : 인간을 마치 기계의 부속품처럼 여기면서 노동에서 얻은 만족감이나 성취감을 얻지 못하게 만든다.

　㉢ 공동체 의식 약화 : 타인에 대한 무관심과 이기주의, 경쟁을 강조하는 사회 구조로 인해 사회적 유대감이 약화되었다.

　㉣ 사회적 갈등 발생

　　ⓐ 계층 간 빈부 격차가 심화되고 이질성이 커져 다양한 범죄가 발생하였다.

　　ⓑ 도시에 각종 기능과 시설이 집중되어 지역 간 경제적 격차가 심화되었다.

> **인간 소외 현상** ▾ 검색
>
> 노동의 주체인 인간이 노동 과정에서 객체나 수단으로 전락하여 소외되는 현상

바로바로 CHECK√

(가)에 들어갈 내용으로 옳은 것은?

> 급속한 산업화와 도시화는 이촌향도 현상을 유도하였고, 그로 인한 도시 지역의 인구 증가는 (가) 등의 도시 문제를 발생시켰다.

① 폐교 증가
❷ 주택 부족
③ 농경지 증가
④ 노동력 부족

알아두면 점수따는 이야기　　　　　　　　　　　　　열섬 현상 해결 방안

　한국 건설 기술 연구원의 조사에 따르면 옥상 녹화(정원) 시 연간 6.4~16.6%의 건물 냉난방비가 절약된다고 한다. 뿐만 아니라 연 강수량의 55~75%를 저장하고 증발산을 함으로써 도시 홍수 발생을 줄여 재해 예방에 도움이 되며, 아래층 실내 온도는 비녹화 건물의 아래층보다 0.2~0.5도 가량 낮아지고 습도는 2.6~3.1% 정도 높아진다고 하니, 옥상 녹화는 경제적 측면뿐만 아니라 환경적 측면까지 이로운 일석이조의 효과를 주는 셈이다.

→ 열섬 현상을 완화하기 위한 방법으로는 하천 복원 사업, 옥상 녹화 사업 ,자동차 통행량 줄이기, 바람 순환을 돕는 건물 배치 등이 있다.

(2) 산업화 · 도시화로 인한 문제 해결 노력

① 도시 문제

개인적 차원	교통 문제 : 대중교통 이용, 교통질서 지키기 등 일상생활 속에서 실천
사회적 차원	• 주택 문제 : 신도시 건설 및 도시 재개발 사업 추진 등 • 교통 문제 : 대중교통 수단 확충, 공영 주차장 건설 등

신도시 ▼ 검색
대도시의 주거 기능을 담당하기 위해 만들어진 계획도시

도시 재개발 사업 ▼ 검색
도시의 노후화된 주택이나 시설물을 개선하고 정비하는 사업

② 환경 문제

개인적 차원	쓰레기 분리수거, 자원 절약과 같이 일상생활 속에서 환경 보호 운동 실천
사회적 차원	생태 도시와 같은 환경친화적 도시 조성, 생태 하천이나 옥상 정원 및 공원 등 녹지 공간 확보, 오염 물질 규제 및 친환경 에너지 자원 활용 등

③ 사회 문제

개인적 차원	• 인간 소외 현상 문제 : 인간의 존엄성 중시 태도 함양 등 • 공동체 의식 약화 문제 : 공동체 의식 함양, 배려와 협력의 자세 확립 등
사회적 차원	• 노동 문제 : 최저 임금제와 비정규직 보호법 등의 제도 마련 • 공동체 의식 약화 문제 : 마을 공동체 운영, 공동체 주택 건설 등 • 계층 간 격차 문제 : 사회적 소외 계층을 위한 사회 복지 제도 마련 • 지역 간 격차 문제 : 도시의 기능 분산, 지방 도시 발전 추구

02 교통 · 통신의 발달과 정보화

1 교통 · 통신의 발달에 따른 변화

(1) 교통 · 통신의 발달

① 교통의 발달

　㉠ 산업 혁명 이후 : 증기 기관의 발명 이후 증기선, 증기 기관차, 자동차 등 육상 교통과 해상 교통이 발달하였다.

　㉡ 오늘날 : 지하철, 고속 철도, 고속 항공기가 등장하였다.

② 통신의 발달

　㉠ 산업 혁명 이후 : 전신과 전화 발명 이후 통신 기술이 발달하였다.

　㉡ 오늘날 : 텔레비전, 인공위성, 해저 광케이블, 인터넷, 휴대 전화 등이 발달하였다.

(2) 교통 · 통신의 발달에 따른 생활 공간의 변화 중요⁺

① 생활 공간의 확대

　㉠ 교통의 발달로 이동 시간 및 비용이 감소하면서 사람들의 장거리 이동과 교류가 가능해졌다.

　㉡ 원거리 통학과 통근이 가능해지면서 생활권의 확대로 대도시권이 형성되었다.

② 경제 공간의 확대

　㉠ 접근성이 높은 지역은 경제가 활성화되고, 국토의 효율적 이용이 가능해졌다.

　㉡ 전자 상거래의 발달로 상권이 확대되었다.

　㉢ 통신의 발달을 활용한 금융 거래가 활성화되었다.

　㉣ 원료와 상품, 노동력의 국제적 이동이 가속화되어 국제 무역 및 다국적 기업의 활동이 증가하였다.

③ 여가 공간의 확대 : 항공기 등을 이용한 장거리 이동이 가능해지면서 국내 여행 및 해외여행 관광객이 증가하였다.

④ 생태 환경의 변화

    ㉠ 교통·통신 시설을 세우는 과정에서 생태계가 파괴되기도 한다.

        예 도로와 철도의 건설로 야생 동식물의 서식지가 줄어듦

    ㉡ 교통·통신 수단을 이용하여 생태 환경에 도움을 주기도 한다.

        예 위치 정보 기술을 이용한 멸종 위기 동물 보호

심화학습 ― 교통수단의 발달

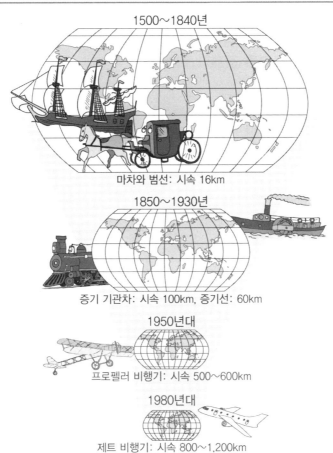

1500∼1840년
마차와 범선: 시속 16km

1850∼1930년
증기 기관차: 시속 100km, 증기선: 60km

1950년대
프로펠러 비행기: 시속 500∼600km

1980년대
제트 비행기: 시속 800∼1,200km

교통수단의 발달로 세계의 시·공간 거리가 크게 단축되어 생활 공간의 범위가 확대되었다.

(3) 교통·통신의 발달에 따른 생활 양식의 변화

① 언제 어디서나 필요한 물건을 쉽게 구입할 수 있기 때문에 생활이 풍요로워졌다.

② SNS(누리 소통망) 등을 통해 다양한 정보를 쉽고 빠르게 주고받을 수 있으며, 다양한 인간관계가 형성되었다.

소셜 네트워크 서비스(SNS) ▾	검색

인맥 구축을 목적으로 개설된 커뮤니티형 웹사이트

③ 다른 지역의 문화 체험 기회가 늘어나거나, 다른 나라의 문화가 전파되어 새로운 문화가 형성되었다.

2 교통·통신의 발달에 따른 문제와 해결 노력

(1) 교통·통신의 발달에 따른 문제

① 생활 공간 격차

㉠ 교통·통신이 발달한 지역은 접근성이 향상되어 경제가 활성화되지만, 교통·통신이 불리한 지역은 인구 유출에 따라 지역 경제가 쇠퇴할 수 있다. → 빨대 효과 발생

빨대 효과 ▾	검색

컵의 음료를 빨대로 빨아들이듯이 고속 도로나 고속 철도의 개통으로 대도시가 주변 중소 도시의 인구나 경제력을 흡수하는 현상(=대도시 집중 현상)

㉡ 소음이나 교통 체증, 지가 상승과 같은 문제가 증가하여 교통로 주변의 주민들이 피해를 입기도 한다.

② 생태 환경 파괴

㉠ 교통수단에서 배출되는 오염 물질 증가로 인해 대기 오염, 토양 오염 등 각종 환경 오염이 발생한다.

㉡ 삼림 훼손과 녹지 면적 감소

ⓐ 도로와 철도의 건설로 야생 동식물의 서식지가 줄어 생태 공간의 연속성이 단절된다.

ⓑ 산소 공급 기능과 대기 오염 물질 정화 기능이 저하된다.

㉢ 외래 생물종의 유입과 생태계 교란 : 항공기, 자동차, 선박 등에 의해 옮겨진 외래 생물종이 과다 번식하여 기존의 생태 환경의 혼란을 야기한다.

(2) 교통 · 통신의 발달에 따른 문제 해결 노력

① 생활 공간 격차 해결 노력

ㄱ 지방 중추 도시권 육성 사업을 시행한다.

ㄴ 대중 교통수단 및 문화 · 의료 시설 등 기반 시설을 확충한다.

ㄷ 지역 특성을 활용한 지역 경쟁력을 강화하여 지역 간 격차를 해소한다.

예 지역 브랜드, 지역 축제 개최 등

② 생태 환경 파괴 해결 노력

ㄱ 교통수단의 오염 물질 배출량 검사를 의무화한다.

ㄴ 선박 평형수 처리 장치 설치를 의무화한다.

→ 선박 평형수를 통해 각종 외래종이 유입되기 때문

ㄷ 생태 통로 건설 : 개발이 이루어진 도로 위에 터널이나 육교 등을 설치하면 야생 동물들의 이동이 쉬워지고 서식지가 넓어져 활동이 자유로워질 수 있다.

| 선박 평형수 | 검색 |

선박의 무게 중심을 맞추기 위해 선박 내에 채워 넣거나 빼내는 바닷물

| 생태 통로 | 검색 |

야생 동물의 이동을 돕기 위하여 설치되는 인공 구조물 또는 식생과 같은 생태적 공간

알아두면 점수따는 이야기　　　　교통 발달에 따른 지역의 변화

(가) 충청남도 논산의 강경읍은 금강과 서해를 잇는 수운 교통의 중심지로 크게 번성하였다. 그러나 철도 교통이 개통된 이후 1905년부터 청주와 공주가 강경의 상권에 이탈한 이래 1914년 호남선 개통을 비롯한 육상 교통의 발달 과정에서 강경 시장은 급속히 쇠퇴하였다. 군산항의 기능이 상실된 이후에는 바다와 내륙을 연결하는 교량 역할을 잃었고, 교통의 중심 기능을 대전, 천안, 익산 등에 내주었다.

→ 교통의 변화는 지역의 쇠퇴 또는 성장에 큰 영향을 준다. 강경읍은 철도와 도로 교통의 발달로 수운 교통이 약화되면서 침체를 겪은 반면, 육상 교통이 발달하면서 대전, 천안과 같은 지역은 교통의 중심지로 성장하였다.

(나) 2004년 우리나라에 KTX가 처음 등장한 이래 2013년까지 KTX 총 이용객은 약 3억 6천만 명에 달한다. 전반적으로 지역 간 교류가 증대되었으며, 서울과의 접근성이 향상된 지역들은 발전 잠재력이 높아졌고, 역세권을 중심으로 지역 경제가 활성화되었다. 반면에 KTX 개통 전 국내선 항공 이용객은 1일 평균 약 3만 1천 명(2003년)이었으나 2013년에는 1만 1천 명으로 급격히 감소하였다.

→ KTX(고속 철도) 개통의 영향
　1) 긍정적 측면 : 시간과 비용 절감, 수도권과 지방 간 교류 확대로 국토의 균형적인 발전 도모, 정차역 주변은 지역 교통의 중심지로 성장, 지역 이미지 개선 효과 등
　2) 부정적 측면 : 교통의 발달로 접근성이 좋아진 대도시가 주변 중소 도시의 인구와 경제력을 흡수하여 지역 격차가 심해지기도 한다.

3 정보화에 따른 변화

(1) 정보화에 따른 생활 공간의 변화

① 가상 공간의 등장 : 인터넷을 통해 일상생활과 관련된
   활동이 이루어졌으며, 공간적 제약도 감소하였다.

> **정보화** ▾ 검색
> 지식과 정보가 사회의 가장 중요한 자원
> 이 되고, 이를 중심으로 발전하는 사회

② 정보 기술의 발달에 따른 공간 이용 방식의 변화 **중요⁺**

    ㉠ 지리 정보 시스템(GIS)

        ⓐ 의미 : 다양한 지리 정보를 수치화
        하여 컴퓨터에 입력·저장하고, 이
        를 다양한 방법으로 분석·종합하
        여 제공하는 시스템

        ⓑ 활용 : 공공 시설물 입지 선정 및
        관리, 국토 개발 및 자원 관리, 교
        통, 환경 문제 및 재해·재난 예방
        관리 등

> **바로 바로 CHECK√**
>
> 다음 설명에 해당하는 개념은?
>
> > 인공위성에서 보내는 신호를 수신해 사
> > 용자의 현재 위치를 알려주는 시스템이다.
>
> ① 항공 사진
> ② 지리 정보 시스템(GIS)
> ❸ 위치 정보 시스템(GPS)
> ④ 유비쿼터스(Ubiquitous)

    ㉡ 위치 정보 시스템(GPS)

        ⓐ 의미 : 인공위성을 활용하여 현재 위치를 알려주는 시스템(위성 위치 확인 시스템)

        ⓑ 활용 : 내비게이션으로 최단 경로 파악, 실시간 버스 도착 정보 확인 등에 이용

(2) 정보화에 따른 생활 양식의 변화

① 정치·행정적 측면

    ㉠ 전자 민주주의 실현 : SNS를 통한 정치적 의견 표출과 정치 참여 기회가 확대되
    었다.

    ㉡ 행정 서비스의 간소화 : 인터넷을 이용한 민원 및 서류 신청 발급이 가능해졌다.

② 경제적 측면

    ㉠ 전자 상거래 증가로 인한 온라인 쇼핑이나 홈쇼핑을 통한 상품 구입이 가능해졌다.

    ㉡ 인터넷 뱅킹을 활용한 은행 업무가 가능해졌다.

    ㉢ 재택근무 및 원격 근무, 화상 회의 등이 가능해지면서 업무의 효율성이 증대되
    었다.

    ㉣ IT 산업과 같은 지식 정보 산업 관련 직업이 증가하였다.

③ 사회・문화적 측면

　　㉠ 유비쿼터스(Ubiquitous) 시대

　　　　ⓐ 직접 방문하지 않아도 원격 진료 및 원격 교육이 가능해졌다.

　　　　ⓑ 언제 어디서나 텔레비전 프로그램 및 영화 시청이 가능해졌다.

　　㉡ 다양한 교류가 이루어짐으로써 수평적 인간관계가 증가하였다.

　　㉢ 의사소통 방식의 변화 : SNS를 통한 쌍방향 소통이 가능해지고, 문화 교류가 확대되었다.

유비쿼터스(Ubiquitous) ▾	검색

언제 어디서든지 자유롭게 통신망을 이용하여 자료를 주고받을 수 있는 상태

바로바로 CHECK√

정보화 사회에 대한 특징으로 옳지 <u>않은</u> 것은?

① 전자 상거래가 확산되었다.

❷ 시・공간의 제약이 강화되었다.

③ 사생활 침해, 개인 정보 유출과 같은 문제가 심화되었다.

④ 사이버 공간 등을 포함하여 의사소통 공간이 확대되었다.

4 정보화에 따른 문제와 해결 방안

(1) 정보화에 따른 문제점 　중요⁺

① 인터넷 중독

　㉠ 의미 : 사용자가 인터넷 사용을 조절하지 못하고 일상생활에 지장을 받게 되는 현상

　㉡ 특징 : 대면적 인간관계 약화, 우울증 등의 정신 질환 증가, 시력 저하 등의 신체 질환 증가

② 정보 격차

　㉠ 의미 : 지역 간, 계층 간, 연령 간에 정보 소유 및 접근 정도의 차이가 커지는 현상

　㉡ 특징 : 소득 격차나 부의 불평등으로 이어진다.

③ 사생활 침해

　㉠ 의미 : 사이버상의 개인 정보가 다른 사람에게 노출되거나 악용되는 현상

　㉡ 특징 : 개인의 생활을 폐회로 텔레비전(CCTV)이나 휴대 전화 위치 추적 등을 통해 감시하거나 통제할 수 있다.

④ 사이버 범죄

　㉠ 사이버 폭력 : 익명성을 이용해 타인의 명예를 침해하는 행위

ⓛ 지식 재산권 침해 : 프로그램, 음악, 영화 등의
저작물을 불법으로 복제하여 유통시키는 행위

| 지식 재산권 | ▾ | 검색 |

지적 창작물에 부여된 특허권으로서 저작
권 등의 권리

ⓒ 기타 : 해킹, 사이버 금융 사기, 전자 상거래 사
기 등

(2) 정보화에 따른 문제의 해결 노력

① 개인적 차원

㉠ 인터넷 중독 : 인터넷 사용 시간을 규정해서 사용한다.

ⓛ 사생활 침해 : 중요한 개인 정보는 공유를 금지하고, 개인 정보의 중요성을 인식
한다.

ⓒ 사이버 범죄 : 인터넷상에서 에티켓 준수 및 정보 윤리를 실천하고, 불법 정보
이용 및 저작권 침해에 관한 비판 의식을 확립한다.

ⓔ 정보 격차 : 정보화 교육에 참여한다.

② 사회적 차원

㉠ 개인 정보 유출 및 사이버 범죄와 폭력을 막기 위한 법과 제도를 강화한다.

ⓛ 정보 보안 전문가를 양성한다.

ⓒ 인터넷 중독 및 사이버 범죄 예방 교육 및 치료 프로그램을 시행한다.

ⓔ 정보 격차 해소에 관한 법률을 제정하고, 정보 소외 계층을 위한 복지 서비스를
확충한다.

ⓜ 인터넷 및 스마트폰의 올바른 사용에 관한 교육 활동을 강화한다.

알아두면 점수따는 이야기   계층에 따른 정보 격차

정부가 장애인과 저소득층, 노년층, 농어민층 등 소외 계층에 대한 정보화 수준을 조사한 결과(2012년)에 따르면, PC를
기반으로 한 정보화 수준은 일반 국민의 74%로 전년 대비 1.6% 상승하였다. 그러나 스마트폰, 태블릿 PC와 같은 모바일
기기를 대상으로 조사한 '모바일 격차 지수'는 일반 국민의 1/4에 그치는 것으로 나타났다. 과거에는 PC와 유선 인터넷 기
반으로 정보 격차가 나타났다면, 최근에는 모바일 기기를 기반으로 하는 새로운 정보 격차가 나타나고 있는 것이다.

→ 정보 격차란 새로운 정보 기술에 접근할 수 있는 능력을 보유한 계층과 그렇지 못한 계층 사이에 경제적·사회적 격차가 심화되
는 현상을 말한다. 스마트폰과 태블릿 PC 등의 등장으로 언제 어디서나 인터넷에 접속할 수 있어 정보의 활용도는 높아졌지만,
장애인과 저소득층 등 소외 계층은 스마트폰보다 PC를 통한 인터넷 이용률이 높아 실시간으로 정보를 이용하는 비중이 다른 계층
에 비해 상대적으로 낮게 나타나고 있다. 정부는 이러한 정보 격차를 해소하기 위해 정보 격차 해소법을 제정하였다.

03 지역과 공간 변화

1 지역의 공간 변화 조사

(1) 지역 조사

① 의미 : 지역에 대한 자료를 수집·분석하여 지역의 변화 양상을 파악하는 활동

② 필요성 : 산업화 및 도시화, 교통의 발달로 인해 변화하는 지역의 문제점을 분석하고, 해결 방안을 모색할 수 있다.

(2) 지역 조사 과정 중요⁺

① 조사 계획 수립 : 조사 목적 및 조사 주제, 조사 방법을 선정한다.

② 지역 정보 수집

    ㉠ 실내 조사 : 문헌 자료, 통계 자료, 각종 지도 등을 통해 수집한다.

    ㉡ 현지 조사(야외 조사) : 직접 현장에 나가 설문 조사, 면담, 관찰, 실측 등을 통해 수집한다.

③ 지역 정보 분석 : 수집된 자료를 항목별로 정리하고, 그 내용을 도표, 그래프, 통계표 등으로 나타낸다.

④ 보고서 작성 : 해결 방안을 도출하여 보고서를 작성한다.

> **바로바로 CHECK√**
>
> 다음은 지리 조사 과정을 나타낸 것이다. (가)에 들어갈 활동으로 옳은 것은?
>
>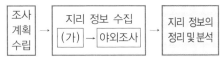
>
> ① 측량, 견학 ② 조사 보고서 작성
> ③ 표, 그래프 작성 ❹ 문헌, 통계 자료 수집

2 지역 변화에 따른 문제점과 해결 방안

구 분	문제점	해결 방안
대도시	• 인구 과밀화로 각종 시설 부족 • 도시 내 노후화된 공간 증가	도시 재개발을 통한 환경 개선
지방의 중소 도시	• 대도시 의존도 심화 • 대도시로 인구 유출	지역 특성화 사업 추진
도시와 인접한 촌락	도시화 진행으로 전통적 가치관 변화	지역 공동체 운영
도시와 멀리 떨어진 촌락	• 노동력 부족, 성비 불균형 등 인구 문제 • 각종 시설 부족, 지역 경제 침체	• 지역 브랜드 추진, 지역 축제 개최 • 교육·의료·문화 시설 확충

01 다음 빈칸에 들어갈 말로 알맞은 것은?

> ( )란 분업화, 기계화 등과 함께 농업 중심의 사회가 공업 중심의 사회로 변화하는 현상이다.

① 산업화
② 도시화
③ 세계화
④ 정보화

01
산업화는 분권화·기계화 등으로 농업 중심의 사회가 공업 중심의 사회로 변하는 현상이다. 18세기 산업 혁명을 계기로 급속도로 확산되었다.

02 다음 글의 빈칸 ㉠, ㉡에 들어갈 말로 옳은 것은?

> 18세기에는 증기 기관의 발명과 함께 (㉠)이 이루어지면서 대량 생산이 가능해지기 시작했다. 20세기에 들어와서는 컴퓨터의 발명과 인터넷의 발달로 (㉡)가 도래하였다.

	㉠	㉡
①	농업 혁명	정보 사회
②	산업 혁명	정보 사회
③	산업 혁명	산업 사회
④	정보 혁명	산업 사회

02
㉠에는 산업 혁명, ㉡에는 정보 사회가 들어가야 한다. 정보 혁명은 정보·통신 기술의 발달로 사회가 급격하게 변화한 현상을 말한다.

03 다음 도시화 단계 중 (다) 단계에 대한 설명으로 옳은 것은?

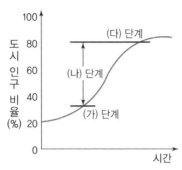

① 도시화율이 가장 낮은 단계를 말한다.

② 도시화가 급격히 이루어지는 단계이다.

③ 이촌향도 현상이 가장 활발히 나타난다.

④ 도시 인구가 농촌으로 이동하는 역도시화 현상이
   나타난다.

04 다음 그림은 선진국과 개발 도상국의 도시화 과정을 나
타낸 것이다. 이에 대한 설명으로 옳지 <u>않은</u> 것은?

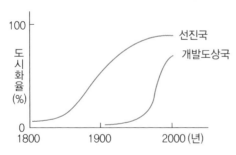

① 역도시화는 선진국에서 먼저 나타났다.

② 선진국은 개발 도상국보다 도시화를 먼저 이루었다.

③ 개발 도상국은 선진국에 비해 도시 거주 인구 비율
   이 높다.

④ 개발 도상국이 선진국에 비해 빠른 속도로 도시화
   를 이루었다.

03

(다)는 도시화의 속도가 둔화되는 종착 단
계이다. 종착 단계에서는 도시가 비대해져
도시에서 다른 도시로 인구나 기능이 분산
되거나 농촌으로 이동하는 역도시화 현상
이 나타난다.

04

현재 개발 도상국은 가속화 단계, 선진국
은 종착 단계에 해당하기 때문에, 도시에
거주하는 인구 비율은 선진국이 더 높다.

05 다음 자료는 학생이 정리한 노트 필기의 일부이다. ㉠~㉣에 들어갈 내용으로 옳지 <u>않은</u> 것은?

구 분	긍정적 영향	부정적 영향
산업 혁명	㉠	㉡
정보 통신 발달	㉢	㉣

① ㉠-물질적 풍요로움
② ㉡-환경 오염 발생
③ ㉢-도시화 촉진
④ ㉣-사생활 침해

05

도시화는 산업 혁명으로 인해 등장한 현상이다.

06 다음 자료를 통해 예측할 수 있는 서울의 변화는?

1890년대의 서울

현재의 서울

① 인구수가 감소하였다.
② 3차 산업의 비중이 증가하였다.
③ 지표의 포장 면적이 감소하였다.
④ 서울 내 녹지 공간이 증가하였다.

06

제시된 자료를 통해 서울의 도시화가 진행되고 있음을 알 수 있다. 도시화로 인해 2·3차 산업의 비중이 높아지고, 1차 산업의 비중이 감소하였다.

ANSWER
05. ③ 06. ②

07 다음과 같은 기능을 담당하고 있는 지역은?

> • 중심 업무 지구
> • 인구 공동화 현상
> • 접근성·지대·지가가 높음

① 도심
② 부도심
③ 위성 도시
④ 개발 제한 구역

07

도심은 도시의 중심부로 접근성·지대·지가가 높고, 고층 건물이 밀집되어 있다. 또한 중심 업무 지구로 행정 기관, 백화점, 금융 기관, 주요 기업의 본사 등이 입지해 있다.

08 도시의 기능별 공간 분화에 대한 설명으로 옳은 것은?

고난도 ① 부도심은 교통이 편리한 곳이다.
② 도심은 교통이 불편해 접근성이 낮다.
③ 중간 지역은 도심의 기능을 분담하는 곳이다.
④ 부도심에는 주택, 학교, 공장 등이 섞여 있다.

08

부도심은 도심의 기능을 분담하는 곳으로 교통이 편리한 곳에 형성된다.

ANSWER

07. ① 08. ①

09 개발 제한 구역 설정의 장점으로 적절하지 <u>않은</u> 것은?

기출
① 도시의 무질서한 팽창을 방지할 수 있다.
② 도시 주변의 자연 환경을 보전할 수 있다.
③ 도시 주민을 위한 여가 활동 공간을 확보할 수 있다.
④ 개발 제한 구역 내 건축물의 신·증축 등을 자유롭게 할 수 있다.

10 도시화·산업화로 인한 도시 공간의 변화로 옳지 <u>않은</u> 것은?

① 녹지 공간 증가
② 기능별 공간 분화
③ 효율적인 토지 이용
④ 1차 산업의 토지 이용 감소

11 산업화·도시화로 인한 생활 양식의 변화로 옳은 것은?

① 대가족이 확대된다.
② 노동 시간이 증가한다.
③ 다양한 직업이 생겨난다.
④ 공동체주의적 가치관이 확대된다.

[12~13] 다음 글을 읽고 물음에 답하시오.

(㉠)은(는) 도시화에 따른 자동차나 건물, 공장에서 배출되는 인공열과 대기 오염 물질의 발생으로 도시의 기온이 주변 지역보다 높게 나타나는 현상을 말한다. 최근에는 이 문제를 해결하기 위해 다양한 ㉡ 도시 개발 계획을 세우고 있다.

12 ㉠에 해당하는 환경 문제로 맞는 것은?

① 열섬 현상

② 토양 오염

③ 황사 현상

④ 열대야 현상

12
㉠은 도시의 기온이 주변보다 높게 나타나는 열섬 현상에 관련된 내용이다.

13 ㉡에 해당하는 도시 개발 계획으로 볼 수 없는 것은?

① 녹지 공간 확보

② 옥상 정원 조성

③ 공영 주차장 건설

④ 생태 하천 복원 사업

13
열섬 현상을 해결하는 방법은 도시의 녹지 공간을 확보하는 방법이다. 공영 주차장 건설은 교통 문제 해결을 위한 방법에 해당된다.

ANSWER
12. ① 13. ③

14 다음 현상을 설명하는 용어는?

기출

> 도시의 낡은 시설을 정비하고, 도시 기능을 재활성
> 화하려는 것

① 교외화

② 집심 현상

③ 종주 도시화

④ 도시 재개발

14

도시 재개발 사업은 도시의 낡은 시설을 정비하고, 도시 기능을 재활성화하려는 것으로 주택 개량, 교통로의 확장, 공원과 녹지 공간의 확충, 상하수도 시설 정비 등을 한다.

15 다음 현상에 의해 나타나는 도시 문제로 보기 <u>어려운</u> 것은?

기출

> 도시 인구가 짧은 기간 안에 급격히 증가하는 현상

① 집값 하락

② 대기 오염

③ 교통 혼잡

④ 쓰레기 배출 문제

15

도시 문제는 인구가 도시에 집중되면서 도시 지역에서 발생하는 주택 부족, 집값 상승, 대기·수질·토양 오염, 쓰레기 문제, 교통 문제, 실업, 범죄 등의 여러 가지 문제를 말한다. 이를 해결하기 위해서는 인구와 기능을 주변으로 분산해야 한다.

16 고속 철도(KTX)와 같은 교통의 발달에 따른 우리 생활의 변화로 옳지 <u>않은</u> 것은?

① 지역 간의 교류가 활발해질 것이다.

② 국내선 항공 수요도 함께 급증할 것이다.

③ 정차역 주변은 지역 경제가 활성화될 것이다.

④ 이동 시간 단축으로 국내 여행객이 증가할 것이다.

16
새로운 교통수단 도입에 따라 기존의 교통수단이었던 국내 항공 수요는 감소할 것이다.

17 지도는 교통수단의 발달에 따른 우리나라의 상대적 크기 변화를 나타낸 것이다. 이를 보고 추론한 내용으로 적절하지 <u>않은</u> 것은?

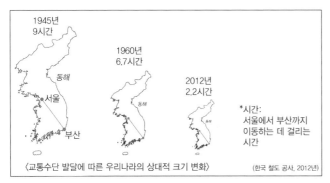

1945년
9시간

1960년
6.7시간

동해

서울

2012년
2.2시간

동해

부산

*시간:
서울에서 부산까지
이동하는 데 걸리는
시간

동해

〈교통수단 발달에 따른 우리나라의 상대적 크기 변화〉 (한국 철도 공사, 2012년)

① 지역 간 접근도가 낮아졌을 것이다.

② 서울의 통근권이 확대되었을 것이다.

③ 교통로 건설로 환경 파괴 문제가 발생했을 것이다.

④ 공간적 제약의 감소로 인구 이동이 활발해졌을 것이다.

17
교통의 발달로 이동이 편리하고 도시 기능이 확산되어 통근권·통학권이 넓어지고, 지역 간 접근도가 높아진다. 반면 새로운 교통로 건설에 따른 기존 교통로 주변 도시의 지역 경제가 침체되고, 교통로 건설로 환경 파괴가 발생하기도 한다.

ANSWER
16. ② **17.** ①

18 교통·통신의 발달로 인한 문제점으로 옳지 <u>않은</u> 것은?

① 교통 시설 근처의 교통 체증 문제

② 유조선 충돌 사고로 인한 해양 오염

③ 교통이 불리한 지역의 인구 유출 문제

④ 선박 평형수를 통한 생태계 다양성 유지

18

선박 평형수는 선박의 무게 중심을 유지하기 위해 선박 내에 채워 넣거나 빼내는 바닷물이다. 이 물을 통해 각종 외래종이 유입되면 기존 생태계가 교란될 수 있다.

19 교통 시설이 증가할수록 나타날 수 있는 생태 환경의 변화를 〈보기〉에서 모두 고른 것은?

┌─ 보기 ┌
ㄱ. 삼림 훼손
ㄴ. 녹지 면적 증가
ㄷ. 야생 동물의 서식지 증가
ㄹ. 대기 오염 물질 정화 기능 저하
└──────────────┘

① ㄱ, ㄴ

② ㄱ, ㄹ

③ ㄴ, ㄷ

④ ㄷ, ㄹ

19

교통 시설이 증가할수록 녹지 면적이 감소하고 삼림이 훼손되어 야생 동물의 서식지가 줄어든다. 또한 화석 연료의 사용 증가로 인해 대기 오염 물질의 정화 기능이 저하된다.

ANSWER
18. ④ **19.** ②

20 정보화로 인한 경제적 측면에서의 변화를 〈보기〉에서 모두 고른 것은?

┌─보기┐
ㄱ. 재택근무 확산
ㄴ. 택배 산업 발달
ㄷ. 전자 상거래 증가
ㄹ. 업무의 효율성 감소
└────┘

① ㄱ, ㄴ
② ㄴ, ㄷ
③ ㄱ, ㄴ, ㄷ
④ ㄴ, ㄷ, ㄹ

21 다음 내용과 관련된 공간 정보 기술은 무엇인가?

┌────┐
컴퓨터를 이용하여 다양한 공간 정보와 속성 정보를 입력·저장·처리·분석·표현하는 종합적인 관리 체계
└────┘

① 원격 탐사
② 자동 항법 장치
③ 위치 정보 시스템(GPS)
④ 지리 정보 시스템(GIS)

22 **기출** 다음에서 설명하는 것은?

> • 사람의 접근이 어려운 지역의 공간 정보를 수집하는 데 이용된다.
> • 정해진 지구 궤도를 돌며 GPS 수신기에 위치 정보를 보내준다.

① 나침반
② 망원경
③ 스캐너
④ 인공위성

23 다음 중 정보화에 대한 설명으로 옳지 않은 것은?

① 인터넷을 이용한 전자 상거래가 활성화되었다.
② 전자 투표, 전자 서명 등 정치 참여의 기회가 확대되었다.
③ 업무의 시·공간적 제약 강화로 재택근무 등이 감소하였다.
④ 소셜 네트워크 서비스(SNS)를 통한 쌍방향 소통이 가능해졌다.

24 정보화 사회에 대한 설명으로 거리가 가장 <u>먼</u> 것은?

① 전통적인 권위주의 문화로 대체되었다.

② 이전에 비해 다양한 정보를 얻기가 쉬워졌다.

③ 정보의 유출로 사회적 문제가 발생하기도 한다.

④ 정보의 자산 가치 중요성에 대한 인식이 확대되었다.

25 정보화 사회로 인해 일상생활에 나타난 변화로 옳은 것은?

① 대면 접촉 기회 증가

② 정치 참여 기회 축소

③ 행정 서비스의 간소화

④ 도 · 소매업의 입지 제약 강화

26 정보 사회의 문제점을 해결하기 위한 개인적 차원의 노력은?

① 인터넷 상에서 에티켓을 준수한다.

② 사생활 침해에 대한 법적 규제를 강화한다.

③ 인터넷 상의 폭력에 대한 처벌을 강화한다.

④ 스마트폰의 올바른 사용에 관한 교육을 실시한다.

24

정보화 사회란 지식과 정보가 사회의 가장 중요한 자원이 되고, 이를 중심으로 운영 · 발전하는 사회를 말한다. 전자 투표, 인터넷 시민운동 등 온라인상에서 정치 참여의 기회가 확대되었고, 소셜 네트워크 서비스(SNS)를 통한 쌍방향 소통이 가능해지면서 보다 민주적이 사회로 변화하였다.

25

인터넷을 이용한 민원 및 서류 신청 발급이 가능해지면서 행정 서비스가 간소화되었다.

26

개인적 차원의 노력은 의식 · 태도 개선 등에 힘쓴다.
② · ③ · ④는 정보 사회의 문제점을 해결하기 위한 정부 차원의 사회 · 제도적 노력이다.

ANSWER

24. ① **25.** ③ **26.** ①

27 다음 글과 관련 있는 정보화 사회의 문제점으로 옳은 것은?

> • 다른 사람의 정보를 도용한 사람은 신분증을 위조하여 각종 범죄에 이용할 수 있다.
> • 인터넷 사이트에서 회원 가입을 하고 인터넷 강의를 들었던 날부터 이름 모를 학원에서 수강을 권유하는 전화를 자주 받게 되었다.

① 인터넷 중독
② 개인 정보 유출
③ 지식 재산권 침해
④ 계층 간 정보 격차

28 다음 그래프에서 알 수 있는 정보화로 인한 문제점의
고난도 해결 방안으로 옳은 것은?

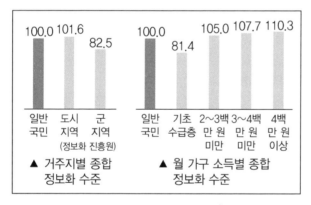

▲ 거주지별 종합 정보화 수준   ▲ 월 가구 소득별 종합 정보화 수준

① 정보 보안 전문가 양성
② 인터넷상에서 에티켓 준수
③ 지식 재산권 침해 방지 대책 마련
④ 정보 격차 해소에 관한 법률 제정

27

제시문은 정보화에 따른 여러 가지 문제점 중 개인 정보 유출 문제와 관련이 있다.

28

정보 격차란 새로운 정보 기술에 접근할 수 있는 능력을 보유한 계층과 그렇지 못한 계층 사이에 경제적·사회적 격차가 심화되는 현상을 말한다. 정보 격차를 해소하기 위해서는 정보 격차 해소에 관한 법률을 제정하거나 정보 소외 계층을 위한 복지 서비스를 확충해야 한다.

ANSWER
27. ②   28. ④

29 기출 (가)에 들어갈 말로 가장 적절한 것은?

(가) 자가 진단표	
항목	척도
1	밤늦게까지 접속해 있느라 잠을 못 잔 적이 있다.	1　2　3　4　5
2	하루라도 온라인 게임을 하지 않으면 생활이 지루하고 재미가 없다.	1　2　3　4　5

(1: 전혀 아니다. 2: 드물지만 있다. 3: 가끔 있다. 4: 자주 있다. 5: 항상 그렇다.)

① 정보 격차
② 인터넷 중독
③ 사이버 폭력
④ 개인 정보 유출

30 지역 정보 수집 방법 중 실내 조사에 해당하는 것은?

① 면담
② 관찰
③ 문헌 조사
④ 설문 조사

29

인터넷 중독은 인터넷을 과다 사용하여 가정이나, 직장 등 일상생활에 심각한 지장을 받게 되는 현상이다.

30

실내 조사는 문헌 자료, 통계 자료, 지형도, 항공 사진 등을 통해 지역 정보를 수집하는 방법이다.

ANSWER

29. ② 　30. ③

31 지리 조사 방법에서 (가) 단계에 적합한 활동은?

기출

조사 주제 및 지역 선정	→	실내 조사	→	(가) 야외 조사

→	자료 분석	→	보고서 작성

① 설문지 작성
② 문헌 자료 수집
③ 통계 지도 작성
④ 답사 및 사진 촬영

31

야외 조사는 관찰, 측량, 견학, 관련 기관 방문, 면담, 설문지 조사 등 현장에서 조사가 이루어진다.
①, ②는 실내 조사, ③은 지역 정보 분석에 해당한다.

32 다음과 같은 지역 조사가 이루어지는 단계는?

> 각종 자료들 가운데 보고서에 들어갈 내용을 통계 지도나 그래프로 만들기도 한다.

① 조사 계획 수립
② 조사 주제 선정
③ 지역 정보 수집
④ 지역 정보 분석

32

지역 정보 분석 단계에서는 수집된 자료를 항목별로 정리하고, 그 내용을 도표, 그래프, 통계표 등으로 나타내는 일이 이루어진다.

PART II

인간과 공동체

Chapter 04 인권 보장과 헌법
Chapter 05 시장 경제와 금융
Chapter 06 사회 정의와 불평등

04 인권 보장과 헌법

인권, 헌법, 기본권의 종류와 내용, 기본권의 제한 관련 내용은 출제 빈도가 높고 앞으로도 출제 가능성이 매우 높습니다. 인권 보장의 역사와 현대 사회의 새로운 인권의 종류, 인권 보장을 위한 헌법의 역할과 다양한 제도적 장치에 대해서 꼼꼼하게 정리해 두어야 합니다. 특히 헌법 재판소의 역할은 반드시 알아 두어야 합니다. 최근 강조되는 사회적 소수자와 청소년의 인권 문제, 세계 인권 문제의 유형에 대해서 파악해야 합니다.

01 인권의 의미와 변화 양상

1 인권의 의미와 역사

(1) 인권의 의미와 특징

① 의 미
   ㉠ 인간이라는 이유만으로 자신의 존엄성을 보호받으며 행복하게 살아갈 권리
   ㉡ 모든 사람이 인간의 존엄성을 유지할 수 있도록 누려야 하는 권리

② 특 징

   ㉠ 보편성 : 인종, 성별, 지위, 종교 등을 초월하여 모든 사람이 동등하게 누리는 권리
   ㉡ 천부성 : 태어나면서부터 하늘이 부여해 준 당연한 권리
   ㉢ 불가침성 : 국가 권력 또는 다른 사람이 함부로 침해할 수 없고, 양도할 수 없는 권리
   ㉣ 항구성 : 일정 기간에만 한정되는 것이 아니라 영구히 보장되는 권리

> **바로바로 CHECK√**
>
> **다음 내용과 가장 관련 있는 것은?**
>
> 인간이 태어날 때부터 남에게 양도하거나 빼앗길 수 없는 권리
>
> ① 전체주의　　② 절대주의
> ③ 계몽사상　　❹ 자연권 사상

(2) 인권 보장의 역사 **중요***

① 근대 이전 : 대다수의 평민은 절대 군주(왕), 귀족, 성직자 등에게 부당한 억압과 차별을 받았다.

② 시민 혁명의 발생

　㉠ 등장 배경

　　ⓐ 봉건적 신분제 사회에서 시민에 대한 억압과 차별

　　ⓑ 천부 인권 사상 및 계몽사상, 사회 계약설 등의 영향으로 시민의 의식 변화

계몽사상	▼	검색
인간의 이성으로 불합리한 제도로부터 벗어나 진보를 이룰 수 있다고 보는 사상		

사회 계약설	▼	검색
사회나 국가가 자유롭고 평등한 개인들의 합의나 계약으로 발생하였다는 학설		

　㉡ 경과 : 18세기 후반 시민들이 절대 군주에 대항하여 시민 혁명을 일으키고, 인권을 명시한 선언들을 발표하였다.

　㉢ 3대 시민 혁명

영국 명예 혁명 (1688)	• 의의 : 왕권 제한과 의회 중심의 입헌 군주제가 최초로 성립됨 • 관련 문서 : 권리 장전(1689) – 의회의 동의 없는 과세 금지, 언론의 자유 등을 명시함
미국 독립 혁명 (1775)	• 과정 : 미국이 영국의 식민지 차별에 대항하며 독립 혁명을 일으킴 • 의의 : 세계 최초로 민주 공화국이 탄생함 • 관련 문서 　– 버지니아 권리 장전(1776) : 최초로 행복 추구권을 명시함 　– 미국 독립 선언(1776) : 시민의 자유와 권리 및 저항권 등을 보장함
프랑스 혁명 (1789)	• 과정 : 시민들이 절대 왕정에 대항하여 구제도를 무너뜨림 • 관련 문서 : 인간과 시민의 권리 선언(1789, 인권 선언) – 천부 인권, 재산권, 자유권, 권력 분립 등을 명시함

　㉣ 결과 : 시민의 자유권과 평등권을 보장받게 되었다.

입헌 군주제	▼	검색
왕의 권력이 헌법에 의하여 제한을 받는 정치 형태		

③ 참정권 확대 운동

　㉠ 등장 배경 : 시민 혁명 이후에도 직업, 재산, 성별 등에 따라 선거권이 제한되었다.

　㉡ 결과 : 노동자, 여성, 흑인 등이 참정권 확대 운동을 전개하여 20세기 이후 거의 모든 사람의 참정권이 보장되었다.

　㉢ 관련 운동 : 영국의 차티스트 운동(1838~1848), 여성 참정권 운동(20세기 초)

바로 바로 CHECK√

다음 내용과 공통적으로 관련 있는 것은?

• 영국의 권리 장전
• 프랑스 인권 선언문
• 미국의 독립 선언문

① 산업 혁명
② 세계화 실현
❸ 시민의 권리 신장
④ 권위주의적 정부 수립

④ 사회권의 등장

　　㉠ 등장 배경

　　　ⓐ 18세기 산업 혁명 이후 자본주의가 발전하면서, 노동자를 비롯한 사회적 약자들이 열악한 노동 환경, 빈부 격차 등으로 최소한의 인간다운 생활을 유지하지 못하고 고통받았다.

> **차티스트 운동** ▼ 검색
> 영국 노동자들의 선거법 개정 요구 운동

　　　ⓑ 모든 인간이 인간답게 살아가기 위해서는 국가가 개입하여 사회적 약자를 보호해야 한다는 인식이 확산되었다.

　　㉡ 관련 문서 : 독일 바이마르 헌법(1919) – 최초로 사회권을 명시한 이후 여러 국가에서 복지 국가 헌법을 제정하였다.

⑤ 연대권의 보장

　　㉠ 세계 인권 선언(1948)

　　　ⓐ 제2차 세계 대전 이후 인권 침해에 대한 반성과 인권 문제를 해결하기 위한 국제 사회의 협력이 필요하게 되었다.

　　　ⓑ 국제 연합(UN) 총회에서 인권 보장의 국제적 기준을 제시하였다.

　　　ⓒ 연대권 확산에 기여하였으며, 수많은 국제 인권법의 토대가 되었다.

　　㉡ 연대권의 등장 배경

　　　ⓐ 여성, 아동, 난민 등 차별과 같은 인권 침해를 당하면서도 인권 보장을 요구할 수 있는 힘이 없는 경우가 많았다.

　　　ⓑ 차별 받는 집단의 인권 보호를 위해, 자신이 소속되어 있는 공동체에서 더 나아가 국제적 연대가 필요하다는 인식이 확산되었다.

　　㉢ 결과 : 특정 국가, 지역을 초월한 연대권이 확립되었다.

　　㉣ 연대권(집단권) : 국가와 민족을 초월하여 국제적인 연대와 협력을 중시하는 권리

> **자결권** ▼ 검색
> 자기 민족이나 집단의 일을 자유롭게 결정하고, 정치적 지위와 발전을 추구할 권리

　　　예 누구나 평등하게 대우받을 권리, 평화의 권리, 지속 가능한 환경에 대한 권리, 재난으로부터 구제받을 권리, 자결권 등

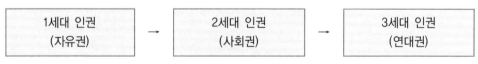

| 1세대 인권
(자유권) | → | 2세대 인권
(사회권) | → | 3세대 인권
(연대권) |

인권의 확대 과정

심화학습 인권 보장 과정에서의 선언문

1) 미국 독립 선언문(1776)

> 모든 사람은 평등하게 태어났고, 누구에게도 양도할 수 없는 생명과 자유, 행복을 추구할 천부적인 권리를 지니고 있다. 정부는 국민의 주권에 의해 만들어지며, 이러한 권리를 보장하는 데 목적이 있다. 어떠한 정부라도 이러한 목적에 어긋날 경우 국민은 새로운 정부를 구성할 권리를 지닌다.

2) 프랑스 인권 선언(1789)

제1조 사람은 태어날 때부터 자유롭고 또한 권리에 있어서 평등하다.
제2조 모든 정치적 결합의 목적은 인간의 자연적이고 소멸할 수 없는 권리의 보전에 있다. 그 권리란 자유, 재산, 안전, 그리고 압제에 대한 저항이다.
제3조 모든 주권의 원리는 국민 속에 있다.

3) 세계 인권 선언(1948)

제1조 모든 인간은 태어날 때부터 자유롭고 존엄성과 권리에 있어서 평등하다.
제2조 모든 사람은 인종, 피부색, 성, 언어, 종교 등 어떤 이유로도 차별받지 않으며, 이 선언에 나와 있는 모든 권리와 자유를 누릴 자격이 있다.

인권은 인간이면 누구나 누려야 할 권리로서 인간이 태어나면서부터 가지는 자연적 권리이며, 남에게 양도하거나 침해할 수 없는 불가침의 권리이다. 이러한 인권 사상은 근대 시민 혁명인 미국 혁명과 프랑스 혁명을 거치면서 성장하였다. 프랑스 인권 선언에는 인권이 자연권임이 명시되어 있으며, 시민의 권리로 자유권, 재산권, 저항권 등을 규정하고 있다. 미국 독립 선언문에는 천부인권 사상, 사회 계약설, 자연권설 등이 반영되어 있다.

이 두 문서는 공통적으로 자유, 평등, 생명의 권리 등을 자연권으로 규정하고, 이를 절대적으로 보장해야 함을 강조하고 있다. 또한 1948년 국제 연합 총회에서 채택된 세계 인권 선언은 인권 보장의 국제 기준을 처음 제시한 것으로, 인권 보장을 위한 국제적인 협력을 강조하고 있다.

2 현대 사회의 인권

(1) 새로운 인권

① 등장 배경

　ᄀ 오늘날 인권 의식이 높아지고, 사회가 변화하면서 새롭게 요구되는 인권이 등장하였다.

　ᄂ 인권을 보장하는 권리가 넓어지고, 그 내용도 구체화되었다.

② 의의 : 인류가 추구해야 할 보편적 가치의 기준이며, 한 사회의 정의로움을 평가하는 척도가 될 수 있다.

(2) 현대 사회에서 새롭게 요구되는 인권　중요⁺

주거권	배 경	주택 부족, 주거비 증가, 빈곤층의 열악한 주거 환경 등의 문제가 발생하였다.
	의 미	쾌적하고 안정적인 주거 환경에서 인간다운 주거 생활을 할 권리
	보장 방법	주거 기본법을 제정하여 주거비 지원 및 주거 환경 정비 등의 정책을 마련하였다.
안전권	배 경	각종 재해나 전염병의 피해, 범죄 증가 등의 문제가 발생하였다.
	의 미	국민이 각종 위험으로부터 안전을 보호받을 권리
	보장 방법	재난 안전 관리 관련 정책을 마련하였다.
환경권	배 경	각종 환경 오염 문제가 발생하였다.
	의 미	건강하고 쾌적한 생활에 필요한 모든 조건이 충족된 양호한 환경을 누릴 권리
	보장 방법	국민의 권리와 동시에 국민의 의무로 규정하였다.
문화권	배 경	사회적 약자의 문화생활 기회 제한, 여가 시간 증가 등
	의 미	누구나 문화 활동에 참여하고 문화를 향유할 권리
	보장 방법	문화 소외 계층을 대상으로 문화생활을 누릴 수 있도록 지원하였다. 예 문화 누리 카드 제공 등
잊힐 권리	배 경	인터넷이 필수인 현대 정보화 사회에서 발생하는 인권 문제를 해결하기 위해 등장하였다.
	의 미	인터넷 상에서 유통되는 정보, 특히 개인 정보를 당사자가 삭제하거나 수정해 달라고 요청할 권리 → '알 권리' 침해 우려

02 인권 보장을 위한 헌법의 역할과 시민 참여

1 인권 보장과 헌법

(1) 헌법과 기본권

① 헌 법

㉠ 의미 : 국가의 통치 조직 및 통치 작용의 기본 질서를 규정하고, 국민의 기본권을 보장하는 국가의 최고법

㉡ 역할

ⓐ 국민의 인권 보장을 위한 법과 제도의 근본적 토대이자 마지막 최후의 보호막이다.

ⓑ 대부분의 민주주의 국가에서는 인권의 실질적인 보장을 위해 헌법에 인권을 규정하고 있다.

② 기본권의 의미 : 헌법으로 보장되는 국민의 기본적 권리

(2) 우리 헌법이 보장하는 기본권 중요⁺

① 인간으로서의 존엄과 가치 및 행복 추구권

㉠ 의미 : 모든 기본권의 근본이념이자 근본 가치

㉡ 우리나라 관련 헌법 조항 : 제10조 모든 국민은 인간으로서의 존엄과 가치를 가지며, 행복을 추구할 권리를 가진다. 국가는 개인이 가지는 불가침의 기본적 인권을 확인하고 이를 보장할 의무를 진다.

② 자유권

㉠ 의미 : 국민이 국가 권력으로부터 간섭을 받지 않고 자신의 의지에 따라 행동할 수 있는 권리

㉡ 예 : 언론·출판·집회·결사의 자유, 신체의 자유, 양심의 자유, 종교의 자유, 사생활의 자유, 거주 이전의 자유, 재산권 행사의 자유 등

㉢ 우리나라 관련 헌법 조항 : 제12조 제1항 모든 국민은 신체의 자유를 가진다.

③ 평등권

　㉠ 의미 : 국민이 사회생활에서 인종이나 성별, 종교 등으로 인해 불평등한 대우를 받지 않을 권리

　㉡ 특징 : 다른 기본권 보장을 위한 전제 조건

　㉢ 예 : 법 앞에서의 평등

　㉣ 우리나라 관련 헌법 조항 : 제11조 제1항 모든 국민은 법 앞에 평등하며 누구든지 성별·종교 또는 사회적 신분에 의하여 정치적·경제적·문화적 생활의 모든 영역에 있어서 차별을 받지 아니한다.

바로바로 CHECK√

다음 설명에 해당하는 국민의 기본권은?

• 국가의 의사 결정에 참여할 수 있는 권리이다.
• 선거권, 공무 담임권, 국민 투표권이 해당된다.

① 자유권　　　② 사회권
③ 청구권　　　❹ 참정권

④ 참정권

　㉠ 의미 : 국민이 국가의 의사 결정 과정에 참여할 수 있는 정치적 권리

　㉡ 예 : 선거권, 국민 투표권, 공무 담임권 등

　㉢ 우리나라 관련 헌법 조항 : 제24조 모든 국민은 법률이 정하는 바에 의하여 선거권을 가진다.

⑤ 사회권

　㉠ 의미 : 모든 국민이 최소한의 인간다운 생활을 보장받을 권리

　㉡ 특징 : 국가에 요구하는 적극적 권리, 복지 국가에서 강조하는 권리

　㉢ 종류 : 인간다운 생활을 할 권리, 교육을 받을 권리, 쾌적한 환경에서 살 권리, 근로의 권리, 사회 보장을 받을 권리 등

바로바로 CHECK√

다음 내용에 해당하는 기본권은?

• 국민이 인간다운 생활을 할 수 있도록 국가로부터 보장받을 권리이다.
• 교육을 받을 권리, 노동권 등이 해당된다.

① 자유권　　　❷ 사회권
③ 참정권　　　④ 청구권

　㉣ 우리나라 관련 헌법 조항 : 제34조 제1항 모든 국민은 인간다운 생활을 할 권리를 가진다.

⑥ 청구권

　㉠ 의미 : 국민이 국가에 대해 일정한 행위를 요구할 수 있는 권리

　㉡ 특징 : 다른 기본권 보장을 위한 수단적 권리의 성격

ⓒ 예 : 청원권, 재판 청구권, 형사 보상 청구권, 국가 배상 청구권 등

ⓔ 우리나라 관련 헌법 조항 : 제26조 제1항 모든 국민은 법률이 정하는 바에 의하여 국가 기관에 문서로 청원할 권리를 가진다.

형사 보상 청구권 ▾ 검색

형사 사건으로 구속된 피의자가 불기소 처분을 받거나, 피고인이 무죄 판결을 받았을 때 그가 입은 물리적·정신적 피해의 보상을 청구할 수 있는 권리

국가 배상 청구권 ▾ 검색

공무원의 직무상 불법 행위로 피해를 보았을 때, 국민이 국가를 상대로 배상을 청구할 수 있는 권리

(3) 기본권의 제한과 한계 중요⁺

① 이유 : 국가 안전 보장, 질서 유지, 공공복리를 위하여 필요한 경우 제한한다.

② 전제 조건 : 반드시 국회가 제정한 법률로써 제한이 가능하다.

③ 한계 : 자유와 권리의 본질적인 내용은 침해할 수 없다.

④ 기본권 제한의 한계를 명시한 이유 : 국가 권력의 남용을 방지하여 국민의 자유와 권리를 최대한 보장하기 위함이다.

바로 바로 CHECK✓

헌법상 기본권 제한의 한계로 옳지 <u>않은</u> 것은?

① 법률로써 제한할 수 있다.
② 기본권 침해로 인한 피해가 최소화되어야 한다.
❸ 국민의 자유와 권리의 본질적인 내용을 침해할 수 있다.
④ 국가 안전 보장, 질서 유지, 공공복리를 위해 제한할 수 있다.

> 국민의 자유와 권리는 국가 안전 보장·질서 유지 또는 공공복리를 위하여 필요한 경우에 한하여 법률로써 제한할 수 있으며, 제한하는 경우에도 자유와 권리의 본질적인 내용을 침해할 수 없다.
> − 헌법 제37조 제2항

(4) 헌법에 열거되지 않은 권리의 보장

① 등장 배경 : 사회가 변화하면서 인간의 존엄을 위해 필요하다고 여겨지는 새로운 권리가 등장하였다.

② 예 : 일조권, 수면권, 건강권, 문화권 등

> 국민의 자유와 권리는 헌법에 열거되지 아니한 이유로 경시되지 아니한다.
> − 헌법 제37조 제1항

2 인권 보장을 위한 제도적 장치

(1) 헌법상의 제도적 장치 중요⁺

① 국민 주권의 원리

㉠ 의미 : 주권이 국민에게 있다는 원리이다.

㉡ 실현 방법 : 국민 투표를 통해 헌법을 개정하거나 선거에 의하여 대통령과 국회 의원을 결정하는 것 등으로 실현한다.

㉢ 우리나라 관련 헌법 조항 : 제1조 제2항 대한민국의 주권은 국민에게 있고, 모든 권 력은 국민으로부터 나온다.

② 권력 분립 제도

㉠ 의미 : 국가 권력을 나누어 각각 다른 기관에 분담시켜 상호 견제와 균형을 이루도록 한다.

㉡ 운영 원리 : 입법권은 국회, 행정권은 정부, 사법권은 법원이 담당하도록 한다.

㉢ 목적 : 권력 남용을 방지하여 국민의 권리를 보장한다.

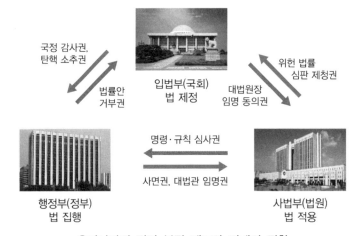

우리나라의 권력 분립 제도와 견제의 권한

③ 입헌주의 : 국가의 통치가 헌법에 따라 이루어지도록 한다.

④ 법치주의 : 국가의 운영이 국회에서 제정한 법률에 근거하여 수행되도록 한다.

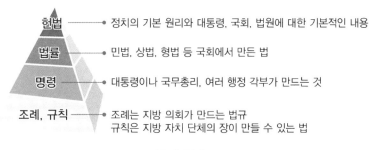

헌법	정치의 기본 원리와 대통령, 국회, 법원에 대한 기본적인 내용
법률	민법, 상법, 형법 등 국회에서 만든 법
명령	대통령이나 국무총리, 여러 행정 각부가 만드는 것
조례, 규칙	조례는 지방 의회가 만드는 법규 규칙은 지방 자치 단체의 장이 만들 수 있는 법

법의 위계

⑤ 복수 정당제

   ㉠ 의미 : 두 개 이상의 정당을 인정하는 제도이다.

   ㉡ 목적 : 여러 정당이 자유롭게 활동하게 하여 의견의 다양성과 정권의 평화적 교체 가능성을 보장한다.

   ㉢ 의의 : 국민의 정치적 견해가 정책에 잘 반영될 수 있다.

⑥ 민주적 선거 제도 : 선거를 통해 국민의 대표자를 선출하여 국민의 의사를 반영한다.

알아두면 점수따는 이야기   몽테스키외의 삼권 분립

동일한 사람 또는 동일한 관리 집단에 입법권과 행정권을 주었을 때 자유란 존재하지 않는다. 왜냐하면 이들이 독재적인 법을 만들어 집행할 수 있기 때문이다. 또한 사법권이 입법권과 행정권으로부터 분리되어 있지 않은 경우에도 역시 자유는 존재하지 않는다. 만약 사법권이 입법권과 결탁하게 되면, 재판관이 입법자를 겸하기 때문에 시민의 생명과 자유가 권력에 의해 침해될 것이다. 또한 사법권이 행정권과 결합하게 되면, 재판관은 압제자의 힘을 갖게 될 것이다. 동일한 사람이나 동일한 집단이 이 세 가지 권력, 즉 입법권, 행정권, 사법권을 모두 행사한다면 모든 것을 잃게 될 것이다.

(2) 기본권 구제를 위한 국가 기관

① 법원 : 재판을 통해 인권을 침해받은 국민의 권리를 구제받게 한다.

② 헌법 재판소 **중요⁺**

바로 바로 CHECK✓

다음 중 헌법 재판소의 기능으로 옳은 것은?

① 민사 소송   ② 형사 소송

③ 행정 심판   ❹ 위헌 법률 심판

   ㉠ 성격 : 최고법인 헌법을 기준으로 국민의 기본권을 보장하는 독립된 헌법 기관

   ㉡ 역할 : 헌법 소원 심판과 위헌 법률 심판 제도를 통해, 법률이나 공권력이 헌법에 보장된 국민의 기본적 인권을 침해하였는지 판단하여 위헌 결정을 내린다.

      ⓐ 헌법 소원 심판 : 국가의 공권력이 헌법에 보장된 국민의 기본권을 침해하였는지 판단하는 권한

      ⓑ 위헌 법률 심판 : 재판 중인 사건에서 다루는 법률이 헌법에 위반되었는지 심판하는 권한

③ 국가 인권 위원회

   ㉠ 성격 : 입법, 사법, 행정 어디에도 속하지 않는 인권 보호를 담당하는 독립된 국가 기관

   ㉡ 목적 : 모든 개인의 기본적인 인권 보호 향상과 인간으로서의 존엄과 가치를 실현하기 위해 설립되었다.

   ㉢ 역할

      ⓐ 인권 침해의 소지가 있는 법령이나 제도의 문제점을 찾아내 개선할 것을 권고하거나 의견을 제시한다.

      ⓑ 국가 인권 위원회에 진정을 하면 인권 침해와 차별 행위가 발생하였는지 조사하여 구제한다.

④ 국민 권익 위원회

   ㉠ 성격 : 공직 사회의 부패 예방 등을 통해 국민의 권리를 보호하고, 불합리한 행정 제도를 개선하는 국가 기관

   ㉡ 역할

      ⓐ 고충 민원 조사 : 행정 기관의 잘못된 법 집행, 불합리한 제도 등으로 인해 권리를 침해당한 국민이 제기하면, 고충 민원을 조사하여 개선되도록 한다.

      ⓑ 행정 심판 조사 : 행정 기관의 잘못된 행정 처분으로 인해 제기된 행정 심판을 조사하여, 처분을 취소시키거나 무효화한다.

3 준법 의식과 시민 참여

(1) 준법 의식

① 의미 : 사회 구성원들이 법이나 규칙을 지키고자 하는 의식

② 필요성

    ㉠ 인권 보장을 위한 제도적 장치를 마련하는 것만으로는 사회 질서가 유지되는 것이 아니기 때문에 준법 의식이 뒷받침되어야 사회 정의와 공동선을 실현할 수 있다.

    ㉡ 타인이나 국가 권력으로부터 개인의 자유와 권리를 보호할 수 있다.

(2) 시민 참여

① 의 미

    ㉠ 시민들이 참여 의식을 가지고 정책 결정 과정에 적극적으로 개입하여 영향을 미치는 행위

    ㉡ 정책 결정 과정을 감시하고 부당한 정책에 대해서는 개선을 요구하는 행위

② 필요성 : 시민의 감시가 없으면 정책 결정 과정이 불공정하게 이루어질 수 있기 때문에 시민의 권리와 의사에 부합하지 않는 법과 정책이 만들어질 수 있다.

③ 시민 참여의 기능

    ㉠ 우리 사회를 변화시킴으로써 사회 구성원들의 인간 존엄성이 보장되는 정의로운 사회를 실현할 수 있다.

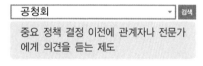

공청회   검색

중요 정책 결정 이전에 관계자나 전문가에게 의견을 듣는 제도

    ㉡ 대의 민주주의에서는 대표자를 통해 주권을 행사하기 때문에 시민 참여와 같은 직접 민주주의 요소를 통해 대의 민주주의의 한계점을 보완할 수 있다.

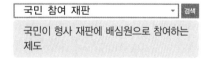

국민 참여 재판   검색

국민이 형사 재판에 배심원으로 참여하는 제도

④ 시민 참여 방법 중요⁺

합법적 방법	• 선거, 투표 : 정치에 참여하는 가장 기본적인 방법 • 청원 : 행정 기관에 대하여 불만이나 요구 사항을 진술하고, 시정을 문서로 요구하는 방법 • 이익 집단 : 자기 집단의 이익을 실현하기 위해 만들어진 집단 • 시민 단체 : 공익 추구를 목표로 환경, 인권 등 다양한 분야에서 활동하는 단체 → 가장 적극적·지속적인 시민 참여 방법 • 정당 : 정치적 견해를 같이 하는 사람들이 정권을 획득하여 자신들의 정강을 실현하는 것을 목적으로 조직한 단체 • 기타 : 봉사 활동, 공청회나 토론회 참석, 1인 시위와 같은 집회나 서명 운동, 언론 등 신문에의 투고, 국민 참여 재판 참여, 온라인 서명, SNS 활동 등
비합법적 방법	시민 불복종

(3) 시민 불복종 중요⁺

① 의미 : 잘못된 법이나 정책을 바로잡기 위해, 의도적으로 법을 위반하는 행위를 비폭력적 수단으로 복종을 거부하는 것

바로 바로 CHECK√

민주 국가에서 시민들이 주권을 행사하는 가장 기본적인 정치 참여 방법은?

❶ 선거   ② 소송
③ 공청회   ④ 청문회

② 필요성 : 모든 수단을 동원했음에도 바람직하지 못한 정책이 지속되어 인권을 침해할 때 바로잡을 수 있는 방법이다.

③ 시민 불복종의 정당화 조건(롤스)

㉠ 공익성(공공성) : 개인의 이익 추구가 아닌 사회 정의의 실현을 목표로 하는 양심적 행동이어야 한다. 즉 행위의 목적에 정당성이 반드시 뒷받침되어야 한다.

㉡ 비폭력성 : 폭력적인 방법은 다수의 동의를 얻기 어려우므로 폭력적인 행위를 해서는 안 된다.

바로 바로 CHECK√

다음과 같은 역할을 하는 정치 참여 주체는?

> 이익 추구나 정권 획득보다 공익이 침해되지 않도록 감시하며, 서명 운동 및 시위 참여 등의 활동을 한다.

① 정당   ② 정부
③ 이익 단체   ❹ 시민 단체

㉢ 최후의 수단 : 다른 모든 합법적인 수단과 방법을 동원하였으나 해결되지 않을 때 마지막 수단으로 행사해야 한다.

㉣ 처벌 감수 : 위법 행위이기 때문에, 그에 따른 처벌을 감수해야 한다.

④ 사례 : 간디의 소금법 거부 운동(1930), 마틴 루서 킹의 흑인 인권 운동

03 인권 문제의 양상과 해결

1 국내 인권 문제와 해결 방안

(1) 사회적 소수자의 인권 문제 중요⁺

① 사회적 소수자 : 신체적·문화적 특징으로 사회의 다른 구성원에게 차별을 받으며, 차별 받는 집단에 속해 있다는 의식을 가진 사람들의 집단

    예 장애인, 이주 외국인, 여성, 비정규직 노동자, 북한 이탈 주민 등

② 사회적 소수자 차별의 문제점

    ㉠ 교육이나 일자리 등을 보장받지 못하여 사회생활에서 어려움을 겪는다.

    ㉡ 편견이나 제도의 미흡 등으로 인해 인간의 존엄성 및 인권이 침해당한다.

    ㉢ 사회적 갈등을 유발하여 사회 통합을 저해한다.

③ 사회적 소수자 차별 해결 노력

    ㉠ 개인적 차원

       ⓐ 사회적 소수자에 대한 편견을 버리고, 인권 감수성을 함양해야 한다.

       | 인권 감수성 ▾ | 검색 |
       일상생활 속에서 인권 문제를 인식할 수 있는 민감성과 공감 능력

       ⓑ 사회적 소수자가 처한 상황을 진심으로 이해하고, 다양성을 존중하는 자세를 함양해야 한다.

    ㉡ 사회적 차원

       ⓐ 사회적 소수자에 대한 차별을 금지하는 법과 불평등 해소를 위한 제도를 마련해야 한다. 예 외국인 근로자의 고용 등에 관한 법률, 결혼 이민자를 위한 지원 프로그램 등

       ⓑ 지속적인 교육과 의식 개선 활동을 정부가 직접 지원해야 한다.

알아두면 점수따는 이야기　　　　　　　　　　　　　　시민 불복종의 사례

　1950년대 미국 앨라배마주 몽고메리시의 버스는 백인과 흑인의 좌석이 구분되어 있었는데, 1955년 로사 파크스라는 흑인 여성이 백인 좌석에 앉았다가 백인에게 자리를 양보하라는 요구를 거부했다는 이유로 경찰에 체포되었다. 이에 흑인들은 버스 탑승 거부 운동으로 저항했고, 온갖 탄압을 받았지만 굴복하지 않았다. 결국, 미국 연방 지방 법원이 인종 분리 버스 운영 정책이 헌법에 위배된다는 위헌 결정을 내림으로써 인종 차별 문제 해결에 이바지하였다.

(2) 청소년 노동권의 침해 문제

① 청소년 노동권의 침해 사례 : 청소년이 고용주에게 비인간적인 대우를 받거나 최저 임금을 보장받지 못하고 일하는 경우

② 청소년 노동권 보호 : 성인이 보장받는 노동 조건과 똑같이 청소년도 보장받아야 한다.

③ 문제점 : 청소년이 사회에 부정적 인식을 가지게 되어, 바람직한 사회 구성원으로 성장하는 데 문제가 될 수 있다.

④ 청소년 노동권 침해 문제 해결 노력

　㉠ 개인적 차원

　　ⓐ 고용주가 준법 의식을 갖고, 청소년이 일하면서 보장받아야 할 노동권을 보장해 주어야 한다.

　　ⓑ 청소년은 스스로 근로 기준법 등 노동권에 관한 지식을 갖추고, 부당한 대우가 발생하였을 경우 적극적으로 대처해야 한다.

　㉡ 사회적 차원 : 청소년 노동 관련 법률이나 제도를 보완해야 한다.

　㉢ 구제 기관 : 고용 노동부, 국가 인권 위원회, 대한 법률 구조 공단, 청소년 근로권익 센터

심화학습 〉 청소년이 알아야 할 근로 기준

• 만 15세 이상 청소년만 근로가 가능하다.
• 부모님의 동의서와 나이를 알 수 있는 증명서가 필요하다.
• 근로 계약서를 반드시 작성해야 한다.
• 친권자나 후견인은 미성년자의 근로 계약을 대리할 수 없다.
• 청소년도 성인과 동일한 최저 임금을 적용받는다.
• 미성년자는 독자적으로 임금을 청구할 수 있다.
• 사용자는 매월 일정한 날짜에 임금을 주어야 하고, 반드시 근로자에게 직접(현금이나 통장 입금) 주어야 한다.
• 만 15~18세 연소 근로자는 일주일에 35시간을 초과하여 일할 수 없다.
　→ 당사자 합의에 따라 1주일에 5시간 한도로 연장할 수 있음
• 휴일에 일하거나 초과 근무를 했을 때는 50%의 가산 임금을 받을 수 있다.
• 일주일을 개근하고 15시간 이상 일을 하면 하루의 유급 휴일을 받을 수 있다.
• 청소년은 위험한 일이나 유해 업종의 일은 할 수 없다.
• 일을 하다 다치면 산재 보험으로 치료와 보상을 받을 수 있다.

2 세계의 인권 문제

(1) 세계의 다양한 인권 문제

① 빈곤 문제 : 생존을 위협할 뿐만 아니라 교육, 직업 등 최소한의 인간다운 삶을 살지
못하게 한다. ❶ 가뭄, 내전으로 인한 기아 문제

② 국민의 기본권 침해 문제 : 국가 권력이 국가 체제 유지 등을 이유로 국민의 일상생활
을 통제하여 국민의 기본권을 억압하고 탄압한다. ❶ 독재 국가에서의 인권 유린 문제

③ 아동 노동 문제 : 개발 도상국이나 저개발 국가의 아동들이 노동력 착취를 당한다.

④ 성차별 문제

    ㉠ 유형 : 임금이나 고용 및 승진 등에서의 남녀 차별, 교육 수준이나 정치 참여 기회
등에서의 남녀 차별

    ㉡ 발생 이유 : 종교나 관습에 의한 여성 차별 관행, 사회 구조와 편견 등

(2) 세계 인권 문제 해결 노력

① 개인적 차원 : 자국민의 인권 문제뿐만 아니라 국제 사회의 인권 문제 해결을 위한 세
계 시민 의식을 지녀야 한다.

② 사회적 차원

    ㉠ 개별 국가뿐만 아니라 국제기구, 비정부 기구 등이 앞장서서 빈곤 국가에 대한
경제적 지원이 이루어지도록 한다.

    ㉡ 국제적인 여론 조성을 통해 인권 개선을 하도록 유도한다.

    ㉢ 국제법에 근거하여 인권 침해에 대해 제재할 수 있도록 국제적인 연대가 필요하다.

심화학습 다양한 인권 지수

1) 세계 기아 지수 : 빈곤 문제를 나타내는 지수로, 아동의 결핍 상태나 사망률, 영양실조 상태의 비율
등을 통해 측정한다.

2) 세계 성 격차 지수 : 남녀 간 경제 참여 기회, 교육 성취, 건강, 정치적 힘 등 4개 분야를 통해 측정
한다. 성 격차 지수가 낮을수록 여성에 대한 차별이 심한 국가이다.

3) 국제 노동 권리 지수 : 노동자의 권리 보장 정도를 나타내는 지수로, 노동 제도와 노동권 보장 수준
등을 통해 측정한다.

01 인권에 대한 설명으로 옳지 <u>않은</u> 것은?

① 인권은 국가의 법에 의해 주어진 권리이다.

② 인간은 인간이라는 그 자체로 존중받아야 한다.

③ 인권은 어떠한 경우에도 양도할 수 없는 권리이다.

④ 인간은 태어나면서부터 누구나 기본적으로 누려야 할 권리이다.

02 인권에 대한 설명으로 옳지 <u>않은</u> 것은?

기출

① 인간이 가지는 보편적 권리이다.

② 근대 시민 혁명으로 인권 의식이 신장되었다.

③ 사회 정의보다는 국가 권력의 유지를 위한 것이다.

④ 대부분의 현대 국가는 인권을 법으로 보장하고 있다.

03 다음 사건들의 직접적인 배경을 〈보기〉에서 모두 고른 **기출** 것은?

- 명예혁명
- 미국 독립 혁명
- 프랑스 혁명

┌보기┐
ㄱ. 교황권의 강화
ㄴ. 계몽사상의 전파
ㄷ. 복지 제도의 발달
ㄹ. 시민 의식의 성장

① ㄱ, ㄴ
② ㄱ, ㄷ
③ ㄴ, ㄹ
④ ㄷ, ㄹ

04 영국의 명예혁명 때 발표되었던 문서는 무엇인가?
① 권리 장전
② 권리 청원
③ 독립 선언서
④ 인간과 시민의 권리 선언

03
시민 계급이 절대 왕정을 타파하여 근대 시민 사회가 만들어진 계기가 된 시민 혁명은 계몽사상, 사회 계약설, 천부 인권 사상, 국민 주권 사상, 시민 의식의 성장 등으로 인해 발생하였다.

04
영국의 명예혁명 때 왕의 권력 행사에 의회의 동의를 받도록 규정한 문서는 권리 장전이다.

ANSWER
03. ③ 04. ①

05 인권 확장의 역사 속에서 등장한 사건을 순서대로 나열
고난도 한 것은?

> ㉠ 명예혁명
> ㉡ 차티스트 운동
> ㉢ 세계 인권 선언
> ㉣ 인간과 시민의 권리 선언

① ㉠－㉡－㉣－㉢

② ㉠－㉣－㉡－㉢

③ ㉡－㉣－㉠－㉢

④ ㉣－㉠－㉡－㉢

06 다음 글과 관련된 시기에 등장한 인권은?

> 18세기 산업 혁명 이후 자본주의가 등장하면서 물질
> 적으로는 풍요로워졌지만, 사회적 약자들은 빈부 격차
> 등으로 최소한의 인간다운 생활조차 유지하기가 어려
> 웠다.

① 자유권

② 평등권

③ 사회권

④ 참정권

05

인권 확장의 역사적 전개 과정은 영국의 명예혁명(1688), 프랑스 혁명의 인간과 시민의 권리 선언(1789), 영국 노동자들의 차티스트 운동(1838~1848), 국제 연합(UN)의 세계 인권 선언(1948) 순이다.

06

제시문은 사회권이 발생하게 된 사회적 배경에 대한 글로, 시민들은 최소한의 인간다운 생활을 국가가 보장해주도록 요구하기 시작했다.

ANSWER

05. ② 06. ③

07 다음 중 3세대 인권에 해당하는 권리는?

① 평화의 권리

② 교육을 받을 권리

③ 정치에 참여할 권리

④ 종교의 자유를 얻을 권리

08 현대 사회에서 새롭게 요구되는 인권이 <u>아닌</u> 것은?

① 주거권

② 안전권

③ 선거권

④ 문화권

09 다음 설명에 해당하는 인권은?

> 인터넷상에서 유통되는 개인 정보를 당사자가 삭제해 달라고 요청할 권리

① 주거 권리

② 잊힐 권리

③ 안전 권리

④ 정보 권리

10 이와 같은 인권이 등장한 배경으로 적절하지 <u>않은</u> 것은?

> 쾌적하고 안정적인 주거 환경에서 인간다운 주거 생활을 할 권리

① 주거비 증가

② 불량 주택 증가

③ 각종 재해 증가

④ 주택 부족 문제

각종 재해의 피해, 범죄 증가 등의 문제가 발생하면서 등장한 인권은 안전권이다.

11 다음에 해당하는 권리는?

> 건강하고 쾌적한 환경에서 살 권리

① 주거권

② 안전권

③ 환경권

④ 문화권

환경권은 건강하고 쾌적한 환경에서 살 권리이다. 오늘날 미세 먼지와 황사로 대기의 질이 나빠지는 등 환경 오염이 심각해지면서 환경권에 대한 관심이 더욱 커지고 그 중요성이 강조되고 있다.

ANSWER

10. ③ **11.** ③

12 우리나라 헌법에 관한 설명으로 옳지 <u>않은</u> 것은?

① 국가의 최고법이다.

② 국가의 통치 조직과 운영 원리를 담고 있다.

③ 국민의 인권을 수호하기 위한 유일한 수단이다.

④ 국민의 인권을 기본권으로 구체화하여 담고 있다.

12

우리나라 헌법은 국민의 권리를 보호하는 여러 장치 중 하나이다.

13 다음과 관련 있는 기본권은 무엇인가?

> • 교육권, 환경권, 근로권
> • 모든 인간의 인간다운 삶을 보장받을 권리

① 자유권

② 평등권

③ 사회권

④ 참정권

13

사회권은 근대 산업 혁명 이후 빈부 격차 등의 사회 문제가 발생하자 이를 해결하기 위해 등장한 권리로 모든 국민의 인간다운 삶을 보장하기 위한 권리이다.

14 참정권에 해당하지 <u>않는</u> 기본권은?

① 선거권

② 재판 청구권

③ 국민 투표권

④ 공무 담임권

14

참정권은 국가의 의사 결정 과정에 참여할 수 있는 권리를 말한다. 재판 청구권은 청구권에 해당한다.

ANSWER

12. ③ **13.** ③ **14.** ②

15 우리 헌법에서 보장하고 있는 기본권에 대한 설명으로 옳은 것은?

고난도

① 자유권은 인간다운 생활을 보장받을 권리이다.
② 평등권은 불합리한 차별을 받지 않을 권리이다.
③ 청구권은 자신의 의지에 따라 행동할 수 있는 권리이다.
④ 사회권은 국가의 의사 결정 과정에 참여할 수 있는 권리이다.

16 다음 글에 제시된 기본권에 대한 설명으로 옳은 것은?

> 형사 피의자나 피고인으로 구금되었던 사람이 불기소 처분이나 무죄 판결을 받은 경우 국가에 물질적·정신적 손실을 보상해달라고 요구할 수 있다.

① 인간다운 생활 및 생존을 보장받을 권리이다.
② 외부의 간섭이나 구속을 받지 않을 권리이다.
③ 국가의 정치 활동에 참여할 수 있는 권리이다.
④ 다른 기본권 보장을 위한 수단적 성격을 가지고 있다.

17 다음 헌법 조항과 관련된 기본권에 대한 옳은 설명을 〈보기〉에서 모두 고른 것은?

> • 모든 국민은 능력에 따라 균등하게 교육을 받을 권리를 가진다.
> • 모든 국민은 근로의 권리를 가진다.

┌─보기─────────────────────────┐
ㄱ. 근대 시민 혁명 때 강조되었던 권리이다.
ㄴ. 프랑스 인권 선언에 명시되어 있는 권리이다.
ㄷ. 국가가 적극적으로 개입하여 보장하는 권리이다.
ㄹ. 모든 국민에게 최소한의 인간다운 생활을 보장하기 위한 규정이다.
└──────────────────────────────┘

① ㄱ, ㄷ
② ㄱ, ㄹ
③ ㄴ, ㄷ
④ ㄷ, ㄹ

17

사회권은 모든 국민이 최소한의 인간다운 생활을 보장 받을 권리이다.
ㄱ, ㄴ은 자유권, 평등권과 관련된 내용이다.

18 (가)에 들어갈 내용으로 적절하지 **않은** 것은?

기출

> 헌법 제37조 제2항
>
> 국민의 모든 자유와 권리는 (가)을(를) 위하여 필요한 경우에 한하여 법률로써 제한할 수 있으며 (…)

① 공공복리
② 질서 유지
③ 국가 안전 보장
④ 사적 이익 추구

18

국민의 모든 자유와 권리는 '국가 안전 보장, 질서 유지 또는 공공복리'를 위하여 필요한 경우에 한하여 법률로써 제한할 수 있으며, 제한하는 경우에도 자유와 권리의 본질적인 내용을 침해할 수 없다(헌법 제37조 제2항).

ANSWER
17. ④   18. ④

19 다음 제시문과 관련된 인권 보장을 위한 헌법상의 제도에 해당하는 것은?

> 국민 투표나 선거를 통해 실현되는 제도이다.

① 입헌주의
② 복수 정당제
③ 국민 주권의 원리
④ 권력 분립의 원리

20 다음과 같은 제도를 헌법으로 보장하는 이유는?

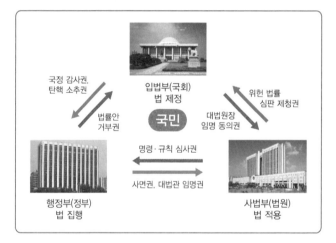

① 행정부를 강화하기 위해
② 입법부를 강화하기 위해
③ 국민의 인권을 보장하기 위해
④ 국가가 국민을 통제하기 위해

19
국민 주권의 원리란 주권이 국민에게 있다는 원리로, 국민 투표를 통해 헌법을 개정하거나 선거에 의하여 대통령과 국회 의원을 결정하는 것 등으로 실현될 수 있다.

20
우리 헌법은 자유 민주주의의 헌법적 가치를 실현하고, 국민의 인권을 실질적으로 보장하기 위해 권력 분립의 원리와 같은 제도적 장치를 두고 있다.

ANSWER
19. ③ 20. ③

21 다음 내용에 해당하는 것은?

> 민주주의 국가에서 다양한 정당 활동과 시민의 폭넓은 정치적 선택을 보장하기 위해 2개 이상의 정당을 인정하는 제도

① 권력 분립제
② 복수 정당제
③ 지방 자치제
④ 민주 선거제

21

복수 정당 제도는 국민의 상반된 다양한 의사를 국정에 반영하기 위하여 최소한 두 개 이상의 정당이 서로 경쟁하고 집권하여, 정책적인 차이점을 갖고 집권당인 여당과 반대당인 야당으로서 집권당을 견제하여 독재를 막는다. 또한 국민의 정당 선택의 폭을 넓혀줌으로서 정치 발전에 이바지하게 되는 자유 민주주의 제도이다.

22 다음과 같은 역할을 하는 국가 기관에 해당하는 것은?

> 인권 침해의 소지가 있는 법령이나 제도의 문제점을 찾아내 개선할 것을 권고하거나 의견을 제시한다.

① 법원
② 헌법 재판소
③ 국민 권익 위원회
④ 국가 인권 위원회

22

국가 인권 위원회는 입법, 사법, 행정 어디에도 속하지 않는 인권 보호를 담당하는 독립된 국가 기관이다.

23 다음 빈칸에 들어갈 용어로 옳은 것은?

> (   ) 심판은 헌법상 보장된 국민의 기본권을 국가 기관이 부당하게 침해하였는지를 심판하는 것이다.

① 위헌 법률
② 헌법 소원
③ 행정 소송
④ 민사 소송

23

헌법 재판소는 헌법을 기준으로 국민의 기본권을 보장하는 독립된 헌법 기관으로서 헌법 소원 심판과 위헌 법률 심판 등을 담당한다. 헌법 소원 심판이란 국가의 공권력이 헌법에 보장된 국민의 기본권을 침해하였는지 판단하는 권한을 말한다.

ANSWER
21. ② **22.** ④ **23.** ②

24 이와 같은 역할을 담당하는 기본권 구제 기관은?

> (　　　)는 헌법을 기준으로 국민의 기본권을 보장하는 독립된 헌법 기관으로 헌법 소원 심판과 위헌 법률 심판 등을 담당한다.

① 행정부
② 사법부
③ 헌법 재판소
④ 국가 인권 위원회

24

헌법 재판소는 헌법을 기준으로 국민의 기본권을 보장하는 독립된 헌법 기관으로 헌법 소원 심판과 위헌 법률 심판 등을 담당한다.

25 다음에 해당하는 시민 참여 방법은?

> 민주주의 국가에서 시민의 가장 대표적인 정치 참여이자 권리 행사 방법이다.

① 투표
② 공청회
③ 1인 시위
④ 국민 참여 재판

25

선거, 투표는 정치에 참여하는 가장 기본적인 방법이다.

ANSWER

24. ③　25. ①

26
기출

다음 설명에 해당하는 사회 참여 방법은?

> 국민이 일정한 사항을 국가 기관에 문서로 작성하여, 그 처리를 요구하는 것이다.

① 청원
② 공청회
③ 정당 가입
④ 집회 참여

26

청원은 국가 기관에 문서로 자신의 요구와 의견을 진술하고 시정을 요구하는 제도이다.

27
기출

다음과 같은 특징을 갖는 정치 참여 주체는?

> • 정권 획득이나 공익 추구가 아닌 특수한 이익 실현이 목적이다.
> • 전문가 단체나 노동자 단체 등이 그 예로, 정책 결정에 영향을 준다.

① 정당
② 이익 집단
③ 시민 단체
④ 정부 기관

27

이익 집단은 이해관계를 같이하는 사람들이 자신들의 특수 이익을 실현하기 위해 정치 과정에 압력을 행사하는 집단이다. 사회의 다원화에 기여하지만, 지나친 사익 추구로 공익과 충돌할 수도 있다.

ANSWER

26. ① **27.** ②

28 다음과 같은 사회 참여 방법에 대한 설명으로 옳은 것은?

> 동물 보호 단체에 가입하여 매달 회비를 기부하고 있다.

① 가장 기본적인 사회 참여 방법이다.
② 공익 추구를 목표로 하는 참여 방법이다.
③ 정치적 권력 획득을 목표로 하는 참여 방법이다.
④ 특정 집단의 이익을 실현하기 위한 참여 방법이다.

28
시민 단체에 가입하여 활동하는 것은 공동의 관심을 가진 사람들이 집단을 구성하여 사회 참여를 하는 방법으로 가장 적극적인 사회 참여 방법이다.
① 선거, ③ 정당, ④ 이익 집단에 대한 설명이다.

29 시민 불복종 행위가 정당화되기 위한 조건이 <u>아닌</u> 것은?

① 비폭력성
② 처벌의 감수
③ 최후의 수단
④ 행위의 적법성

29
시민 불복종 행위가 정당화되기 위한 조건으로는 공익성(목적의 정당성), 비폭력성, 처벌 감수, 최후의 수단 등이 있다.

30 사회적 소수자에 해당하지 <u>않는</u> 사람은?

① 장애인
② 외국인
③ 정규직 노동자
④ 북한 이탈 주민

30
사회적 소수자란 외국인 노동자, 장애인, 결혼 이민자, 비정규직 노동자 등과 같이 신체적·문화적 특징으로 사회의 다른 구성원에게 차별을 받으며, 차별받는 집단에 속해 있다는 의식을 가진 사람들의 집단을 말한다.

ⒶⓃⓈⓌⒺⓇ
28. ② 29. ④ 30. ③

31 청소년 노동권이 침해당했을 때 구제받을 수 있는 기관을 〈보기〉에서 모두 고른 것은?

고난도

> ┌보기┐
> ㄱ. 국회
> ㄴ. 주민 센터
> ㄷ. 고용 노동부
> ㄹ. 청소년 근로권익 센터

① ㄱ, ㄴ
② ㄱ, ㄹ
③ ㄴ, ㄷ
④ ㄷ, ㄹ

31

청소년 노동권이 침해당했을 때 구제받을 수 있는 기관으로는 고용 노동부, 국가 인권 위원회, 대한 법률 구조 공단, 청소년 근로권익 센터 등이 있다.

32 다음 설명에 해당하는 것은?

기출

> • 근로자의 생활 안정을 위하여 매년 시간급으로 정하는 임금 수준이다.
> • 사용자에게 정해진 수준 이상의 임금을 노동자에게 지급하도록 강제하는 제도이다.

① 상여금
② 기본임금
③ 최저 임금
④ 최고 임금

32

최저 임금제는 근로자에 대한 임금의 최저 수준을 보장하여 근로자의 생활 안정과 노동력의 질적 향상을 통해 국민 경제의 발전에 이바지하기 위해 만들어진 제도이다. 법적 최저 임금은 국가가 법적 강제력을 가지고 매년 정하는 임금의 최저한도로, 사용자는 최저 임금 이하의 수준에서 근로자를 고용할 수 없다. 만약 이를 지키지 않으면 처벌을 받게 된다. 물가 상승과 같은 경제 상황이 변화하기 때문에 법정 최저 임금은 매년 인상된다.

ⒶⓃⓈⓌⒺⓇ
31. ④ 32. ③

Chapter

05 시장 경제와 금융

 학습 point*

자본주의의 전개 과정과 유형별 특징, 합리적 선택, 시장 실패의 유형, 시장 참여자의 역할은 쉽지 않은 내용인 만큼 정확한 이해를 바탕으로 학습해야 합니다. 국제 무역의 확대로 인한 영향, 세계 무역 기구, 자유 무역 협정은 세계화 시대의 필수 개념인 만큼 출제 가능성이 높습니다. 또한 생애 주기에 따른 재무 설계, 자산 관리의 원칙, 금융 자산의 종류는 반드시 알아 두어야 합니다.

01 자본주의와 합리적 선택

1 자본주의

(1) 자본주의의 의미와 특징

① 의미 : 사유 재산제를 바탕으로 자유로운 경제 활동을 할 수 있도록 보장하는 경제 체제

> **사유 재산제** ▼ 검색
> 개인이 재산을 가질 수 있도록 법으로 보호하는 제도

② 특 징

ㄱ 자신의 재산을 자유롭게 소유하고 처분할 수 있는 권리인 사유 재산제를 법적으로 보장한다.

ㄴ 개인이 경쟁을 통해 이익을 추구하고, 자유롭게 경제적 의사 결정을 내릴 수 있도록 경제 활동의 자유를 보장한다.

ㄷ 대부분의 경제 활동이 시장에서 형성된 가격에 따라 상품의 거래가 이루어지는 시장 경제 체제이다.

(2) 자본주의의 전개 과정 중요*

① 상업 자본주의(16~18세기)

ㄱ 등장 배경 : 15세기 말 절대 왕정의 중상주의 정책을 통해 상업 자본이 형성되었다.

> **중상주의** ▼ 검색
> 국가가 개입하여 수출을 적극적으로 장려하고, 수입은 억제하는 보호 무역 정책

ㄴ 특징

ⓐ 자본주의의 초기 단계이다.

ⓑ 상품의 생산보다는 상품의 유통에서 이윤을 추구하였다.

② 산업 자본주의(18~19세기)

 ㉠ 등장 배경 : 산업 혁명으로 공장제 기계 공업이 등장하면서 상품의 대량 생산 체제가 가능해졌다.

 ㉡ 특징

  ⓐ 상품의 유통보다는 생산 과정에서 이윤을 추구하였다.

  ⓑ 개인의 자유로운 경제 활동을 강조하였다.

  ⓒ 애덤 스미스 : '보이지 않는 손'이라는 시장 가격의 기능을 강조하였다.

  ⓓ 자유방임주의를 바탕으로 정부의 개입을 최소화하는 작은 정부를 추구하였다.

> **보이지 않는 손**   ▼   검색
>
> 자원의 배분이 효율적으로 이루어지도록 하는 시장의 기능
>
> **자유방임주의**   ▼   검색
>
> 개인의 경제 활동을 최대한 보장하고, 국가의 간섭을 배제하려는 경제사상

③ 독점 자본주의(19세기)

 ㉠ 등장 배경 : 19세기 후반 과잉 생산에 따른 과도한 경쟁으로 소수의 대기업에 의한 독과점이 심화되었다.

 ㉡ 특징

  ⓐ 시장에서 자유로운 경쟁이 줄고, 자원 배분이 효율적으로 이루어지지 않는 시장 실패가 나타났다.

  ⓑ 자본주의의 발달에 따른 소득 분배의 불평등과 같은 문제를 비판하면서 사회주의 사상이 확산되었다.

④ 수정 자본주의(20세기)

 ㉠ 등장 배경 : 대공황(1929년) 발생 이후 은행과 기업이 도산하고, 실업률이 증가하자 이를 해결하기 위해 등장하였다.

 ㉡ 특징

  ⓐ 케인즈 : 시장 경제 체제의 문제점을 보완하기 위해 정부의 개입을 주장하였다.

  ⓑ 정부가 시장에 개입하는 큰 정부를 추구하기 때문에 혼합 경제 체제라고 불린다.

  ⓒ 정부가 공공사업을 시행하고, 사회 보장 제도를 강화하는 등 다양한 정책을 펼쳤다.

> **바로바로 CHECK√**
>
> 다음에서 설명하는 경제 체제는?
>
> • 세계 대공황 이후 자유방임주의의 모순을 보완하기 위해 등장함
> • 정부가 시장 경제 활동에 개입함
>
> ① 상업 자본주의   ② 산업 자본주의
> ❸ 수정 자본주의   ④ 독점 자본주의

⑤ 신자유주의(20세기 말)

ㄱ 등장 배경 : 1970년대에 두 차례에 걸친 석유 파동에 따른 스태그플레이션 발생으로 정부의 시장 개입에 대한 비판이 제기되면서, 다시 시장의 기능을 중시하기 시작했다.

> **스태그플레이션** ▼ 검색
> 경기 침체와 물가 상승이 동시에 발생하는 상태

ㄴ 특징

ⓐ 하이에크 : 정부의 지나친 시장 개입을 비판하였다.

ⓑ 정부의 규제 완화 및 철폐를 추구하였다.

ⓒ 세계화의 흐름 속에서 자유 무역을 추구하였다.

ⓓ 공기업의 민영화 및 복지 축소 정책을 실시하였다.

ㄷ 문제점 : 시장의 효율성이 증진되었지만, 빈부 격차가 심화되었다.

심화학습 애덤 스미스의 보이지 않는 손과 자유방임주의

> 우리가 저녁을 먹을 수 있는 것은 정육점 주인과 양조업자, 빵집 주인의 친절이나 자비 때문이 아니라, 그들 각자가 자신의 이익에 관심을 두는 이기심 때문이다. 각 개인은 '보이지 않는 손'에 의해 자기가 전혀 의도하지 않았던 다른 목적도 달성하게 된다. 그는 자신의 이익을 추구함으로써 의도적으로 공익을 증진시키려고 하는 경우보다 오히려 더 효과적으로 사회의 이익을 촉진한다.　　　　　－애덤 스미스, 〈국부론〉 중에서－

애덤 스미스는 '보이지 않는 손'을 시장 가격으로 표현하면서, 개인이 사익을 추구하도록 최대한 경제적 자유를 보장할 때 효율적인 자원 배분이 이루어지고, 사회 전체의 부 또한 증진된다고 주장하였다.

2 합리적 선택

(1) 합리적 선택의 의미와 방법

① 합리적 선택의 필요성 : 자원의 희소성으로 인해 무엇을 선택하고 무엇을 포기할 것인지 합리적으로 결정해야 시장 전체의 효율성을 높일 수 있다.

> **자원의 희소성** ▼ 검색
> 사람들의 욕구에 비해 자원이 한정되어 있는 현상

② 합리적 선택 : 최소의 비용으로 최대의 편익을 얻을 수 있도록 선택하는 것이다.

③ 합리적 선택의 고려 사항

㉠ 편익 : 경제적 선택을 함으로써 얻게 되는 효용이나 이익을 말하는데, 금전적·비금전적인 것을 모두 포함한다.

㉡ 기회비용 : 어떤 선택을 함으로써 포기하게 되는 가치 중 가장 가치가 큰 것

→ 명시적 비용과 암묵적 비용을 모두 포함

ⓐ 명시적 비용 : 어떤 경제 행위를 할 때 직접 화폐로 지출한 비용

ⓑ 암묵적 비용 : 어떤 경제 행위를 함으로써 포기한 것의 가치로, 화폐로 지출하지는 않지만 발생하는 비용

    예 갑이 취업 대신 대학 진학을 선택하였다면?
- 명시적 비용 : 대학 교육에 필요한 비용
- 암묵적 비용 : 취업을 통해 얻었을 소득

④ 합리적 선택의 방법

㉠ 비용이 같다면 만족이 큰 것을, 편익이 같다면 비용이 적은 것을 선택해야 한다.

㉡ 매몰 비용은 고려해서는 안 된다.

㉢ 합리적 의사 결정 단계 : 문제 인식 → 선택 기준의 결정 → 정보 수집 및 대안 탐색 → 대안 평가 → 최종 선택 및 실행

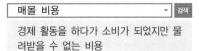

매몰 비용   ▼ 검색

경제 활동을 하다가 소비가 되었지만 돌려받을 수 없는 비용

(2) 합리적 선택의 한계와 극복

① 합리적 선택의 한계

㉠ 개인의 선택으로 발생한 편익과 비용을 정확하게 파악하기 어렵다.

㉡ 효율성을 추구한 개인의 합리적 선택이 사회 전체의 공공의 이익을 훼손할 수 있다.

② 합리적 선택의 한계 해결 노력

㉠ 효율성뿐만 아니라 공익과 형평성도 함께 고려하여 합리적 선택을 하도록 한다.

㉡ 합법적인 틀 안에서 올바른 선택이 이루어지도록 해야 한다.

02 시장 경제와 시장 참여자의 역할

1 시장 경제의 한계 중요⁺

(1) 시장 실패

시장의 기능이 제대로 작동하지 않아 시장에서 자원 배분이 효율적으로 이루어지지 않은 상태

(2) 시장 실패의 원인

① 공공재의 부족

　㉠ 공공재는 대가를 지불하지 않아도 누구나 소비할 수 있고(비배제성), 한 사람이 공공재를 소비한다고 해서 다른 사람이 소비할 수 있는 몫이 줄어들지 않는 특성(비경합성)이 있기 때문에 무임승차의 문제가 나타나기 쉽다.

> **공공재** ▼ 검색
> 국방, 치안, 공원 등 많은 사람들이 소비할 수 있는 재화나 서비스

　㉡ 시장에 자유롭게 맡길 경우 사회적으로 필요한 만큼 공공재가 충분히 공급되지 않는다.

② 불완전 경쟁

　㉠ 소수의 기업들이 독과점 시장에서 담합하여 생산량을 조절하거나 가격을 높게 책정하고, 자유로운 경쟁을 제한한다.

> **독과점** ▼ 검색
> • 독점 : 시장에 공급자가 하나밖에 없는 시장
> • 과점 : 소수의 공급자가 존재하는 시장

　㉡ 시장에서 효율적인 자원 배분이 이루어지지 못하게 막는다.

③ 외부 효과 발생

　㉠ 어떤 경제 주체의 활동이 다른 경제 주체에게 의도하지 않은 이익을 주거나 피해를 주는데도, 이에 대해 아무런 대가를 치르거나 받지 않은 현상을 말한다.

　㉡ 외부 경제(긍정적 외부 효과) : 다른 사람에게 혜택을 주지만 그 대가를 받지 않는 경우 → 사회가 필요로 하는 것보다 적게 생산됨 예 양봉업자와 과수원 주인 간의 관계

　㉢ 외부 불경제(부정적 외부 효과) : 다른 사람에게 손해를 입히지만 그에 대한 보상을 하지 않는 경우
　　→ 사회가 필요로 하는 것보다 많이 생산됨 예 환경 오염, 담배로 인한 간접 흡연

④ 그 밖의 문제점 : 소득 불균형, 노사 갈등, 인플레이션(물가 상승) 등

2 시장 참여자의 역할

(1) 정부의 역할

① 공공재 공급 : 사회 유지에 필요한 국방, 도로, 항만과 같은 공공재는 시장에서 충분히 생산되지 않기 때문에 직접 정부가 생산하고 관리한다.

② 공정한 경쟁 유도

ㄱ 독과점 기업의 담합 행위를 규제하고, 경제 활동에 필요한 규칙을 제정한다.

ㄴ 관련 법규 제정 : 독점 규제 및 공정 거래에 관한 법률 등

ㄷ 관련 기관 설치 : 한국 소비자원, 공정 거래 위원회 등

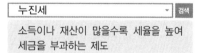

공정 거래 위원회   검색

기업 간의 공정하고 자유로운 경쟁을 보장하도록 만든 준사법 기관

③ 외부 효과 개선

ㄱ 외부 경제 : 보조금 지급, 세금 감면 등 긍정적 유인을 제공하여 생산과 소비를 늘린다.

ㄴ 외부 불경제 : 오염 물질 배출량 제한, 세금 부과 등 부정적 유인을 제공하여 생산과 소비를 줄인다.

④ 소득 불균형 완화 : 적정한 조세 정책(예 누진세), 소득 재분배 정책, 사회 복지 제도 등을 통해 소득 불균형 문제를 완화한다.

누진세   검색

소득이나 재산이 많을수록 세율을 높여 세금을 부과하는 제도

(2) 기업가의 역할

① 기업가의 역할

ㄱ 기업의 경제적 역할

ⓐ 사회에 필요한 재화와 서비스를 생산하여 소비자의 수요를 충족시킨다.

ⓑ 이윤의 극대화를 추구하는 것이 목적이다.

ⓒ 노동·토지·자본과 같은 생산 요소를 공급받고, 그 대가로 임금·지대·이자 등을 지급한다.

ⓓ 생산 활동을 통해 일자리를 창출하고, 국민 소득을 증대시켜 경제 활성화에 이바지한다.

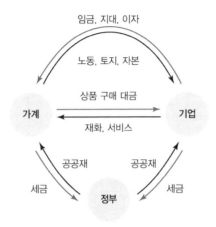

경제 활동의 순환

ⓛ 기업가 정신

　ⓐ 의미 : 혁신적 사고와 창의성을 바탕으로 변화에 대응하고 위험에 무릅쓰며 도전하는 기업가의 자세

　　→ 새로운 생산 방식, 새로운 기술 개발, 신제품 개발, 새로운 시장 개척, 새로운 조직 형성

　ⓑ 의의 : 생산성을 향상시키고 소비자의 만족도를 높이며, 노사 관계의 안정으로 이어질 수 있다.

② 기업의 사회적 책임

　㉠ 공정하게 경쟁하고 건전한 이윤을 추구해야 한다.

　㉡ 기업 윤리를 토대로 법을 준수해야 한다.

　㉢ 환경과 공동체 전체를 배려해야 한다.

　㉣ 소비자 및 노동자의 이익을 보호해야 한다.

　㉤ 사례 : 낙후된 지역에 교육 사업 지원, 장애인 고용 등

(3) 노동자의 권리와 역할 중요⁺

① 노동자의 권리

　㉠ 사용자에 비해 노동자는 상대적으로 약자의 위치에 있기 때문에 법적으로 노동권을 보장받고 있다.

　㉡ 관련 법규 : 노동 3권, 근로 기준법, 최저 임금법, 노동조합 및 노동관계 조정법 등

근로 기준법　　　　　▾ 검색

헌법에 따라 근로 조건의 기준을 정해 근로자의 기본적인 생활을 보장하고, 더 나아가 국민 경제의 발전을 목적으로 한다. 근로 계약, 임금, 근로 시간, 재해 보상, 근로자의 안전과 보건, 여성과 청소년의 근로 등에 관한 규정을 두고 있다.

ⓒ 노동 3권(근로 3권)

단결권	근로자가 근로 조건의 유지·개선을 위해 단체를 결성할 수 있는 권리
단체 교섭권	근로자 단체가 사용자와 근로 조건에 대해 교섭할 수 있는 권리
단체 행동권	근로자가 근로 조건을 위해 사용자에 대항하여 단체 행동을 할 수 있는 권리

② 노동자의 역할

ⓒ 기업에 노동을 제공한 대가로 받은 임금을 토대로 생활하며, 노동을 통해 자아를 실현한다.

ⓒ 근로 계약에 따라 자신의 업무를 성실히 수행하고 소비자의 만족을 위해 노력한다.

ⓒ 사용자와 소통하고 협력하여 바람직한 노사 관계를 형성한다.

바로 바로 CHECK√

다음에 해당하는 근로자의 권리는?

> 노동조합을 통해 사용자와 자주적으로 근로 조건에 관하여 협의할 수 있는 권리

① 참정권   ② 공무 담임권
❸ 단체 교섭권   ④ 국민 투표권

심화학습 ▶ 최저 임금법

1) 최저 임금은 근로자의 생계비, 유사 근로자의 임금, 노동 생산성 및 소득 분배율 등을 고려하여 정한다. ⑩ 시급 8,590원(2020년 기준)

2) 법정 최저 임금은 최저 임금 위원회가 매년 시간급으로 정하며, 이를 지키지 않으면 사용자는 처벌받는다.

3) 최저 임금의 적용을 받는 근로자와 사용자 사이의 근로 계약 중 최저 임금액에 미치지 못하면, 그 부분에 대해서는 무효로 한다.

(4) 소비자의 권리   중요⁺

① 소비자 주권 확립

ⓒ 의미 : 생산물의 종류와 수량을 결정하는 최종적 권한이 소비자에게 있다는 것

소비자	▾	검색
재화와 서비스의 수요자		

ⓒ 의의 : 소비자의 소비가 시장 가격 결정이나 기업의 생산에 영향을 끼침으로써 자원 배분의 방향을 결정한다.

ⓒ 방법 : 환경과 건강을 해치는 상품은 구매하지 않고, 부당한 영업 행위 등은 철저히 감시해야 한다.

② 합리적 소비

㉠ 의미 : 주어진 소득 내에서 상품에 대한 정보를 바탕으로 비용보다 편익이 크도록 지출하는 것

㉡ 방법 : 소득 수준에 맞지 않는 무분별한 과소비 등 비합리적인 소비는 지양해야 한다.

㉢ 한계점 : 합리적 소비만 추구할 경우 소비에 따른 사회적 영향은 고려하지 않는 경우가 발생한다. **예** 소비자가 가격만 중시할 경우, 기업은 생산비를 낮추기 위해 노동자의 임금 삭감 등을 요구할 수 있음

심화학습 〉 비합리적 소비 유형

1) 과소비 : 소득의 범위를 넘어서 과도하게 소비하는 것
2) 과시 소비(베블렌 효과) : 남에게 보여 주기 위해서 지나치게 고가의 상품을 소비하는 것
3) 모방 소비(밴드왜건 효과) : 다른 사람의 소비를 무조건 따라 하는 것
4) 충동 소비 : 계획 없이 즉흥적으로 소비하는 것
5) 개성 소비(스노브 효과) : 귀하거나 남들과 다르게 특색 있다는 이유로 소비하는 것

---

③ 윤리적 소비

㉠ 의미 : 원료 재배나 제품의 생산 및 유통 과정이 인간, 동물, 환경에 해를 끼치지 않는 윤리적인 상품을 구매하는 것

㉡ 필요성

ⓐ 저개발 국가의 환경 파괴나 노동자의 인권 침해와 같은 문제를 막을 수 있다.

ⓑ 소비자가 윤리적 상품(**예** 공정 무역 상품)을 구매할 때, 기업도 친환경적인 상품을 생산하고 노동자의 인권을 보호하려고 노력할 것이다.

> **바로바로 CHECK√**
>
> **밑줄 친 이것으로 가장 적절한 것은?**
>
> 이것은 유행에 따라 상품을 구매하는 현상으로 다른 사람의 소비 행동을 그대로 따라 하는 소비 행태이다.
>
> ① 베블렌 효과   ② 스노브 효과
> ③ 하우스 푸어   ❹ 밴드왜건 효과

03 국제 무역의 확대와 영향

1 국제 분업과 무역

(1) 국제 분업

국가별로 각각의 특수한 환경에 가장 적합한 것을 특화하여 생산하는 것

| 특화 | ▼ | 검색 |

다른 나라에 비해 생산하기에 유리한 상품을 전문적으로 생산하는 것

(2) 무역

① 무역의 의미 : 국경을 넘어 재화, 서비스, 생산 요소 등을 거래하는 것

② 무역의 대상 : 세계화로 인해 상품뿐만 아니라 서비스, 자본, 노동력, 기술, 지식 재산권 등으로 확대되었다.

③ 국제 분업과 무역의 발생 원인

㉠ 국가 간 생산비의 차이 : 국가 간 자연 환경과 천연자원의 차이, 생산 요소의 질과 양의 차이, 기술 차이로 생산에 유리한 상품을 특화하여 생산한다.

㉡ 무역을 통한 이익 발생

ⓐ 생산비가 많이 들거나 생산할 수 없는 상품도 무역을 통해 더 싼 가격에 구할 수 있다.

ⓑ 비교 우위 제품을 특화하여 수출하고, 생산에 불리한 상품은 수입함으로써 국가 간 서로 경제적 이익을 얻을 수 있다.

바로 바로 CHECK√

다음에서 설명하는 경제 개념은?

어떤 재화가 생산비나 생산량에서 다른 나라보다 상대적으로 유리한 위치에 있는 것을 말한다.

① 보호 무역 ② 공정 무역
❸ 비교 우위 ④ 절대 우위

④ 무역 발생 원리

구 분	절대 우위	비교 우위
의 미	다른 국가에 비해 절대적으로 저렴한 비용으로 생산할 수 있는 능력	• 다른 국가에 비해 상대적으로 저렴한 비용으로 생산할 수 있는 능력 • 생산하는 상품의 기회비용이 다른 국가보다 상대적으로 낮은 것
특 징	각각 절대 우위가 있는 상품을 특화 생산하여 교역하면 양국 모두 이익을 얻을 수 있다.	한 국가가 다른 국가에 비해 모든 상품에 대해 절대 우위가 있더라도 비교 우위에 있는 상품을 특화 생산하여 교역하면 양국 모두 이익을 얻을 수 있다.

2 무역 확대에 따른 영향 중요⁺

(1) 무역 환경의 변화

① 교통·통신 기술의 발달로 시간과 공간의 제약이 감소하면서 세계화가 가속화되고 있다.

② 세계 무역 기구(WTO)의 출범으로 세계 경제가 하나의 시장으로 통합되고 자유 무역을 추구한다.

> **세계 무역 기구(WTO; World Trade Organization)** ▼ 검색
>
> 자유 무역을 확대하고 회원국 간의 통상 분쟁을 해결하며 세계 교역을 촉진하기 위해 1995년에 설립된 국제기구

③ 자유 무역 협정(FTA) 및 지역 경제 협력체 결성을 통한 협력이 증가하고 있다.

> **바로바로 CHECK√**
>
> **지역 블록화의 사례가 아닌 것은?**
> ① 유럽 연합(EU)
> ❷ 세계 무역 기구(WTO)
> ③ 북미 자유 무역 협정(NAFTA)
> ④ 아시아·태평양 경제 협력체(APEC)

　　㉠ 자유 무역 협정(FTA; Free Trade Agreement) : 국가 간의 교역에서 관세 및 무역 장벽을 완화 또는 제거하는 경제 협정

　　㉡ 지역 경제 협력체 : 세계화 속에서 지리적으로 인접하여 상호 의존성이 높은 국가들이 경제적 효율성을 높이기 위해 형성한 공동체

　　　　예 유럽 연합(EU), 동남아시아 국가 연합(ASEAN), 북아메리카 자유 무역 협정(NAFTA) 등

아시아·태평양 경제 협력체(APEC)
아시아·태평양 21개국

북미 자유 무역 협정(NAFTA)
미국·캐나다·멕시코

유럽 연합(EU)
유럽 27개국

걸프 협력 회의(GCC)
서남아시아 6개국

동남아시아 국가 연합(ASEAN)
동남아시아 10개국

남미 공동 시장(MERCOSUR)
남아메리카 5개국

지역 경제 협력체

자유 무역 협정(FTA) 이후의 변화

2004년 우리나라와 칠레 간의 자유 무역 협정 체결 이후, 우리나라에서의 칠레 포도주 시장 점유율이 급증하였다. 칠레 농산물 수입이 꾸준히 증가하고 있지만, 주로 미국 등 경쟁국 수입 농산물을 대체하는 효과가 나타나고 있으며, 실제 국내 시설 포도 재배 면적은 체결 이후 안정적인 수준을 유지하고 있다.

자유 무역 협정의 특징
• 관세 철폐로 수입품 가격이 하락하여 국내 소비량과 수입량 증가
• 낮은 가격 때문에 수지가 많지 않은 국내 기업의 생산량 감소
• 정부의 관세 수입 감소

(2) 무역 확대의 긍정적 영향

① 개인적 측면
  ㉠ 다양하고 질 좋은 상품을 저렴한 가격으로 소비할 수 있으며, 선택의 폭이 넓어졌다.
  ㉡ 소비자의 만족도(편익)가 증가하였다.

② 기업적 측면
  ㉠ 기업들은 무한 경쟁 속에서 살아남기 위해, 생산성 향상과 기술 혁신에 힘쓰기 때문에 기업의 경쟁력이 강화되었다.
  ㉡ 규모의 경제 실현
    ⓐ 비교 우위 제품을 대규모로 생산하거나 선진국의 기술을 도입하면 생산량이 증가하더라도 생산 비용을 줄일 수 있다.
    ⓑ 제품 판매 증가에 따른 이윤 증가는 고용 창출로 이어진다.

규모의 경제 검색

일반적인 경우 기업이 재화 및 서비스 생산량을 늘려감에 따라 추가적으로 소요되는 생산 비용이 점차 늘어나는데, 이와는 달리 일부 재화 및 서비스 생산의 경우 생산량을 늘릴 수 있도록 평균 비용이 하락하는 현상

③ 국가·사회적 측면
  ㉠ 생산 기술이나 자본이 이전되어 개발 도상국의 발전에 도움이 된다.
  ㉡ 문화 교류의 활성화로 다양한 문화를 누릴 수 있는 기회가 확대된다.

(3) 무역 확대의 부정적 영향

① 개인적 측면 : 국내 산업이 위축되었을 경우 일자리와 소득 감소로 이어져 소득 분배의 불균형이 심화된다.
② 기업적 측면 : 국제 경쟁력을 갖추지 못한 국내 산업이나 기업은 위축된다.

③ 국가·사회적 측면

　㉠ 국가 간 상호 의존성 심화

　　ⓐ 특정 국가에서 시작된 경제 위기가 여러 국가로 파급될 수 있다.

　　　⑩ 미국 금융 위기, 유럽 재정 위기 등

　　ⓑ 국가 간 경제 마찰이 증가한다.

　　ⓒ 우리나라처럼 무역 의존도가 높은 국가는 더 큰 영향을 받는다.

　㉡ 정부의 경제 정책 자율성 침해

　　ⓐ 경제 정책의 자율성이 외국 기업이나 정부에 의해 침해받을 수 있다.

　　ⓑ 정부가 국내 산업을 보호하거나 규제 등의 정책을 수행하기 어렵다.

　㉢ 국가 간 빈부 격차 심화 : 자본과 기술이 풍부한 선진국과 상대적으로 경쟁력이 떨어지는 개발 도상국 간의 경제적 격차가 심화된다.

> 무역 의존도 ▼ 검색
>
> 한 국가의 경제가 어느 정도 무역에 의존하고 있는가를 나타내는 지표로, 각국의 국내 총생산(GDP)에서 무역액이 차지하는 비율로 나타낸다.

04 자산 관리와 금융 생활

1 자산 관리와 금융 자산

(1) 자산 관리의 필요성

① 자산의 의미 : 개인이나 기업이 보유하고 있는 유형 또는 무형의 재산

② 자산 관리의 의미

　㉠ 좁은 의미 : 금융 자산을 어떻게 소비, 저축, 투자할 것인가에 대한 계획과 관리

　㉡ 넓은 의미 : 개인의 모든 재산을 관리하는 것(금융 자산 + 실물 자산)

③ 자산의 종류

　㉠ 금융 자산 : 현금, 예금, 주식, 채권, 보험, 펀드 등과 같이 눈에 보이지 않는 자산

　㉡ 실물 자산 : 부동산(토지, 건물, 주택), 자동차, 귀금속, 골동품 등과 같이 눈에 보이는 자산

④ 자산 관리의 필요성

㉠ 평균 수명의 증가에 따라 은퇴 이후의 생활과 예기치 못한 지출에 대비해야 한다.

㉡ 개인의 소비 생활은 평생 이루어지지만, 소득을 얻을 수 있는 기간은 한정되어 있기 때문에 자산 관리가 필요하다.

㉢ 국제 금융 거래 증가, 투자의 위험 요소가 많은 금융 상품의 개발 등 금융 환경의 변화에 대비해야 한다.

㉣ 신용 거래는 미래의 소득을 담보로 현재 빌려 쓰는 부채이므로 소득이나 지불 능력의 범위 내에서 소비하고 자산 관리를 철저히 해야 한다.

심화학습 — 신용 관리

3개월 이상 통신 요금을 연체한 사람이 204만 명이 넘는 가운데 일부 통신사가 이들의 신용 등급에 불이익을 준다는 사실이 밝혀졌다. 방송 통신 위원회 자료에 따르면 3개월 이상 요금을 미납한 연체자는 지난 7월 말 기준으로 총 204만 명이며, 연체 금액은 1조 1,394억 원에 이른다. 특히 연체자 중 19세 이하 미성년자도 15만 명에 달한 것으로 밝혀졌다. 미성년자의 연체 금액은 총 488억 원으로 1인당 평균 32만 5,333원 수준이었다. 이러한 상황에서 일부 통신사가 통신 요금 연체자를 신용 평가 회사에 채무 불이행자로 등록하면서 *신용 유의자가 늘어나고 있다.
－○○신문. 2012. 9.－
*신용 유의자 : 신용 상태가 위험하여 조심하며 관심을 가져야 하는 사람

신용 유의자가 되면 경제 활동에 큰 불편을 감수해야 하므로 작은 연체라도 발생하지 않도록 주의해야 한다.

(2) 자산 관리의 원칙 중요⁺

① 안전성 : 자산의 가치(원금과 이자)가 안전하게 보호될 수 있는 정도를 의미하며, 투자의 위험성이 높을수록 안전성은 낮아진다.

② 수익성 : 가격 상승이나 이자 수익을 기대할 수 있는 정도를 의미하며, 안전성과는 상충되는 경우가 많다.

③ 유동성(환금성) : 자산을 즉시 현금화할 수 있는 정도를 말한다.

④ 포트폴리오 투자(분산 투자)

㉠ 자산을 여러 종목에 나누어 분산 투자하는 방식 → "계란을 한 바구니에 담지 마라."

㉡ 안전성, 수익성, 유동성을 종합적으로 고려하여 다양한 자산을 적절하게 보유하는 것

바로바로 CHECK√

합리적인 자산 관리를 위해 고려해야 할 요소가 아닌 것은?

❶ 투기성　　② 수익성
③ 유동성　　④ 안전성

(3) 다양한 금융 자산 중요*

① 예금

ㄱ 의미 : 정해진 이자를 기대하고 금융 기관에 돈을 맡기는 금융 상품

ㄴ 장점 : 예금자 보호 제도로 원금 보전이 가능하기 때문에 안전성이 높다.

ㄷ 단점 : 상대적으로 수익성이 낮고, 만기일 이전에 예금을 찾으면 이자 수익이 감소한다.

> **예금자 보호 제도** ▾ 검색
> 금융 기관이 예금을 지급할 수 없는 상황에 대처하기 위해 1인당 5천만 원 한도 내에서 국가가 그 지급을 보장하는 제도

ㄹ 종류

ⓐ 요구불 예금 : 입출금이 자유로운 예금 예 보통 예금

ⓑ 저축성 예금 : 이자 수익을 주된 목적으로 하는 예금 예 정기 적금

② 주식

ㄱ 의미 : 주식회사가 사업 자금을 조달하기 위해 투자자로부터 돈을 받고 발행하는 증서

ㄴ 장점 : 배당과 시세 차익을 통해 수익을 얻고, 예금보다 수익성이 높다.

ㄷ 단점 : 주식 가격이 폭락하는 등 원금 손실이 발생할 수 있기 때문에 예금보다 안전성이 낮다.

③ 채권

ㄱ 의미 : 정부, 공공 기관, 기업 등이 필요한 자금을 빌리면서 발행한 증서

ㄴ 장점 : 만기 시에 발행 기관의 성과에 상관없이 일정한 이자를 얻을 수 있어 주식에 비해 안전성이 높은 편이며, 시세 차익을 통해 수익을 얻을 수 있다.

ㄷ 단점 : 주식에 비해 수익성이 낮다.

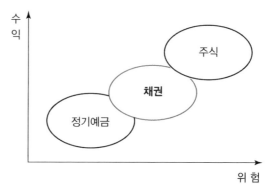

투자 상품별 수익과 위험 간의 관계

④ 기타 다양한 금융 자산

　　㉠ 펀드 : 다수의 투자자에게서 모은 자금을 금융 기관들(전문 투자자)이 주식 및 채권 등에 투자하여 그 수익을 투자자들에게 분배하는 상품(간접 투자 상품)

　　㉡ 보험 : 미래에 당할지도 모를 사고에 대비하여 매달 정기적으로 보험료를 내고, 사고가 나면 약속한 보험금을 받는 금융 상품

　　㉢ 연금 : 노후의 소득 감소 위험에 대비하여 경제 활동을 하는 동안 일정 금액을 적립해 두었다가 나중에 지급받는 금융 상품

바로 바로 CHECK√

다음 설명에 해당하는 자산은?

- 기업이 자금 조달을 위해 돈을 받고 발행하는 증서로, 증권 거래소에서 거래된다.
- 시세의 변동이 크기 때문에 투자를 통해 많은 이익을 얻을 수 있지만 원금 손실의 가능성도 높다.

① 예금　　　　❷ 주식
③ 귀금속　　　④ 부동산

---

2 생애 주기와 금융 생활

(1) 생애 주기

① 생애 주기 : 태어날 때부터 죽을 때까지의 개인의 삶을 일정한 단계로 나눈 것

② 생애 주기의 구분

　　㉠ 성장 발달 단계에 따른 구분 : 유아기 – 아동기 – 청년기 – 중·장년기 – 노년기

　　㉡ 연령대에 따른 구분 : 10대, 20대, 30대, 40대, 50대, 60대 이후

③ 생애 주기에 따른 과업 및 수입과 지출의 변화

　　㉠ 아동기

　　　　ⓐ 미래의 자아실현을 위한 준비와 진로 탐색이 이루어진다.

　　　　ⓑ 경제 활동은 부모에 의존하면서도 용돈 관리가 필요하다.

　　㉡ 청년기

　　　　ⓐ 경제적 독립을 위해 취업 및 직업 능력 계발, 결혼을 위한 준비가 이루어진다.

　　　　ⓑ 수입이 발생하기 시작하면서 결혼 준비나 주택 마련 등을 위한 비용을 마련하는 시기이다.

ⓒ 중·장년기

ⓐ 결혼 및 출산, 자녀 양육 및 교육, 주택 마련을 위한 준비가 이루어진다.

ⓑ 자녀 결혼, 노후 대비, 은퇴 또는 재취업 등을 위한 준비가 이루어진다.

ⓒ 수입이 가장 많은 시기지만 자녀 양육비와 은퇴 준비 등으로 지출 규모가 증가한다.

ⓓ 노년기

ⓐ 건강 관리와 은퇴 후의 안정된 생활을 위한 준비가 이루어진다.

ⓑ 수입이 중단되지만, 연금 생활을 하면서 생활비와 의료비 등의 지출은 증가한다.

심화학습 — 생애 주기별 수입과 지출 곡선

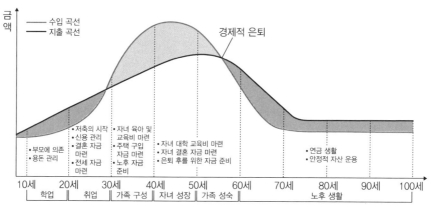

개인이 일생 동안 저축할 수 있는 기간은 개인마다 다를 수밖에 없다. 일생 동안 수입과 지출이 일정하지 않기 때문에 생애 주기 전체를 고려하여 저축과 투자 계획을 수립하는 것이 필요하다. 일반적으로 소득은 20대 초반부터 50대 초반까지 증가하다가 경제적 은퇴를 전후로 감소한다. 따라서 경제적 은퇴 이후의 삶에 대비하기 위해 저축과 투자를 통한 자산 증식이 가능한 시기의 수입을 합리적으로 관리하는 것이 중요하다.

(2) 생애 주기별 금융 생활 설계

① 재무 설계의 의미 : 생애 주기 전체를 고려하여 생애 주기별 재무 목표를 설정하고, 수입과 지출을 파악하여 자금에 대한 계획을 세우는 것

② 재무 설계의 필요성

  ㉠ 생애 주기의 각 단계에 따라 소득이 달라지고, 필요한 자금의 내용과 크기가 달라지기 때문에 계획을 수립해야 한다.

  ㉡ 고령화의 가속화로 은퇴 이후의 안정적인 삶을 살기 위해 필요하다.

③ 재무 설계의 원칙 : 현재의 소득이 아닌 전 생애 동안의 예상 소득에 맞추어 장기적인 관점에서 소비와 저축을 결정해야 한다.

④ 재무 설계 과정

1단계	재무 목표 설정	생애 주기에 따른 과업 등을 목표로 삼고 단기와 장기로 재무 목표를 설정한다.
2단계	재무 상태 파악	현재 소득과 지출 상황, 보유 자산 등을 분석하고, 목표 달성을 위해 부족한 예산을 확인하여 계획에 반영한다.
3단계	행동 계획 수립	재무 목표와 투자 기간에 따라 포트폴리오를 구성한다.
4단계	행동 계획 실행	재무 설계를 성실하게 실행한다.
5단계	실행 평가 및 수정	목표 달성 정도를 평가하고, 달성하지 못했을 경우 계획을 수정하고 점검한다.

01 자본주의의 특징으로 옳은 것은?

① 분배의 형평성

② 생산 시설의 국유화

③ 사유 재산 제도 인정

④ 경제 활동에 국가 개입

01
자본주의는 사유 재산 제도, 사적 이익의 추구, 경제 활동의 자유 등을 보장하고 있는 경제 체제이다.

02 자본주의의 발달 과정을 순서대로 나열한 것은?

> ㉠ 산업 자본주의
> ㉡ 독점 자본주의
> ㉢ 수정 자본주의
> ㉣ 상업 자본주의
> ㉤ 신자유주의

① ㉠－㉡－㉢－㉣－㉤

② ㉡－㉣－㉢－㉤－㉠

③ ㉢－㉠－㉡－㉤－㉣

④ ㉣－㉠－㉡－㉢－㉤

02
자본주의는 '상업 자본주의 → 산업 자본주의 → 독점 자본주의 → 수정 자본주의 → 신자유주의' 순으로 발달하였다.

ANSWER
01. ③ 02. ④

03 근대 초기 자본주의 사회의 특징은?

기출

① 복지 국가의 완성

② 국가의 개입 확대

③ 자본가 영향력 감소

④ 자유방임 원리 중시

근대 초기 자본주의 사회는 자유방임주의를 바탕으로 개인의 경제 활동의 자유를 최대한 보장하고, 이에 대한 국가의 간섭을 가능한 한 배제하였다.

04 다음 내용을 배경으로 나타난 자본주의의 유형은?

> 미국에서 1929년 10월 24일 주가가 폭락하면서 경제 대공황이 시작되었다. 이렇게 시작된 주가 폭락은 그 끝을 모른 채 지속되었고, 기업들의 도산과 대량 실업으로 이어졌다.

① 신자유주의

② 수정 자본주의

③ 독점 자본주의

④ 상업 자본주의

미국의 경제 대공황으로 인해 발생한 실업과 기업 도산 등의 문제를 해결하기 위해 수정 자본주의가 등장하였다.

ANSWER
03. ④ 04. ②

05 신자유주의와 관련이 있는 것을 〈보기〉에서 모두 고른 것은?

> **보기**
> ㄱ. 케인즈
> ㄴ. 대공황
> ㄷ. 복지 축소 정책
> ㄹ. 공기업의 민영화

① ㄱ, ㄴ
② ㄱ, ㄷ
③ ㄴ, ㄹ
④ ㄷ, ㄹ

06 합리적인 선택에 대한 설명으로 옳은 것은?

① 매몰 비용을 고려하여 선택하는 것
② 최소의 비용으로 최대의 편익을 얻는 것
③ 최대의 비용으로 최소의 편익을 얻는 것
④ 비용이 같다면 편익이 최소인 것을 선택하는 것

05

신자유주의는 1970년대 두 차례에 걸친 석유 파동에 따른 정부의 시장 개입에 대한 비판이 제기되면서, 다시 시장의 기능을 중시하고, 공기업의 민영화 및 복지 축소 정책 실시 등을 주장하는 입장이다.

06

합리적 선택이란 최소의 비용으로 최대의 편익을 얻을 수 있도록 선택하는 것이다. 비용이 같다면 만족이 큰 것을, 편익이 같다면 비용이 적은 것을 선택하고, 매몰 비용은 고려해서는 안 된다.

ANSWER
05. ④ 06. ②

07 다음 내용과 관련된 용어는?

> 외부 효과, 공공재 부족, 소득 불평등

① 시장 실패
② 정부 실패
③ 물가 상승
④ 외부 불경제

07

시장에서 자원이 효율적으로 배분되지 못하는 경우를 시장 실패라고 한다. 시장 실패의 사례에는 불완전 경쟁, 공공재의 부족, 외부 효과, 소득 불균형 등이 있다.

08 다음 그림에서 알 수 있는 시장 경제의 한계는?

① 외부 경제
② 공공재 부족
③ 외부 불경제
④ 독과점 문제

08

남에게 피해를 주지만 비용을 치르지 않아 사회적으로 필요한 양보다 많이 생산되는 부정적인 외부효과(외부 불경제)에 해당한다.

ⒶⓃⓈⓌⒺⓇ
07. ① 08. ③

09 **기출** 다음 설명과 같은 일을 하는 정부 기관은?

> 소비자와 중소기업을 보호하기 위해서 독점을 규제하고, 시장에서 자유로운 경쟁을 지원하는 업무를 수행한다.

① 공정 거래 위원회
② 최저 임금 위원회
③ 국가 인권 위원회
④ 지역 발전 위원회

10 다음과 같은 제도를 정부가 실시한 이유는?

> 누진 소득세 제도, 사회 보장 제도

① 경제의 안정화를 위해서
② 부족한 공공재를 공급하기 위해서
③ 소득 불균등 문제를 완화하기 위해서
④ 불공정한 경제 활동을 규제하기 위해서

09

공정 거래 위원회는 독점 및 불공정 거래에 관한 사안을 심의·의결하기 위해 설립된 국무총리 소속의 중앙 행정 기관이자 합의제 준사법 기관이다. 주요 업무는 크게 경쟁 촉진, 소비자 주권 확립, 중소기업의 경쟁 기반 확보, 경제력 집중 억제 등 4가지이다.

10

정부는 소득 불균등 문제를 완화하기 위해 소득 재분배 정책이나 사회 보장 제도를 실시하고 있다.

ANSWER
09. ① 10. ③

11 시장 경제를 위한 시장 참여자의 역할로 옳지 <u>않은</u> 것은?

① 정부 : 공정한 경쟁을 촉진한다.

② 기업가 : 사회적 책임을 다한다.

③ 노동자 : 부족한 공공재를 공급한다.

④ 소비자 : 윤리적 소비에 관심을 둔다.

11
부족한 공공재를 공급하는 것은 정부의 역할이다.

12 다음 설명에 해당하는 용어로 옳은 것은?

> 혁신과 창의성에 바탕을 둔 기업가의 모험 정신

① 기업가 정신

② 사회적 책임

③ 합리적 소비

④ 윤리적 소비

12
기업가 정신은 혁신적 사고와 창의성을 바탕으로 변화에 대응하고 위험을 무릅쓰며 도전하는 기업가의 자세를 말한다.

ANSWER
11. ③ 12. ①

13 기업의 사회적 책임에 대한 설명으로 옳은 것은?

① 생산 요소를 제공한다.

② 이윤 추구가 최우선이 되어야 한다.

③ 이윤을 사회에 적절하게 환원해야 한다.

④ 경제 정책을 마련하고 공익을 추구한다.

13
기업의 사회적 책임이란 공정하게 경쟁하고 건전한 이윤을 추구하면서 환경과 공동체 전체를 배려해야 하는 의식을 말한다.

14 밑줄 친 '근로 3권'에 해당하지 않는 것은?

기출

> 우리 헌법은 경제적 약자인 근로자들이 사용자와 대등한 지위에서 근로 조건을 결정할 수 있도록 하기 위하여 근로 3권을 부여하고 있다.

① 단결권

② 단체 교섭권

③ 단체 행동권

④ 행복 추구권

14
근로 3권에는 단결권, 단체 교섭권, 단체 행동권이 있다. 헌법, 근로 기준법, 최저 임금제, 남녀 고용 평등법, 노동조합 및 노동관계 조정법 등은 경제적 약자인 근로자를 보호하기 위한 법이다.

ANSWER
13. ③ **14.** ④

15 다음 설명에 해당하는 근로자의 권리는?

> 근로자가 근로 조건의 유지·개선을 위해 단체를 결성할 수 있는 권리

① 단결권
② 단체 교섭권
③ 단체 행동권
④ 단체 요구권

15
근로 3권 중 단결권에 대한 내용이다.

16 다음 설명에 해당하는 것은?

기출

> 다른 사람에게 보여주기 위해 높은 가격을 기꺼이 지불하는 소비 행태이다. 고급 사치품이 비쌀수록 잘 팔리는 것처럼 허영심에 의해 수요가 발생하는 현상이다.

① 나비 효과
② 베블렌 효과
③ 스노브 효과
④ 하우스 푸어

16
베블렌 효과(과시 소비)는 자신의 부를 남에게 보여 주기 위해 소비가 이루어지는 형태로 비합리적인 소비에 해당한다.

ANSWER
15. ① 16. ②

17 다음 중 윤리적 소비와 관련이 <u>없는</u> 것은?

과난도 ① 친환경 제품을 구매한다.

② 공정 무역 제품을 구매한다.

③ 동물 실험을 하지 않는 제품을 선택한다.

④ 다국적 기업이 생산하는 제품을 구매한다.

18 다음 중 합리적 소비 활동으로 옳지 <u>않은</u> 것은?

① 주어진 소득 내에서 소비한다.

② 편익보다 비용이 크도록 소비한다.

③ 과시 소비나 모방 소비를 하지 않는다.

④ 수입과 지출의 균형을 맞추어 소비한다.

17

윤리적 소비란 원료 재배, 제품의 생산 및 유통 과정이 인간, 동물, 환경에 해를 끼치지 않는 윤리적인 상품을 구매하는 것을 말한다.

18

합리적 소비란 주어진 소득 내에서 상품에 대한 정보를 바탕으로 비용보다 편익이 크도록 지출하는 것을 말한다.

ANSWER
17. ④ 18. ②

19 기출 다음 주장을 설명하기에 적절한 경제 용어는?

> 각국은 생산비가 상대적으로 더 저렴한 상품의 생산을 늘려 서로 수출하면, 모두 이익을 볼 수 있다.

① 경상 수지
② 비교 우위
③ 인적 자본
④ 경기 변동

20 다음 빈칸에 들어갈 용어로 옳은 것은?

국가마다 생산비의 차이가 나타난다.

↓

각국은 생산에 유리한 품목을 (   )하여 교역한다.

① 환율
② 특화
③ 수입
④ 수출

19

무역 발생 원리인 비교 우위는 상품을 다른 생산자에 비해 상대적으로 저렴한 비용으로, 즉 효율적으로 생산할 수 있는 능력을 말한다. 한 국가가 다른 국가에 비해 모든 상품에 대해 절대 우위가 있더라도 비교 우위에 있는 상품을 특화 생산하여 교역하면 양국 모두 이익을 얻을 수 있다.

20

특화는 다른 나라에 비해 생산하기에 유리한 상품을 전문적으로 생산하는 것이다. 각 국가는 생산비에 차이가 나기 때문에 각국은 상대적으로 더 적은 생산비로 더 잘 만들 수 있는 재화와 서비스를 특화하여 교역하는 것이 이익이다.

ANSWER
19. ② 20. ②

21
기출 국제 거래 확대의 장점으로 적절하지 <u>않은</u> 것은?

① 기업은 시장의 확대로 이윤을 증대할 수 있다.

② 국내에서 다른 나라의 상품을 쉽게 살 수 있다.

③ 재화와 서비스에 대한 소비자의 선택 폭이 확대될
수 있다.

④ 국내 경제에 미치는 해외 경제 불안 요인의 영향이
커질 수 있다.

21

국제 거래의 확대로 소비자는 상품 선택의 폭이 넓어지고, 기업은 시장의 확대로 이윤이 증대된다. 선진국과 개발 도상국 간의 협력 증대로 생산 기술이나 자본이 이전되어 개발 도상국의 발전에 도움이 되기도 한다. 하지만 선진국과 개발 도상국 간의 경제적 불평등이 커지고, 국제 경쟁력을 갖추지 못한 국내 기업은 위축된다. 국가 간 마찰이 증대되며, 특정 국가에서 시작된 경제 위기가 여러 국가로 파급되어 해외 경제 불안 요인이 국내 경제에 미치는 영향력도 커지게 된다.

22 세계화 시대의 국제 무역의 영향으로 옳은 것은?

① 국가 간 마찰이 감소한다.

② 국가 간 무역 장벽이 강화된다.

③ 기업은 더 많은 상품을 판매하여 이윤을 창출할 수
있다.

④ 기업은 대량 생산하게 되므로 규모의 경제에 따라
생산비가 상승한다.

22

세계화의 영향으로 국가 간 무역 장벽이 철폐되어 국제 거래량이 증가하였고, 국가 간 마찰이 증가하였다. 기업은 비교 우위 상품을 대량 생산하게 되어 규모의 경제에 따라 생산비를 절감할 수 있게 되었다.

ANSWER
21. ④ **22.** ③

23 기출 다음 내용과 관련이 있는 것은?

> • 국제 무역과 관련된 규범의 제정과 운영
> • 회원들 간에 발생하는 무역 마찰 문제 해결
> • 1995년에 출범하여 전 세계의 자유 무역 실현

① 유럽 연합(EU)
② 세계 무역 기구(WTO)
③ 북미 자유 무역 협정(NAFTA)
④ 동남아시아 국가 연합(ASEAN)

24 기출 국제 경제 협력을 위한 국제기구로 볼 수 <u>없는</u> 것은?

① 세계 무역 기구(WTO)
② 경제 협력 개발 기구(OECD)
③ 아시아 · 태평양 경제 협력체(APEC)
④ 국제 연합 교육 과학 문화 기구(UNESCO)

23
세계 무역 기구(WTO)는 자유 무역을 확대하고 회원국 간의 통상 분쟁을 해결하며 국제 교역을 촉진하기 위해 1995년 설립된 국제기구이다. 세계화가 더욱 가속화되고 있어 세계 무역 기구(WTO)의 역할이 더욱 증대되고 있다.

24
세계 무역 기구(WTO), 경제 협력 개발 기구(OECD), 아시아 · 태평양 경제 협력체(APEC)는 모두 국제 경제 협력과 관련된 국제기구이다. 국제 연합 교육 과학 문화 기구(UNESCO, 유네스코)는 교육 · 과학 · 문화의 보급 및 교류를 통하여 국가 간의 협력 증진을 목적으로 설립된 국제 연합 전문 기구이며, 인류가 보존 · 보호해야 할 문화, 자연유산을 세계 유산으로 지정하여 보호한다.

ANSWER
23. ② 24. ④

25 다음과 같은 현상이 가져온 결과로 옳은 것은?

① 회원국 간 무역 규모가 감소한다.
② 비회원국 간 경제적 교류가 증가한다.
③ 회원국 간 관세나 무역 장벽을 철폐한다.
④ 회원국 간 정치적·군사적 협력을 강화한다.

26 기출 다음에서 설명하는 것은?

> • 국가 간에 상품이나 서비스의 교역에서 관세 및 무역 장벽을 완화하거나 제거하는 양자 간의 경제 협정을 말한다.
> • 우리나라는 수출 경쟁력을 유지하고 안정적인 국외 시장의 확보를 위해 세계 여러 나라와 이 협정을 맺고 있다.

① EU
② FTA
③ APEC
④ ASEAN

25
지역 경제 공동체는 세계화 속에서 지리적으로 인접하여 상호 의존성이 높은 국가들이 경제적 효율성을 높이기 위해 형성한 공동체이다. 이들 공동체는 회원국 간 관세나 무역 장벽을 철폐 또는 완화하여 자원의 효율적 이용을 추구한다.

26
자유 무역 협정(FTA)은 특정 국가 간의 상호 무역 증진을 위해 물자나 서비스 이동을 자유화시키는 협정으로, 나라와 나라 사이의 제반 무역 장벽을 완화하거나 철폐하여 무역 자유화를 실현하기 위한 양국 간 또는 지역 사이에 체결하는 무역 협정이다.

ANSWER
25. ③ 26. ②

27
기출

다음에서 설명하는 자산 관리의 원칙은?

> • 투자한 자산의 가치가 보호될 수 있는 정도를 의미
>   한다.
> • 금융 상품의 경우 원금의 가치가 손해 없이 잘 보전
>   되는 정도를 의미한다.

① 안전성
② 수익성
③ 유동성
④ 투기성

27
자산 관리의 원칙 중 안전성은 투자한 자산이 얼마나 안전하게 보호될 수 있는가를 의미한다.

28

다음에 해당하는 자산의 설명으로 옳은 것은?

> 기업이 사업 자금을 조달하기 위해 투자자로부터 돈
> 을 받고 발행하는 증서이다.

① 정해진 이자를 기대할 수 있다.
② 일반인이 직접 기업에 투자할 수 있다.
③ 자산 운용 전문 기관에서 주로 운용한다.
④ 다른 저축 수단에 비해 안전성이 매우 높다.

28
주식은 일반인도 직접 기업에 투자할 수 있는 저축 수단으로, 기업의 실적에 따라 예금보다 높은 이익을 얻을 수 있지만 기업이 파산하면 원금을 잃을 위험이 있다.
①·④는 예금, ③은 펀드에 해당한다.

29 다음에서 설명하는 것은?

기출

> 정부, 공공 기관, 회사 등이 자금을 빌리기 위해 발행하는 증서를 말한다.

① 예금
② 주식
③ 채권
④ 부동산

30 다음 밑줄 친 ㉠~㉢에 대한 설명으로 옳은 것은?

고난도

> • 갑은 입출금이 자유로운 ㉠ 예금을 하고 있다.
> • 을은 ㉡ 주식 투자를 하고 있다.
> • 병은 ㉢ 부동산에 투자하였다.

① ㉠은 ㉡보다 수익성이 높다.
② ㉠은 ㉡보다 안전성이 높다.
③ ㉡은 ㉢보다 유동성이 낮다.
④ ㉡은 ㉠보다 위험성이 낮다.

29

채권은 국가, 지방 자치 단체, 기업 등이 투자자로부터 필요한 자금을 빌리면서 발행한 증서로 미래의 정해진 시점에 일정한 이자와 원금을 지급하기로 약속한 증표이다.

30

일반적으로 예금은 원금이 보전된다. 부동산 역시 실물 자산이기 때문에 그 가치는 변동이 있을 수 있지만 가치 자체가 소멸되는 경우는 거의 없다. 하지만 주식은 경제 상황 등에 따라 등락의 폭이 크기 때문에 안전성 측면에서는 예금이나 부동산보다 떨어진다.

ANSWER

29. ③   **30.** ②

31 생애 주기에 따른 단계별 과업을 바르게 연결한 것은?

① 아동기 – 경제 활동 시작

② 청년기 – 자아 정체성 형성

③ 중·장년기 – 적성과 소질에 대한 탐색

④ 노년기 – 은퇴 이후의 삶에 적응

31

노년기의 발달 과업은 은퇴 이후의 삶에 적응하며 적절한 경제생활을 영위하고 여가를 즐기는 것이다. 또한 신체적 노화를 긍정적으로 수용하고 건강 관리를 하며, 자기 죽음을 준비하게 된다.

32 개인의 재무 설계에 대한 설명으로 적절하지 <u>않은</u> 것은?

기출

① 생애 주기 전체를 고려해야 한다.

② 자금에 대한 계획을 세우는 것이다.

③ 재무 목표를 세우고 합리적인 투자 계획을 수립한다.

④ 미래 소득을 제외하고 현재 소득만을 고려하여 재무 목표를 세워야 한다.

32

재무 설계는 생애 주기 전체를 고려하여 인생의 목표 달성을 위해 연령대에 맞게 자금 계획을 세우는 것을 말한다. 제한된 소득을 현재와 미래에 배분함으로써 안정적인 삶을 살기 위하여 자산, 부채, 수입, 지출 등의 개인적 자료를 수집하고 분석한 후 자신이 원하는 목표에 도달할 수 있도록 계획, 실행, 평가한다.

ANSWER

31. ④ 32. ④

사회 정의와 불평등

정의의 다양한 의미, 정의의 기준(능력·필요·업적에 따른 분배)을 구분할 수 있어야 하며, 자유주의적 정의관과 공동체주의적 정의관의 특징을 정확하게 비교하면서 정리하면 학습에 도움이 됩니다. 사회에 존재하는 불평등의 다양한 양상을 분석하고, 불평등을 해소하기 위해 실시되고 있는 적극적 우대 조치와 사회 복지 제도의 종류를 꼼꼼하게 정리해 두어야 합니다.

01 정의의 의미와 실질적 기준

1 정의의 의미와 역할

(1) 정의의 의미

① 좁은 의미 : 사회적 대우에 있어 '마땅히 받을 만한 각자의 몫'을 공정하게 받는 것

② 넓은 의미 : 사회를 구성하고 유지하기 위해 사회 구성원들이 추구해야 할 올바르고 공정한 도리

③ 시대와 장소에 따른 정의의 관점

　㉠ 동양 : 의(義, 의로움, 옳음)라고 주장 → 공자는 '정도(正道)를 이루며 사는 것'이라고 함

　㉡ 서양 : 각자에게 그의 몫을 주는 것

　　ⓐ 플라톤 : 정의란 각자의 능력과 소질에 따라 사회적 지위와 역할이 조화롭게 배분된 상태이다.

　　ⓑ 아리스토텔레스

일반적 정의	정의란 법을 준수하는 것이다.
특수적 정의	• 분배적 정의 : 정의란 각자가 지닌 능력에 따라 각자의 몫을 공정하게 분배하는 것이다. • 교환적 정의 : 정의란 교환의 결과가 공정하게 이루어지는 것이다. • 교정적 정의 : 정의란 잘못된 것을 바로잡은 것이다.

　㉢ 오늘날 : 사회가 추구해야 할 최고의 덕목으로 정의로운 사회를 지향하는 것

(2) 정의의 역할

① 옳고 그름에 관한 판단 기준을 마련하여 사회 갈등을 공정하게 해결하고 사회 혼란을 방지한다.

② 사회 구성원의 자유와 권리가 보장되고, 인간다운 삶을 살 수 있게 된다.

③ 정의로운 사회는 사회 구성원들의 협력을 이끌어 내어 사회 통합을 이루고, 개인선과 공동선을 실현한다.

개인선과 공동선 ▾	검색

- 개인선 : 개인이 사적으로 추구하는 이익이나 가치
- 공동선 : 사회가 추구하는 공동의 이익이나 가치

심화학습 > 정의의 중요성

사상 체계의 제1덕목을 진리라고 한다면, 사회 제도의 제1덕목은 정의이다. 이론이 아무리 정교하고 간결하다 할지라도 그것이 진리가 아니라면 배척되거나 수정되어야 하듯이, 법이나 제도가 아무리 효율적이고 정연할지라도 정의롭지 못하면 개혁되거나 폐기되어야 한다. 모든 사람은 전체 사회의 복지를 위한다는 이유로도 결코 침해될 수 없는 기본적 권리를 가진다. 그러므로 정의는 타인이 갖게 될 더 큰 선을 위하여 소수의 자유를 뺏는 것이 정당화될 수 없다고 본다. —롤스, 「정의론」–

롤스는 정의란 사회 제도가 추구해야 할 제1의 덕목으로, 사회 제도가 정의롭지 못하면 사회 구성원의 기본적 권리를 침해할 수 있기 때문에 개선되어야 한다고 주장하였다. 또한 아무리 공익에 도움이 된다고 할지라도, 구성원 모두의 인권을 존중하며 소수를 희생시키지 않는 것이 정의라고 보았다.

2 정의의 실질적 기준 중요+

(1) 능력에 따른 분배

① 의미 : 개인의 육체적 · 정신적 능력에 따라 보상을 분배하는 것

→ 개인의 자질에 따라 입학, 소득, 사회적 지위 등이 분배되는 것임

② 장점 : 능력에 따라 대우가 달라지기 때문에 개인의 잠재력과 재능을 발휘할 수 있다.

③ 단 점

㉠ 타고난 재능이나 환경과 같은 선천적 · 우연적 요소의 영향을 무시할 경우 사회 불평등이 더욱 심화될 수 있다.

㉡ 정확한 기준으로 개인의 능력을 평가하는 것이 어렵다.

④ 사례 : 기업에서 능력을 중심으로 사원 선발, 대학 입시에서 잠재력과 재능을 보고 학생 선발

(2) 업적에 따른 분배

① 의미 : 성취한 업적이나 성과에 따라 분배하는 것

② 장점

　⑦ 개인의 업적을 객관화·수량화할 수 있어 비교적 공정한 평가가 이루어지고, 분배의 몫을 정하기 쉽다.

　ⓒ 개인의 성취동기나 창의성을 자극하여 생산성과 효율성을 높인다.

③ 단점

　⑦ 사회적 약자에 대한 배려 부족으로 인해 빈부 격차가 심화될 수 있다.

　ⓒ 과열 경쟁으로 인해 사회 구성원 사이에 갈등이 발생할 수 있다.

　ⓒ 서로 다른 종류의 업적을 평가하는 기준을 마련하기 어렵다.

④ 사례 : 판매 우수 사원 성과급 지급, 성적 우수자 장학금 지급

(3) 필요에 따른 분배

① 의미 : 인간다운 삶을 살 수 있도록 기본적인 필요나 욕구를 충족하도록 분배하는 것

② 장점 : 사회 불평등을 개선하고, 최대한 많은 사람의 인간다운 삶을 보장하려고 한다.

③ 단점

　⑦ 사회적·경제적 자원은 한정되어 있으므로 모두의 필요와 욕구를 만족시킬 수 없다.

　ⓒ 개인의 성취동기와 노동 의욕을 저하시켜 경제적 효율성이 낮아진다.

④ 사례 : 실업 수당 제도, 장애인 고용 촉진 제도, 저소득층 교육비 지원 제도 등

> **잠깐**
> **절대적 평등에 따른 분배**
> 모든 사람에게 똑같이 나눠 경제적 평등을 실현할 수 있지만 열심히 일하려는 의욕이나 창의성이 저하되고, 경제적 효율성을 떨어뜨릴 수 있다.

02 다양한 정의관의 특징과 적용 중요*

1 자유주의적 정의관

(1) 사상적 기반

① 자유주의

    ㉠ 개인의 자유와 권리를 무엇보다 소중하고 최우선인 가치로 보는 사상

    ㉡ 개인은 공동체의 가치로부터 독립적이고 자율적이며 존엄한 존재이다.

    ㉢ 개인은 원하는 삶을 살아갈 권리가 있다.

② 개인주의 : 개인이 국가나 사회보다 우선한다고 바라보는 사상

(2) 특 징

① 개인과 공동체를 바라보는 관점

개 인	• 개인은 스스로 삶의 목적과 행동을 선택하고 경쟁할 수 있는 합리적이며 독립적인 존재이다. • 타인의 자유를 침해하지 않는 선에서 개인선을 실현한다. • 개인선이 실현되면 자연스럽게 공동선으로 이어진다고 보았다. • 개인이 자유로운 경쟁을 통해 공정하게 이익을 추구하다 보면 사회 전체가 풍요로워진다.
공동체	• 공동체는 개인에게 특정한 가치를 강요하거나 개인의 행위에 개입해서는 안 된다. • 국가나 사회는 개인의 자유와 권리, 선택권을 최대한 허용해야 하며, 개인에게 특정한 가치를 강요해서는 안 된다. • 국가는 국민의 자유를 보호하기 위한 최소한의 역할만 담당한다.

② 장점 : 개인의 자유와 권리, 사적 이익 추구를 최대한 보장하여 개인선을 실현한다.

③ 단 점

    ㉠ 이기주의로 변질될 경우 타인의 자유와 권리를 침해하고 공동체에 피해를 입힌다.

    ㉡ 배려가 필요한 사회적 약자들이 경쟁에서 도태되는 경우가 발생한다.

(3) 대표적 사상가

① 노 직

    ㉠ 개인의 자유와 소유권을 보장하는 것이 정의로움이라고 주장하였다.

        → 소유 권리로서의 정의

    ㉡ 개인의 권리와 소유권을 범죄로부터 보호하는 역할만 하는 최소 국가를 정의롭다고 주장하였다.

    ㉢ 조세 정책이나 복지 제도와 같은 소득 재분배 정책은 반대하였다.

② 롤 스

    ㉠ 개인의 자유와 권리를 실현하고, 사회적 불평등을 해소하기 위해 어느 정도 국가의 역할은 필요하다고 인정하였다.

    ㉡ 공정한 절차를 통해 합의된 것이 정의로움이라고 주장하였다. → 공정으로서의 정의

심화학습 ▷ 롤스의 정의의 원칙

1) 제1원칙 : 개인은 기본적 자유에서 평등한 권리를 지녀야 한다.

2) 제2원칙 : 사회적·경제적 불평등은 다음 두 가지 조건이 충족될 때 허용된다. 최소 수혜자에게 최대의 이익을 보장하도록 이루어져야 하고(차등의 원칙), 공정한 기회균등의 원칙에 따라 모든 사람에게 직책이나 직위가 개방되어야 한다(기회균등의 원칙).

---

2 공동체주의적 정의관

(1) 사상적 기반

① 공동체주의

    ㉠ 개인의 삶에서 공동체가 가지는 의미를 우선시하는 사상

    ㉡ 개인과 공동체는 유기적 관계에 있기 때문에 개인은 공동체에 소속되어 정체성을 형성하는 존재이다.

② 공동체 안에서 분배의 기준이 공정하고 올바르게 정립되었을 때, 개인의 삶도 행복해질 수 있다.

(2) 특 징

① 개인과 공동체를 바라보는 관점

개 인	• 공동선을 위해 연대 의식을 가지고 사회적 책임과 의무를 다해야 한다. • 기부나 봉사와 같은 희생정신을 실천한다. • 개인이 각자의 역할을 다하면서 공동선을 실현하는 것이 정의로움이라고 보았다. • 공동선이 실현되면 자연스럽게 사회 구성원 각자의 개인선으로 이어진다고 보았다.
공동체	• 공동체는 개인이 공동체의 가치를 내면화하고, 좋은 삶을 실천하도록 이끌어 주며, 개인의 선택에 개입한다. • 국가가 사회적 불평등 문제를 해결한다. • 분배의 기준은 공동체 구성원이 공유하는 가치와 목적을 고려하여 결정한다.

② 장점 : 개인과 공동체 모두의 행복 증진을 추구한다.

③ 단 점

㉠ 공동체의 이익을 중시하는 집단주의로 변질될 경우, 공동체의 목적 달성을 위해 개인의 자유와 권리가 위축된다.

㉡ 공동체에 대한 불신으로 다양한 사회 갈등이 발생한다.

(3) 대표적 사상가

매킨타이어	공동체의 가치와 전통을 존중하는 것이 정의로움이다.
샌 델	연고 의식과 책임 의식을 가지고 공동체의 활동에 참여하는 것이 정의로움이다.
왈 처	사회적 가치를 갖는 재화마다 각기 다른 분배 기준이 필요하다.
타일러	공동체적 삶을 토대로 개인의 자아 정체성이 형성된다.

심화학습 > **매킨타이어의 공동체주의**

인간은 개인의 자격만으로는 선을 탐구할 수도 없고 덕을 실천할 수도 없다. …… 나는 누군가의 아들 또는 딸이고, 누군가의 사촌 혹은 삼촌이다. 나는 이 도시 혹은 저 도시의 시민이며, 이 조합 또는 저 집단의 구성원이다. 그렇기 때문에 나에게 좋은 것은 공동체에서 이러한 역할을 담당하는 누구에게나 좋아야 한다. 이러한 역할들의 담지자로서 나는 가족, 도시, 부족, 민족으로부터 다양한 부담과 유산, 정당한 기대와 책무들을 물려받는다. 그것들은 삶의 도덕적 출발점을 구성한다. ─ 매킨타이어, 〈덕의 상실〉─

(4) 자유주의와 공동체주의적 정의관의 조화

① 개인의 권리를 중시하는 자유주의적 정의관과 공동선 추구를 중시하는 공동체주의적 정의관이 조화를 이루어야 정의로운 사회가 실현될 수 있다.

② 개인은 공동체에 대한 책임과 의무를 다하고, 공동체는 개인의 권리를 보장해야 한다.

심화학습 자유주의적 정의관과 공동체주의적 정의관의 조화

> 어느 한 마을에 사람들이 공동으로 소유한 목초지에 자유롭게 소를 풀어 놓고 풀을 먹일 수 있다. 어느 날 마을 사람 중 한 명이 몇 마리의 소를 더 사들여 공유지의 풀을 먹게 하였다. 이를 본 이웃들도 더 많은 이익을 얻기 위해 더 많은 소를 사들여 공유지에 풀어 놓기 시작하였다. 그러다 보니 공유지에는 점점 더 많은 소가 들어차게 되었고, 새로운 풀이 자랄 겨를도 없이 풀이 남아 있지 않게 되었다. 결국 공유지는 황무지가 되었고, 아무도 소를 기를 수 없게 되었다.

개인의 재산권이 인정되기 어려운 공유지는 소유자가 명확하지 않고, 누구나 제한 없이 사용할 수 있기 때문에 사람들은 더 많이 사용하려고 한다. 그러다 보면 결국 고갈되어 아무도 사용할 수 없게 되는데, 이러한 현상을 '공유지의 비극'이라고 한다. 즉 개인의 지나친 사익 추구가 공동선을 파괴할 수 있음을 의미하는데, 이를 막기 위해서는 개인선과 공동선의 조화를 추구해야 한다.

03 불평등의 해결과 정의의 실현

1 사회 불평등

(1) 의 미

사회적 자원이 불평등하게 분배되어 개인이나 지역 등이 차지하는 위치가 서열화되어 있는 현상

(2) 발생 원인

① 부, 권력, 쾌적한 거주 공간 등과 같은 희소한 자원을 둘러싼 치열한 경쟁의 결과, 능력이나 업적에 따라 자원이 차등적으로 분배되었다.

② 사회 제도와 구조 안에서 사회적 지위와 역할에 따라 차별적으로 대우하였다.

(3) 영 향

① 대부분의 사회에서 불가피하게 나타나는 현상이다.

② 사회적 갈등이 발생하여 사회 통합을 저해한다.

2 사회 불평등의 다양한 양상

(1) 사회 계층의 양극화

① 의미 : 불평등의 심화로 사회 계층 중에서 중간 계층의 비중이 줄고, 상층과 하층의 비중이 늘어나는 현상

② 원인 : 소득이나 재산과 같은 경제적 차이 때문에 발생한다.

③ 영 향

　㉠ 사회 이동을 어렵게 하여 계층 대물림 현상이 발생한다.

　㉡ 계층 간 위화감을 조성하고, 사회 발전의 동력을 저하시킨다.

　㉢ 경제적 격차로 인한 불평등은 주거, 교육, 여가 등 사회 구성원들의 전반적인 생활 양식에 영향을 미친다.

(2) 공간 불평등

① 원인 : 1960년대 이후 추진된 성장 거점 개발 방식의 지역 개발로 지역 격차가 심화되었다.

> **성장 거점** ［검색］
> 자본과 기술을 투자했을 때 성장의 효과가 다른 지역에 비해 높게 나타날 것으로 예상되는 지역

② 사 례

　㉠ 지역 간 불평등

　　ⓐ 수도권 및 대도시 지역 : 산업, 편의 시설 등이 과도하게 투자되어 인구가 집중되고 경제가 활성화되었다.

　　ⓑ 비수도권 및 농촌 지역 : 상대적으로 투자가 소홀하여 교통, 문화 및 교육 시설의 부족으로 생활 환경이 열악해졌다. → 인구가 지속적으로 유출되고, 지역 경제가 침체됨

　㉡ 지역 내 불평등

　　ⓐ 도시 내의 고소득층 거주 지역 : 대중교통 및 각종 기반 시설이 잘 갖추어져 있다.

　　ⓑ 도시 내의 저소득층 거주 지역 : 주택이 노후화되고 기반 시설이 열악하다.

③ 영향 : 지역 주민들 간의 갈등이 심화되어 사회 통합을 저해한다.

(3) 사회적 약자에 대한 차별

① 사회적 약자 : 경제 수준 등에서 상대적으로 열악한 위치에 있기 때문에 배려와 보호의 대상이 되는 개인 또는 집단

> **사회적 약자의 상대성** ▼ 검색
>
> 사회적 약자에 대한 인식은 시대적·공간적 상황에 따라 달라진다.

② **차별의 원인** : 성별, 인종, 국적, 종교, 장애, 경제력, 사회적 지위 등의 차이를 기준으로 선입견이나 편견을 가지고 대우한다.

③ **영향** : 개인의 능력이나 업적을 인정받지 못하기 때문에 기본적인 권리를 박탈당한다.

> **유리 천장** ▼ 검색
>
> 여성이나 소수자의 고위직 승진을 막는 조직 내의 보이지 않는 장벽

④ 사회적 약자의 유형과 차별의 양상

여 성	법적으로는 남녀가 평등하지만 직장 안에서는 여전히 차별받고 있다.
노인, 장애인	신체적 능력이 부족하다는 이유로 소외되고 있다.
빈곤층	경제적 능력이 부족하여 의료 및 교육 서비스를 제공받지 못한다.
중소기업	대기업에 예속되는 등의 어려움을 겪고 있다.
기 타	이주 노동자, 북한 이탈 주민 등

심화학습 ── 다양한 불평등 현상

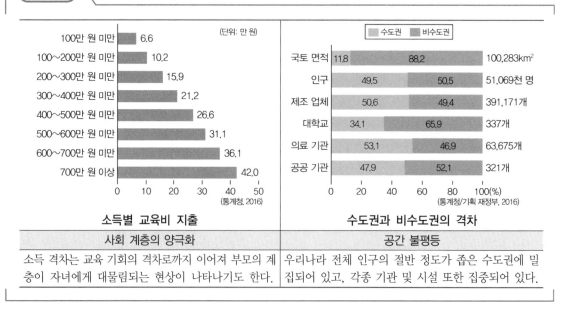

소득별 교육비 지출 (통계청, 2016)

수도권과 비수도권의 격차 (통계청/기획 재정부, 2016)

사회 계층의 양극화	공간 불평등
소득 격차는 교육 기회의 격차로까지 이어져 부모의 계층이 자녀에게 대물림되는 현상이 나타나기도 한다.	우리나라 전체 인구의 절반 정도가 좁은 수도권에 밀집되어 있고, 각종 기관 및 시설 또한 집중되어 있다.

3 정의로운 사회를 위한 노력 중요⁺

(1) 사회 복지 제도

① 의미 : 사회 구성원이 질병, 실업, 빈곤, 재해 등 사회적 위험으로부터 벗어나 최소한의 인간다운 삶을 살 수 있도록 지원하는 제도

> **국민 기초 생활 보장 제도** ▾ 검색
> 소득이 최저 생계비에 미달하는 빈곤층에게 생계, 주거, 의료 등 필요한 급여를 지원하는 제도

② 방향 : 사회 복지 제도에 대한 지속적 논의를 통해 제도를 개선하고 발전시켜야 한다.

③ 목적 : 사회 구성원 간의 사회적 격차를 줄이고, 사회 계층의 양극화 현상을 완화한다.

> **바로바로 CHECK√**
> **공공 부조에 해당하는 제도로 옳은 것은?**
> ① 국민 연금 제도
> ② 고용 보험 제도
> ③ 건강 보험 제도
> ❹ 국민 기초 생활 보장 제도

④ 종 류

종 류	내 용	사 례
사회 보험	• 일정 수준의 국민에게 보험 방식을 적용하여 사회적 위험에 국가적으로 대비한다. • 강제 가입의 원칙 • 보험료는 소득의 크기에 비례한다. • 개인, 사업주, 국가가 부담한다.	국민 건강 보험, 국민연금, 고용 보험, 산업 재해 보상 보험, 노인 장기 요양 보험 등
공공 부조	• 생활 유지 능력이 부족한 사람들에게 최저 생활을 보장하고 자립을 지원한다. • 수혜자의 보험료 부담이 없고, 전액 국가가 부담한다. • 소득 재분배 효과가 크다.	국민 기초 생활 보장 제도, 의료 급여, 기초 연금 등
사회 서비스	• 도움이 필요한 사회적 약자에게 상담, 재활, 돌봄, 직업 소개 등 비금전적인 서비스를 지원하는 제도 • 지방 자치 단체 및 민간 부분이 부담한다.	돌봄 서비스, 가사와 간병 서비스 등

심화학습 사회 복지 제도

> 부양하지 않는 자식이 소득이 있다는 이유로 국민 기초 생활 보장에서 제외된 독거 어르신 등 ○○시 빈곤층 4만여 명에게 오는 7월부터 최저 생계비가 지급된다. ○○시는 '○○형 기초 보장 제도' 세부 운영 기준을 확정하고 각 지역 주민 센터를 통해 신청 접수한 뒤, 내달 1일부터 최저 생계비를 지급한다고 24일 밝혔다. ○○형 기초 보장 제도는 최저 생계비 이하의 생활을 하고 있으면서도 부양 의무자 기준 등 법정 요건이 맞지 않아 정부의 보호 밖에 있는 비수급 빈곤층에게 최소한의 생계를 보장해주는 제도이다.   —○○신문, 2013. 6—

국민 기초 생활 보장 제도는 최저 생계비 이하의 모든 국민에게 국가가 기본적인 생활을 할 수 있도록 보장해주는 제도이다. '○○형 기초 보장 제도'는 실제로는 경제적 형편이 좋지 않지만 국민 기초 생활 보장 제도의 혜택을 받지 못하는 사람들, 즉 복지의 사각지대에 놓여 있는 사람들의 최소한의 인간다운 삶을 보장해 주기 위한 제도이다.

(2) 적극적 우대 조치

① 의미 : 차별을 받아 온 집단의 구성원인 사회적 약자에게 우선적으로 기회와 혜택을 부여하는 제도

> **역차별** ▼ 검색
>
> 부당한 차별을 받는 대상을 보호하기 위한 제도나 장치가 너무 강하여 오히려 반대편이 차별을 받는 것

② 원칙 : 기회의 평등을 원칙으로 하면서 일시적으로 결과의 평등, 즉 실질적 평등을 고려한다.

③ 유의점 : 역차별이 발생할 수 있기 때문에 사회적 약자를 배려하는 정책의 방법과 수준에 대한 사회적 합의가 필요하다.

④ 사 례

　　㉠ 여성 고용 할당제 : 여성의 경제 활동 참여를 확대하고 채용과 승진 시 일정 수의 인원을 여성에게 분배하도록 하는 제도

> **바로 바로 CHECK√**
>
> 다음 정책의 공통적인 목적으로 적절한 것은?
>
> ・여성 고용 할당제
> ・장애인 의무 고용제
>
> ① 지역 격차 해소　② 전통 문화 보존
> ③ 세대 갈등 해소　❹ 사회적 약자 보호

　　㉡ 장애인 의무 고용제 : 장애인의 고용 기회를 확대하기 위해, 일정 수 이상의 근로자를 고용하고 있는 사업주에게 의무적으로 장애인을 일정 비율 고용하도록 하는 제도

ⓒ 농어촌 지역 학생 특별 전형 : 대학 입시에서 농어촌 지역 학생에게 특별 전형으로 약간의 혜택을 주는 방식

ⓔ 지역 할당제 : 지방 출신 인재를 일정 비율 뽑도록 하는 제도로, 일부 시중 은행에서 실시하고 있다.

심화학습 적극적 우대 조치

적극적 우대 조치는 기회의 평등, 형식적 평등을 넘어서 결과의 평등, 실질적 평등을 이루기 위해 등장한 개념이다. 취업, 대학 입학, 정부 발주 공사의 입찰 등에 있어서 정부의 도움이 필요한 여성, 장애인 등 사회적·경제적 약자들에 대한 우선적 처우나 적극적 특혜 조치를 부여함으로써 실질적 평등을 실현한다. 적극적 우대 조치는 사회적 약자에게 더 많은 기회를 제공하여 그렇지 않은 사람들의 기회가 줄어든다는 측면에서 역차별을 초래할 수 있다.

---

(3) 공간 불평등 완화 노력

① 균형 개발 방식 추진 : 공공 기관이나 기업 등의 지방 이전을 통해 수도권의 기능을 분산시킨다.

② 자립형 지역 발전 전략 추진

ⓐ 지역의 특성을 고려하고, 지역 간 연계 및 협력 증진을 통하여 지역 경쟁력을 높이는 개발 방식이다.

ⓑ 지역이 자율적으로 주도하는 발전 방식이다.

ⓒ 지역 축제 등 지역의 개성을 살린 특성화된 관광 자원을 개발한다.

③ 도시 내부의 공간 불평등 해결 노력

ⓐ 저렴한 주택을 공급하고 노후 불량 주택을 개선한다.

ⓑ 도시 기반 시설을 확충하고 도시 환경을 정비하고 개선한다.

> **바로 바로 CHECK√**
>
> 지역 격차를 해소하기 위한 정책으로 알 맞은 것은?
> ① 독과점의 제한
> ② 여성 고용 할당제
> ③ 장애인 의무 고용제
> ❹ 공공 기관 지방 이전

(4) 개인적 차원의 노력

① 사회적 불평등에 대한 성찰 : 불평등 현상에 대한 문제를 인식하고 해결 의지를 가진다.

② 사회적 약자의 자립을 위한 실천

    ㉠ 사회적 약자의 입장에 대해 공감하고, 누구나 동등한 인격체로 대우함으로써 공동체 의식을 함양한다.

    ㉡ 사회적 약자에 대한 편견과 고정 관념을 버린다.

    ㉢ 기부나 봉사활동, 시민 단체 등과 같은 활동에 적극적으로 참여한다.

> **바로 바로 CHECK✓**
>
> 성장 거점 개발 방식에 대한 설명으로 적절하지 <u>않은</u> 것은?
> ① 효율성 극대화가 목표이다.
> ② 주로 개발 도상국에서 실시한다.
> ③ 중앙 정부에 의한 하향식 개발 방식이다.
> ❹ 낙후 지역을 우선 개발하여 지역 격차를 해소한다.

심화학습 지역 개발의 방식

구 분	성장 거점 개발 방식	균형 개발 방식
방 식	성장 잠재력이 큰 지역을 집중적으로 개발하여 이에 따른 이익이 다른 지역으로 파급되도록 유도하는 방식	낙후된 지역을 우선 개발하여 지역 격차를 해소하고, 지역 개발을 통한 이익을 지역에 나누려는 방식
개발 방법	성장 거점을 집중 개발	낙후된 지역을 우선 개발
개발 방향	하향식 개발	상향식 개발
추진 국가	개발 도상국	선진국
장 점	자원의 효율적 투자 가능	지역 간 균형 발전 가능
단 점	지역 격차가 심화됨(역류 효과)	비용이 많이 들고 효율성이 낮음
그 림	파급 효과 / 주변 지역 / 성장 거점 / 주변 지역 / 파급 효과	전국 생활권 / 대도시 생활권 / 중소도시 생활권

01 다음 빈칸에 들어갈 선생님의 질문으로 옳은 것은?

> 선생님 : _____
> A 학생 : 동양의 유교에서는 의로움, 옳음이라고 합니다.
> B 학생 : 현대 사회가 추구해야 할 최고의 덕목입니다.

① "정의란 무엇일까요?"
② "자유란 무엇일까요?"
③ "평등이란 무엇일까요?"
④ "기본권이란 무엇일까요?"

02 정의의 역할에 대한 설명으로 옳지 <u>않은</u> 것은?

① 개인선과 공동선을 실현한다.
② 사회 구성원의 기본적 권리를 보장한다.
③ 사회 구성원의 자유를 마음껏 누릴 수 있게 한다.
④ 사회 구성원들의 갈등을 공정하게 해결할 수 있게 한다.

01
정의의 의미를 유추하는 문제이다. 학생들의 대답은 동양에서의 정의와 현대 사회에서의 정의의 의미에 대한 내용이다.

02
정의는 무제한의 자유가 아니라 책임질 수 있는 자유만 보장한다. 정의는 옳고 그름에 관한 판단 기준을 마련하여 사회 갈등을 공정하게 해결하고, 사회 혼란을 방지하며, 사회 구성원의 자유와 권리를 보장하고, 인간다운 삶을 살 수 있게 한다. 또한 정의로운 사회는 사회 구성원들의 협력을 이끌어 내어 사회 통합을 이루고, 개인선과 공동선을 실현한다.

ANSWER

01. ① **02.** ③

03 다음과 같은 정의의 종류로 가장 적절한 것은?

> 각자가 마땅히 받아야 할 것을 받는 것이 정의이다.
> -아리스토텔레스-

① 분배적 정의
② 교정적 정의
③ 일반적 정의
④ 절차적 정의

04 다음 기사에서 실현하고자 하는 사회 정의로 옳은 것은?

> 가습기 살균제로 인해 산모, 영유아 등이 사망하면서 피해자와 유족들이 직접 기업을 상대로 소송을 시작하였다. 피해에 대한 보상과 함께 기업 대표에 대한 처벌을 요구하였고, 그 결과 가습기 살균제 특별법이 시행되었다.

① 일반적 정의
② 교정적 정의
③ 분배적 정의
④ 교환적 정의

03

아리스토텔레스의 분배적 정의는 지닌 능력에 따라 각자의 몫을 공정하게 분배하는 것을 말한다. 즉 각자에게 부나 권력 등 사회적 자원의 정당한 몫이 주어지는 것을 뜻한다.

04

잘못을 저질렀던 회사에 대해 소송을 하고 정의를 바로잡기 위해 교정적 정의를 실현하려는 것으로 볼 수 있다.

ANSWER
03. ① **04.** ②

05 업적에 따른 분배의 특징으로 옳은 것을 〈보기〉에서 모두 고른 것은?

```
┌보기┐
ㄱ. 개인의 성취동기를 자극한다.
ㄴ. 사회적 약자의 처지를 개선할 수 있다.
ㄷ. 업무 성과나 실적을 수량화하기가 어렵다.
ㄹ. 사회적 약자에 대한 배려가 부족할 수 있다.
```

① ㄱ, ㄷ

② ㄱ, ㄹ

③ ㄴ, ㄷ

④ ㄴ, ㄹ

[06~07] 다음 글을 보고 물음에 답하시오.

선생님 : 우리 음악 고등학교 예산으로는 올해 전교생 200명 중 15명에게 전액 장학금을 지급할 수 있습니다. 그런데 이 장학금을 어떤 기준에 따라 지급하는 것이 좋을까요?

A학생 : 제 생각에는 앞으로 성장할 가능성을 보고 재능 있는 학생을 뽑아 장학금을 지원하는 것이 좋을 것 같습니다.

B학생 : 제 생각은 달라요. 당연히 각종 경연 대회에서 우수한 성적을 거두어 학교의 위상을 높인 학생에게 장학금을 지급해야 합니다.

06 A 학생의 생각에 해당하는 분배의 기준은?

① 능력에 따른 분배

② 업적에 따른 분배

③ 필요에 따른 분배

④ 가치에 따른 분배

05

업적에 따른 분배는 개인의 업적을 객관화·수량화할 수 있어 비교적 공정한 평가가 이루어지고, 개인의 성취동기나 창의성을 자극하여 생산성과 효율성을 높인다. 그러나 사회적 약자에 대한 배려 부족으로 인해 빈부 격차가 심화될 수 있다.

06

A 학생은 개인이 지닌 잠재력과 재능, 능력을 장학금 분배의 기준으로 제시하고 있으므로 능력에 따른 분배에 해당한다.

ⒶⓃⓈⓌⒺⓇ

05. ② **06.** ①

07 B 학생의 관점에 대한 장점으로 옳은 것은?

고난도 ① 사회적 약자를 배려할 수 있다.

② 개인이 지닌 잠재력을 실현할 기회를 제공한다.

③ 최대한 많은 사람이 인간다운 삶을 살 수 있다.

④ 분배의 기준을 측정하는 데 있어 수량화가 가능하다.

08 다음과 같은 분배의 문제점으로 옳은 것은?

- 실업 수당
- 장애인 고용 촉진 제도
- 저소득층 교육비 지원 제도

① 사회적 불평등이 심화된다.

② 개인의 성취동기를 저하시킨다.

③ 구성원 간의 과열 경쟁을 유발한다.

④ 사회적 약자에 대한 배려가 부족해진다.

07

B 학생의 관점은 업적에 따른 분배로서, 각자가 달성한 결과를 객관화·수량화할 수 있어 평가와 측정이 비교적 쉽다. 성과급 제도, 성적 우수자 장학금 지급 등이 이에 해당한다.

08

제시된 제도는 필요한 사람들에게 자원을 배분하는 필요에 따른 분배이다. 이는 개인의 기여도와는 상관없이 분배가 이루어져서 성취동기를 저하시킬 수 있다.

ANSWER

07. ④   08. ②

09 자유주의적 정의관에 대한 설명으로 옳지 <u>않은</u> 것은?

① 개인주의에 기반을 둔다.

② 국가가 개인의 삶에 간섭하지 않는다.

③ 개인은 공동체를 위해 사회적 책임을 가진다.

④ 개인의 자유를 최대한 보장하는 것이 정의로움이다.

09
개인이 공동체를 위해 사회적 책임을 다하는 것은 공동체주의적 정의관과 관련된 내용이다.

10 다음 중 자유주의적 정의관의 문제점으로 옳은 것은?

① 이기주의의 등장

② 개인의 자유 침해

③ 개인의 권리 탄압

④ 국가의 과도한 간섭

10
자유주의가 이기주의로 변질될 경우 타인의 자유와 권리를 침해하고 공동체에 피해를 입히게 된다.

ANSWER
09. ③ 10. ①

11 다음과 같은 주장을 한 사상가는?

> 개인의 소유물을 어떻게 사용할 것인가는 개인의 자유로운 선택에 맡겨야 하며, 국가는 개인의 소유권을 보호하는 역할에 머물러야 한다.

① 샌델
② 노직
③ 롤스
④ 매킨타이어

12 롤스의 정의관에 대한 설명으로 옳지 <u>않은</u> 것은?

① 공정한 절차 중시
② 자유주의적 정의관
③ 최소 국가의 역할 추구
④ 개인의 자유와 권리 보장

11

노직은 개인의 자유와 소유권을 보장하는 것이 정의로움이라고 주장하며(→ 소유 권리로서의 정의), 국가의 조세 정책이나 복지 제도와 같은 소득 재분배 정책은 반대하고, 최소 국가가 정의롭다고 주장하였다.

12

롤스는 개인의 평등한 자유와 함께 사회적 불평등 해소를 위해 국가의 개입은 필요하다고 주장하였다.

13 공동체주의적 정의관과 관련이 없는 용어는?

① 공동선 추구

② 개인선 추구

③ 연대 의식 강조

④ 매킨타이어의 사상

공동체주의적 정의관에서 개인은 정의로운 사회와 좋은 삶을 위해 자신의 사익만을 추구하는 이기주의적 태도를 버리고, 연대 의식을 가지고 사회 문제를 해결해야 하며, 공동선을 달성하기 위해 자발적인 봉사와 희생정신을 발휘해야 한다고 본다. 매킨타이어는 공동체의 가치와 전통을 존중하는 것이 정의롭다고 보았다.

14 공동체주의적 정의관에 대한 설명으로 옳은 것은?

① 국가는 개인의 선택권과 자율성을 보장한다.

② 사회 구성원의 정체성은 공동체로부터 나온다.

③ 개인의 정체성은 개인의 선택으로 이루어진다.

④ 개인선이 실현되면 공동선으로 이어진다고 본다.

공동체주의적 정의관에서는 개인과 공동체는 유기적 관계에 있기 때문에 개인은 공동체에 소속되어 정체성을 형성하는 존재라고 주장한다.

ANSWER

13. ② 14. ②

15 공동체주의적 정의관의 문제점을 〈보기〉에서 모두 고른 것은?

> **보기**
> ㄱ. 공익 실현을 저해한다.
> ㄴ. 집단주의로 변질될 수 있다.
> ㄷ. 개인의 자유를 지나치게 보장한다.
> ㄹ. 개인의 자유와 권리를 침해할 수 있다.

① ㄱ, ㄴ
② ㄱ, ㄷ
③ ㄴ, ㄷ
④ ㄴ, ㄹ

15
공동체의 이익만 중시하는 집단주의로 변질될 경우 공동체의 목적 달성을 위해 개인의 자유와 권리가 위축될 수 있다.

16 다음 A, B의 입장에 대한 설명으로 옳은 것은?

고난도

> A : 저소득층을 위해 매달 후원금을 내는 것은 사회 구성원으로써 당연히 해야 할 일이라고 생각해.
> B : 난 생각이 달라. 그건 개인의 선택에 맡겨야 하는 것이라고 생각해.

① A는 개인의 자유를 중시한다.
② B는 공동체를 개인보다 중시한다.
③ A는 개인의 자율성을 우선시하고 있다.
④ B는 자유주의 사상을 바탕으로 하고 있다.

16
A는 사회 구성원으로써 후원금을 내는 것은 당연히 해야 하는 것임을 강조하기 때문에 공동체주의적 정의관의 입장이고, B는 개인의 선택에 맡겨야 한다고 생각하기 때문에 자유주의적 정의관의 입장이다.

ANSWER
15. ④ 16. ④

17 다음과 같은 견해에서 알 수 있는 정의관은?

> 웹툰을 과도하게 규제하는 일이 개인의 권리를 침해한다면 이는 정의롭지 않은 행위이다.

① 이기주의적 정의관
② 자유주의적 정의관
③ 사회주의적 정의관
④ 공동체주의적 정의관

17
자유주의적 정의관은 국가나 사회가 개인의 자유와 권리, 선택권을 최대한 허용해야 하며 개인에게 특정한 가치를 강요해서는 안 된다는 입장이다.

18 사회 불평등 현상에 대한 설명으로 옳지 <u>않은</u> 것은?

① 구성원의 위치가 서열화되는 현상이다.
② 오늘날에는 다양한 형태의 불평등이 나타난다.
③ 사회 불평등은 어느 사회나 동일하게 나타난다.
④ 어느 정도의 불평등은 개인에게 성취동기를 부여한다.

18
사회 불평등이란 개인, 집단 및 지역이 서열화되는 현상을 말한다. 사회 불평등은 어느 사회나 나타나는 불가피한 현상이나, 국가나 시대마다 사회 불평등의 모습은 다르게 나타날 수 있다.

ANSWER
17. ② 18. ③

19 다음 그래프를 통해 알 수 있는 사회적 불평등의 유형은?

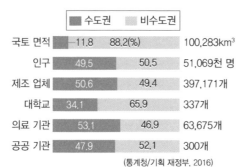

	수도권	비수도권	
국토 면적	─11.8	88.2(%)	100,283km³
인구	49.5	50.5	51,069천 명
제조 업체	50.6	49.4	397,171개
대학교	34.1	65.9	337개
의료 기관	53.1	46.9	63,675개
공공 기관	47.9	52.1	300개

(통계청/기획 재정부, 2016)

▲ 수도권과 비수도권의 격차

① 공간 불평등
② 직업 간 임금 격차
③ 사회 계층의 양극화
④ 사회적 약자에 대한 차별

20 다음의 법률들이 공통적으로 추구하는 목적으로 가장 적절한 것은?

- 장애인 차별 금지법
- 국민 기초 생활 보장 제도
- 독점 규제 및 공정 거래에 관한 법률

① 사회적 약자를 보호한다.
② 개성과 다양성을 존중한다.
③ 대기업의 횡포를 감시한다.
④ 국가 권력의 남용을 막는다.

19
그래프는 국토 면적이 12%밖에 안 되는 수도권에 각종 시설이 집중되어 있고, 수도권과 비수도권 간의 공간 불평등 현상을 나타내고 있다.

20
독점 규제 및 공정 거래에 관한 법률은 중소기업이나 소비자, 국민 기초 생활 보장 제도는 빈곤층, 장애인 차별 금지법은 장애인을 보호하기 위한 법률이다. 소비자, 중소기업, 빈곤층, 장애인은 모두 사회적 약자에 해당한다.

ANSWER
19. ① **20.** ①

21 다음 설명에 해당하는 사회 보장 제도가 <u>아닌</u> 것은?

> 사회 보험은 국가 또는 기업이 수혜자와 함께 비용을 부담하여 운영되며, 수혜자가 부담하는 보험료는 소득의 크기에 비례한다.

① 국민 연금 제도
② 고용 보험 제도
③ 국민 건강 보험 제도
④ 국민 기초 생활 보장 제도

22 사회 보장 제도인 (가), (나)에 대한 옳은 설명을 〈보기〉에서 모두 고른 것은?

> (가) 최저 생계비 이하인 가구의 생활을 보장하기 위한 제도
> (나) 재해, 질병, 노령, 실업 등 미래 생활의 위험과 불안에 대처하기 위한 제도

|보기|
ㄱ. (가)는 강제 가입이 원칙이다.
ㄴ. (가)는 (나)에 비해 소득 재분배 효과가 크다.
ㄷ. (나)에는 국민 연금, 국민 건강 보험 등이 있다.
ㄹ. (가)와 (나)는 모두 수혜자가 일정 비용을 부담한다.

① ㄱ, ㄴ
② ㄱ, ㄷ
③ ㄴ, ㄷ
④ ㄴ, ㄹ

21
사회 보험은 일정 소득이 있는 국민에게 보험 방식을 적용하여 사회적 위험(질병, 실업)에 대비하도록 하는 사회 보장 제도이다. 국가 또는 기업이 수혜자와 함께 비용을 부담하여 운영하는 상호 부조의 성격을 띠며, 강제 가입이 원칙이다. 수혜자가 부담하는 보험료는 소득의 크기에 비례한다.

22
(가)는 공공 부조, (나)는 사회 보험이다. 공공 부조는 국가가 모든 비용을 부담하지만, 사회 보험은 가입자, 국가, 기업이 일정 부분을 분담한다. 공공 부조는 저소득층에게 혜택을 주기 때문에 소득 재분배 효과가 크다.

ANSWER
21. ④ 22. ③

23 다음 내용과 관련된 사회 보장 제도는 무엇인가?

> • 도움이 필요한 사회적 약자에게 상담, 재활, 직업 소개 등 비금전적인 지원을 목적으로 한다.
> • 지방 자치 단체 및 민간 부분이 부담한다.

① 사회 보험

② 공공 부조

③ 사회 서비스

④ 의료 급여 제도

24 사회적 약자에 대한 차별 사례로 옳지 <u>않은</u> 것은?

① 여성이 공무원 시험에서 떨어진 경우

② 장애인이 취업에 불이익을 받은 경우

③ 흑인이 백인에 비해 월급이 적은 경우

④ 북한 이탈 주민이 승진에 있어서 차별을 받은 경우

23
사회 서비스와 관련된 내용이다.

24
여성이 공무원 시험에서 떨어진 경우는 공정한 경쟁에 의한 정당한 결과이다.

ANSWER
23. ③ 24. ①

25 **기출** 사회적 약자를 보호하기 위한 정책으로 적절하지 <u>않은</u> 것은?

① 노인 복지 제도 확대

② 부자 감세 제도 도입

③ 장애인 의무 고용제 시행

④ 국민 기초 생활 보장 정책 실시

25
사회적 약자는 빈곤층, 여성, 노인, 장애인, 중소기업, 외국인 근로자 등 정치·경제·사회적 측면에서 열악한 위치에 있어 사회적으로 배려와 보호의 대상이 되는 개인 또는 집단을 말한다.

26 다음 밑줄 친 '이것'에 해당하지 <u>않는</u> 사례는?

> <u>이것</u>은 주로 교육이나 고용 분야에서 이전에 차별을 받아 온 집단의 구성원에게 우선적으로 기회를 부여하는 것을 말한다.

① 지역 할당제

② 여성 고용 할당제

③ 자격증 소지자 우대

④ 농어촌 학생 특별 전형

26
적극적 우대 조치는 차별을 받아 온 집단의 구성원인 사회적 약자에게 우선적으로 기회와 혜택을 부여하는 제도이다. 자격증 소지자는 사회적 약자가 아니다.

ANSWER
25. ② **26.** ③

27 다음 중 사회적 약자를 보호하는 정책이 <u>아닌</u> 것은?

① 기초 연금 지급

② 능력별 성과급 지급

③ 장애인 의무 고용제 할당제

④ 독점 규제 및 공정 거래에 관한 법률

27
사회적 약자 보호 정책은 장애인, 빈곤층, 여성, 노인, 중소기업 및 소비자 보호 정책 등이 있다.

28 삶의 질 향상을 위해 개인이 할 수 있는 노력은?

① 기부와 사회봉사

② 여성 고용 할당제 도입

③ 지역 격차 해소 정책 실시

④ 독과점이나 불공정 거래 행위 규제

28
삶의 질 향상을 위한 개인적 차원의 노력은 기부, 사회봉사 등이 있고, 사회적(국가적) 차원의 노력은 여성 고용 할당제 도입, 지역 격차 해소 정책 실시, 독과점이나 불공정 거래 행위 규제 등과 같은 법과 제도를 마련하는 것이 있다. 기부는 경제적으로 어려운 사람을 위해 대가 없이 물질적·금전적으로 후원하는 행위를 말하고, 사회봉사는 공익과 복지의 증진을 위해 대가 없이 개인의 노동력 등을 제공하는 행위를 말한다.

Ⓐ Ⓝ Ⓢ Ⓦ Ⓔ Ⓡ
27. ② 28. ①

29 다음 그래프에 나타난 사회적 불평등의 원인은?

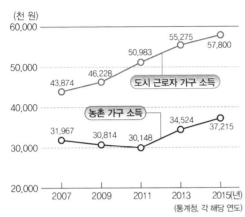

(천 원)

- 도시 근로자 가구 소득: 43,874 (2007), 46,228 (2009), 50,983 (2011), 55,275 (2013), 57,800 (2015)
- 농촌 가구 소득: 31,967 (2007), 30,814 (2009), 30,148 (2011), 34,524 (2013), 37,215 (2015)

2007 2009 2011 2013 2015(년)
(통계청, 각 해당 연도)

① 소득의 차이
② 선입견이나 편견
③ 계층 대물림 현상
④ 성장 위주의 개발 정책

29

우리나라는 1960년대 이후 추진된 성장 거점 개발 방식의 지역 개발로 지역 격차가 심화되는 공간 불평등 현상이 나타나게 되었다.

30 **기출** 다음 중 지역 개발의 방법에 대한 설명으로 옳지 <u>않은</u> 것은?

	구 분	거점 개발	균형 개발
①	방 식	상향식 개발	하향식 개발
②	방 법	거점 지역 우선 개발	낙후 지역 우선 개발
③	장 점	효율성	형평성
④	주요 채택 국가	개발 도상국	선진국

30

거점 개발 방식은 중앙 정부의 주도하에 이루어지는 하향식 개발로 주로 개발 도상국에서 실시하며, 효율성을 강조한다. 균형 개발 방식은 지역 주민의 요구를 수용하는 상향식 개발로 주로 선진국에서 실시하며, 형평성을 강조한다.

ANSWER
29. ④ **30.** ①

31 공간 불평등을 완화하기 위한 정책으로 적절하지 <u>않은</u> 것은?

① 수도권의 기능 분산
② 도시 내 재개발 사업
③ 균형 개발 방식 추진
④ 수도권 주변의 신도시 건설

32 다음과 같은 활동이 이루어지는 공통적인 이유로 가장 적절한 것은?

> • 보령에서는 머드 축제를 매년 개최한다.
> • 보성군은 지역 특산품인 녹차를 홍보한다.

① 도시 환경을 정비하기 위해서
② 지역 경쟁력을 높이기 위해서
③ 지역 간의 갈등을 해소하기 위해서
④ 수도권의 기능을 지방으로 분산시키기 위해서

PART

III

사회 변화와 공존

Chapter 07 문화와 다양성

Chapter 08 세계화의 평화

Chapter 09 미래와 지속 가능한 삶

07 문화와 다양성

문화권 형성에 영향을 주는 자연·인문 환경을 구분할 수 있어야 하며, 세계 문화권의 특징은 매우 중요하므로 반드시 정리해 두어야 합니다. 문화 변동의 요인과 문화 접변에 따른 다양한 양상은 사례별로 알아 두면 학습에 도움이 됩니다. 자문화 중심주의, 문화 사대주의, 문화 상대주의는 다문화 사회와 함께 꾸준히 출제되는 주제이므로 꼼꼼하게 숙지해야 합니다.

01 세계의 다양한 문화권

1 문화와 문화권

(1) 문 화

인간과 환경의 상호 작용으로 만들어진 의식주, 언어, 종교 등의 생활 양식으로 한 사회의 구성원들이 공유하고 있다.

(2) 문화권(문화 지역)

언어, 민족, 종교, 의식주 등이 공통적으로 나타나는 공간적 범위로 같은 문화권에서는 비슷한 문화 경관이 나타난다.

문화 경관 ▼	검색
사람들이 오랜 기간 생활하면서 만들어 놓은 지역의 문화적 특성	

2 문화권 형성에 영향을 주는 요인 중요⁺

(1) 자연환경

기후, 지형, 식생, 토양 등에 적응하는 방법이 지역마다 다르기 때문에 지역마다 농업, 의식주 생활 등의 차이가 나타난다.

→ 주변에서 쉽게 구할 수 있는 재료로 옷과 음식을 만들고 집을 지음

구 분	의복 문화	음식 문화	가옥 문화
더운 기후	가볍고 짧고 통풍이 잘되는 시원한 옷차림	• 카사바, 열대 과일 등 • 아시아 계절풍 지대 : 벼농사 발달(쌀 주식)	• 고상 가옥(열기와 습기, 해충 차단), 수상 가옥 • 지붕의 경사가 급하고 개방적인 구조
건조 지역	온몸을 감싸는 헐렁한 옷	• 대추야자, 밀 • 목축업	• 이동식 가옥(유목 지역) • 흙집(작은 창문, 평평한 지붕)
추운 지역	털옷, 가죽옷	생선, 날고기	• 통나무집(냉대 기후) • 얼음집, 고상 가옥(가옥 붕괴 방지)

심화학습 세계의 식량 문화

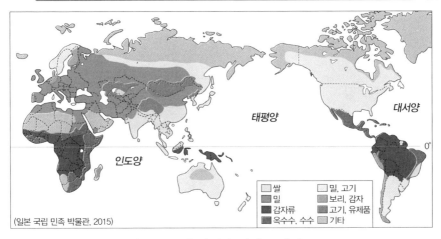

(일본 국립 민족 박물관, 2015)

1) 쌀 : 여름철 기온이 높고 강수량이 풍부한 아시아 계절풍 지대

2) 밀 : 기온이 낮고 건조한 지역과 유럽

3) 감자와 옥수수 : 라틴 아메리카 고산 지대의 냉량한 기후

(2) **인문 환경** : 산업, 전통, 언어, 종교, 관습 등이 지역마다 다르기 때문에 문화 경관의 차이가 나타난다.

① 산업의 차이

㉠ 산업이 발달한 지역 : 현대적 · 도시적인 의식주 생활 모습을 하고 있는 상공업 중심의 문화권이 해당된다.

㉡ 산업이 낙후된 지역 : 원래의 자연환경과 전통적인 생활 양식을 유지하는 농경이나 유목 문화권이 해당된다.

② 종교의 차이

불 교	불상, 사찰, 탑, 연등, 승려, 석가탄신일, 탁발, 육식 금지(채식 위주)
크리스트교	교회와 성당, 교회에서의 결혼식, 성탄절
이슬람교	알라(유일신), 쿠란, 모스크 사원, 술과 돼지고기 금지, 라마단(단식), 히잡
힌두교	다신교, 소 신성시, 윤회 사상, 갠지스 강의 종교 의식

3 세계의 문화권 중요⁺

(1) **구분 기준** : 민족·종교·언어·의식주와 산맥·하천·
사막 등의 지형을 고려하여 구분하고, 점이 지대가
나타나기도 한다.

> **점이 지대** ▼ 검색
> 지리적 특성이 다른 두 지역 사이의 지점
> 에 중간적인 현상이 나타나는 곳

(2) **세계 문화권의 특징**

동(부) 아시아 문화권	• 한자, 불교, 유교, 젓가락 사용 → 우리나라, 일본, 중국 • 계절풍 지대로 벼농사가 발달
동남 아시아 문화권	• 인도양과 태평양이 만나는 교통의 요지 → 다양한 문화 공존(중국·인도 문화, 불교·이슬람·크리스트교 문화, 전통·외래 문화) • 계절풍 지대로 벼농사가 발달
남부 아시아 (인도) 문화권	• 불교와 힌두교의 발상지 • 인도는 주로 힌두교를 믿으며, 주변 국가는 주로 이슬람교와 불교를 믿음 • 카스트제(신분제), 복잡한 언어와 민족
건조 (이슬람, 아랍) 문화권	• 이슬람교, 아랍어, 아랍인이 분포 • 북부 아프리카, 서남아시아, 중앙아시아 일대의 건조 기후 지역 • 사막과 초원이 나타나고, 유목과 오아시스 농업이 발달 • 석유 개발 활발 → 국제 분쟁 심화
아프리카 문화권	• 원시 종교 및 다양한 종족과 언어가 분포 • 여전히 부족 중심의 공동체 생활을 하고 있음 • 사하라 사막 이남 지역으로 주로 열대 기후가 나타남 • 원시 농업, 이동식 화전 농업, 플랜테이션 농업(예 고무, 카카오, 커피 등) 발달 • 과거 유럽의 식민지로 종족과 국경의 불일치로 분쟁이 자주 발생

유럽 문화권	• 백인종, 크리스트교의 영향이 큼 • 시민 혁명을 바탕으로 한 민주주의와 자본주의 사상 발달의 기원	
	북서 유럽	게르만족, 개신교, 산업 혁명의 발상지, 서안 해양성 기후, 혼합 농업, 낙농업
	남부 유럽	라틴족, 가톨릭, 그리스 · 로마 문화 발상지, 지중해성 기후, 수목 농업 例 올리브, 오렌지, 포도, 코르크 등
	동부 유럽	슬라브족, 그리스 정교, 다른 유럽 지역보다 농업 종사자 비율이 높음
앵글로 아메리카 문화권	• 북서 유럽의 식민 지배를 받음 • 다양한 인종, 개신교(크리스트교), 영어 사용 • 세계 최대의 경제 중심지, 세계적인 농산물 수출 지역	
라틴 아메리카 문화권	• 과거 남부 유럽인 포르투갈과 에스파냐의 식민지였음 • 다양한 혼혈족, 가톨릭(크리스트교), 대부분 에스파냐어, 포르투갈어(브라질)	
오세아니아 문화권	• 영국의 식민 지배 → 유럽 문화 전파, 영어, 개신교 • 원주민(마오리족 · 애버리지니) 문화 소멸 위기 • 기업적 농목업과 관광 산업(청정한 자연환경) 발달	
북극 문화권	• 한대 기후에 적응하기 위해 동물의 털이나 가죽으로 된 두꺼운 옷을 입음 • 순록 유목, 수렵, 어로 등 • 이누이트, 라프족 등 거주 → 최근 현대 문명 전파로 전통적인 생활 양식이 약화됨	

문화권의 구분

바로 바로 CHECK√

다음 내용과 관련 있는 문화권은?

• 만민 평등과 유일신 신앙으로 사회 통합 달성
• 생활 규범과 법질서의 토대로 쿠란이 보편화

① 불교 문화권
② 힌두교 문화권
❸ 이슬람교 문화권
④ 크리스트교 문화권

02 문화 변동과 전통문화의 창조적 계승

1 문화 변동의 요인과 양상

(1) 문화 변동 중요*

① 의미 : 한 사회의 문화가 다른 사회와의 문화 접촉을 통해 변화하는 현상

② 요인

㉠ 내재적 요인

발 명	이전에 존재하지 않았던 새로운 문화 요소를 만들어 내는 것 예 휴대폰, 컴퓨터, 한글의 발명
발 견	이미 존재하고 있지만 알려지지 않은 것을 찾아내는 것 예 불, 전기의 발견

㉡ 외재적 요인(문화 전파)

ⓐ 문화 전파의 의미 : 지역 간의 교류를 통해 한 지역의 문화가 다른 지역으로 전해지는 현상

ⓑ 종류

직접 전파	다른 사회 구성원과의 직접적인 교류를 통해 다른 사회의 문화가 전파되는 것 예 문익점의 목화씨
간접 전파	대중 매체 등과 같은 간접적인 매개체를 통해 다른 사회의 문화가 전파되는 것 예 인터넷을 통해 세계적으로 유행한 K-POP
자극 전파	다른 사회의 문화 요소에서 아이디어를 얻어 새로운 문화 요소를 만들어 내는 것 예 한자의 영향을 받아 만든 신라의 이두 문자

> **바로 바로 CHECK√**
>
> 다음 설명에 해당하는 문화 변동의 요인은?
>
> • 외부의 다른 사회로부터 문화 요소가 유입되었다.
> • 우리나라 사람들도 커피를 즐겨 마시게 되었다.
>
> ❶ 전파 ② 진화
> ③ 혁신 ④ 발명

(2) 문화 변동의 양상

① 문화 접변 : 서로 다른 문화를 가진 집단 사이에 문화 접촉과 문화 전파가 일어나면서 한쪽 또는 양쪽의 고유한 문화가 변화하는 현상

② 문화 접변의 종류

강제적 문화 접변	강제적 압력에 의해 일어나는 문화 접변 **예** 일제 강점기의 창씨개명
자발적 문화 접변	필요에 의해 자발적으로 일어나는 문화 접변 **예** 이민 후 영어 사용

③ 문화 접변의 양상(결과) **중요⁺**

문화 병존 (문화 공존)	기존의 문화와 전파된 문화가 함께 공존하는 것 **예** 우리나라의 불교, 유교, 크리스트교 등이 공존하는 경우, 싱가포르의 다양한 종교 공존
문화 동화	하나의 문화가 남고, 다른 하나의 문화가 사라지거나 흡수되는 것 **예** 가로쓰기 방식이 들어와서 세로쓰기가 사라짐
문화 융합	두 문화가 만나 새로운 문화가 만들어지는 것 **예** 우리나라의 온돌 문화와 서양의 침대 문화가 합쳐진 돌침대, 퓨전 음식, 유럽의 가톨릭교 와 멕시코의 토착 문화가 융합한 과달루페의 성모상

2 전통문화의 의의와 창조적 계승

(1) 전통문화

① 의미 : 오랜 기간 유지되어 오면서 그 사회의 고유한 가치로 인정받은 문화

예 한복, 김치, 불고기, 한옥, 온돌, 한글, 한지, 판소리, 충효 사상 등

② 의 의

㉠ 한 사회의 구성원으로서 자부심을 가지고 문화 정체성과 고유성을 지킬 수 있다.

㉡ 사회 구성원 간에 유대를 강화하고 사회 통합에 기여한다.

㉢ 세계 문화의 다양성이 증진된다.

(2) 전통문화의 창조적 계승

① 의미 : 전통 문화를 시대적 변화에 맞게 재해석하여 재창조하는 것

② 방 법

㉠ 현실적 여건에 맞게 재구성하여 문화 콘텐츠로 발전시킨다.

예 전통 문화를 위한 지역 축제 개최

㉡ 외래문화를 비판적으로 수용하면서 전통문화와 조화를 이루도록 한다.

㉢ 전통 문화의 고유성을 유지하면서 세계 문화와 교류해야 한다.

03 문화 상대주의와 보편 윤리

1 문화 상대주의

(1) 문화의 다양성

① 의미 : 어느 사회든지 의식주, 종교, 언어, 예술 등의 문화는 보편적으로 존재하지만, 문화의 구체적인 모습은 사회마다 다양하게 나타난다.

② 문화의 다양성이 나타나는 이유 : 자연환경과 인문 환경이 지역마다 다르고, 시대의 흐름에 따라 다양한 문화가 형성된다.

(2) 문화를 이해하는 태도 중요⁺

① 자문화 중심주의

  ㉠ 의미 : 자기 문화의 우수성만을 내세우고, 상대방 문화를 무시하는 태도

  ㉡ 장점 : 자기 문화의 주체성과 정체성을 유지할 수 있다.

  ㉢ 문제점

    ⓐ 문화 간 교류를 방해하고 국제적 고립을 초래한다.

    ⓑ 제국주의 침략을 정당화하는 근거가 된다.

  ㉣ 사례 : 중국의 중화사상, 19세기 서구 열강들의 제국주의

② 문화 사대주의

  ㉠ 의미 : 다른 사회의 문화만을 우수하다고 믿고, 자기 문화를 비하하는 태도

  ㉡ 장점 : 다른 문화를 수용하여 자기 문화를 개선할 수 있다.

  ㉢ 문제점

    ⓐ 문화적 정체성을 상실하여 문화의 다양성이 사라지게 한다.

    ⓑ 사회 구성원의 소속감이나 일체감이 약화될 수 있다.

  ㉣ 사례 : 조선 시대의 사대주의

> **바로바로 CHECK✓**
>
> **다음 사례에 나타난 문화 이해의 태도는?**
>
> 미국의 선교사들은 인디언들의 풍속과 종교를 사악한 것이라고 무시하며, 자신들의 문화를 우수하다고 생각하였다.
>
> ① 문화 사대주의
> ② 문화 상대주의
> ❸ 자문화 중심주의
> ④ 극단적 문화 상대주의

③ 문화 상대주의(가장 바람직한 태도)

　㉠ 의미 : 한 사회의 문화를 그들이 처한 환경과 역사적 맥락에서 이해하려는 태도

　㉡ 필요성 : 오늘날과 같은 세계화 시대에 문화의 다양성을 인정하면, 문화 갈등을 예방할 수 있다.

　㉢ 장점

　　ⓐ 문화를 평가의 대상이 아닌 이해의 대상으로 바라본다.

　　ⓑ 문화의 다양성을 존중하기 때문에 문화 발전을 이룰 수 있다.

　　ⓒ 다른 문화와 자기 문화를 객관적으로 깊이 있게 이해할 수 있다.

바로바로 CHECK✓

다음 중 문화 상대주의의 관점을 갖고 있는 사람은?

① 갑 : 선진국의 대중문화가 항상 최고라고 생각해.

❷ 을 : 혐오하는 음식이 나라마다 다른 것은 당연해.

③ 병 : 한민족의 문화가 세계에서 으뜸이라고 생각해.

④ 정 : 옷을 입지 않고 생활하는 민족은 미개한 민족이야.

문화 절대주의	문화 상대주의
• 절대적 기준에 비추어 문화의 선악, 우열 등을 가릴 수 있다고 여기는 태도 • 사례 : 자문화 중심주의, 문화 사대주의	• 각각의 문화가 가진 고유성과 가치를 인정 • 문화 간 선악, 우열로 평가할 수 없다고 보는 태도

심화학습 〉 문화를 이해하는 태도

(가) 프랑스의 한 잡지에서 이슬람교 무함마드를 조롱하는 만화가 실려 무슬림이 분노하고 있다. 이슬람교에서는 무함마드의 모습을 그리는 행위 자체를 엄격하게 금지하고 있는데, 만화에서 무함마드를 휠체어를 탄 장애인으로 그려 무슬림들을 자극한 것이다.

(나) 성형이 일반화된 오늘날 한국 사회에서는 너도나도 미인이 되고 싶어 성형외과를 달려간다. 그리고 하나같이 백화점에 있는 마네킹을 닮은 얼굴을 주문한다. 그런데 문제는 마네킹의 얼굴이 모두 서양인의 모습을 하고 있다는 것이다. 서양인의 얼굴이 우리 사회에서 미인의 기준이 되어 버린 것이다.

(가)에는 자신의 문화만을 우월하다고 믿는 다른 문화를 부정하는 자문화 중심주의가 나타나 있다.

(나)는 자기의 문화를 낮게 평가하는 문화 사대주의가 나타나 있다. 문화 사대주의는 문화의 상대성을 부정한다는 점에서 자문화 중심주의와 일치하지만 자신의 문화를 부정하고 다른 문화를 좋게 평가한다는 점에서 자문화 중심주의와 차이가 있다.

> 이슬람교를 믿는 외국인 유학생이 늘면서 A대학은 학생 식당에 이슬람 요리 코너를 마련하였다. 이슬람 요리는 돼지고기를 비롯해 못 먹는 음식이 많은 이슬람 학생들이 마음 편히 먹을 수 있도록 이슬람 율법에 따라 요리한 것이다. 또한 이슬람 성지가 있는 서쪽을 보며 하루에 다섯 번씩 기도해야 하는 이슬람 학생들을 위해 학교 내에 기도실을 갖추는 대학들도 늘고 있다.　　　　　　　　　　　　　　　－○○신문, 2013. 3. －

　세계화로 인해 새로운 문화와 접촉하면서 문화 간의 차이로 인한 갈등이 일어나기도 한다. 이러한 갈등을 해결하기 위해 서로의 문화를 그 사회의 입장에서 이해하려는 문화 상대주의적 태도가 필요하다. 이슬람 출신 유학생의 문화를 배려하는 대학가의 사례는 문화 상대주의적 관점을 실천하고 있는 것을 보여준다.

2　보편 윤리의 관점에서 문화를 바라보는 태도

(1) 문화 상대주의의 한계

① 극단적 문화 상대주의 : 모든 문화는 고유한 의미와 가치를 가지고 있기 때문에 인류의 보편적 가치를 훼손하는 문화라도 인정해야 한다는 극단적인 태도

　예 중국의 전족, 이슬람 문화의 명예 살인(여성이 가족의 명예를 더럽혔다는 이유로 살해당함) 등

② 극단적 문화 상대주의의 문제점
　　㉠ 인간의 존엄성, 생명 존중 등과 같은 인류의 보편적 가치를 훼손시킨다.
　　㉡ 문화의 질적 발전을 막는다.

(2) 보편 윤리의 관점

① 보편 윤리 : 시대를 초월하여 어느 사회든 누구나 존중하고 따라야 할 보편타당한 윤리
　예 인간의 존엄성, 정의, 자유와 평등 등

② 보편 윤리의 관점에서 극단적 문화 상대주의의 극복

윤리 상대주의	▼	검색

> 문화 상대주의처럼 윤리도 다양하고 상대적이기 때문에 옳고 그름에 관한 보편적 기준은 존재하지 않는다는 입장

　　㉠ 문화 상대주의를 바탕으로 각 사회의 고유한 문화를 인정하면서도 극단적 문화 상대주의 태도는 경계해야 한다.
　　㉡ 보편 윤리 관점에서 윤리 상대주의를 경계하고, 자문화뿐만 아니라 타 문화를 비판적으로 바라봄으로써 문화의 질적 발전에 기여한다.

04 다문화 사회와 문화 다양성 존중

1 다문화 사회

(1) 다문화 사회의 형성

① 의미 : 한 사회 안에서 다양한 인종, 종교, 문화를 가진 사람들이 함께 어우러져 살아 가는 사회

② 형성 배경 : 교통과 통신의 발달로 세계화의 속도가 빨라지면서 서로 다른 문화권에 속한 사람들 간의 접촉이 많아졌다.

③ 우리나라의 양상

　㉠ 국제결혼 이주민의 증가, 노동력 부족을 해결하기 위한 외국인 노동자 유입, 북한 이탈 주민의 증가 등으로 인해 다문화 사회에 접어들었다.

　㉡ 국내 거주 외국인 수 : 현재 전체 인구의 2.8%를 차지하고 있으며, 외국인 이주민 중 가장 높은 비율을 차지하는 유형은 외국인 근로자이다.

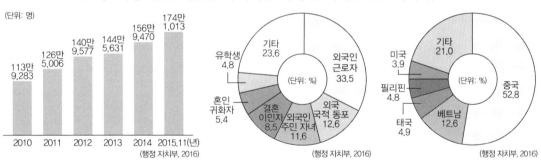

늘어나는 외국인 이주민　　유형별 외국인 이주민 현황　　국적별 외국인 이주민 현황

(2) 다문화 사회의 영향

① 긍정적 측면

　㉠ 새로운 문화 요소가 도입되면서 문화 발전의 가능성이 높아진다.

　㉡ 외국인 근로자의 유입으로 노동력 부족 문제를 해결할 수 있다.

② 부정적 측면

　　㉠ 문화 갈등이 발생한다.

　　㉡ 외국인 이주민에 대한 편견과 차별로 인해 인권 침해 문제가 발생한다.

　　㉢ 외국인 근로자 사이의 일자리 경쟁이 심해진다.

　　㉣ 외국인 지원을 위한 비용이 증가한다.

　　㉤ 외국인 범죄가 증가한다.

심화학습 다문화 사회에서 나타나는 갈등

　필리핀에서 온 A는 지난 1년간 5곳이 넘는 학교의 문을 두드린 끝에서야 겨우 입학할 수 있었다. 그러나 한국말을 하지 못하는 A에게 학교는 낯선 세계였다. 친구들과 어울리지 못하고 수업 시간에 멍하니 앉아 있는 A를 학교에서도 힘들어했다. 결국 학교를 그만둔 A는 집에서 외로운 시간을 보내고 있다. 현재 다문화 가정 자녀들의 초등학교 취학률은 88%이다. 그러나 중학교로 올라가면 40%대로 떨어지고, 고등학교에 이르면 20%대로 더 떨어진다.

---

2 다문화 사회의 갈등 해결 노력 중요⁺

(1) 다문화 사회의 갈등 해결 노력

① 개인적 차원

　　㉠ 문화적 소통과 관용의 자세를 지녀야 한다.

　　㉡ 단일 민족의식에서 탈피하여 세계 시민 의식을 지닌다.

　　㉢ 이주민에 대한 편견이나 차별적인 태도를 버리고 평등한 주체로 인식한다.

　　㉣ 이주민의 출신국 문화를 존중하는 문화 상대주의적 태도를 지녀야 한다.

관용 ▼	검색
다른 사람이나 집단의 문화가 자기 집단의 문화와 다를지라도 이를 존중하는 태도	

세계 시민 의식 ▼	검색
지구촌 구성원 모두를 이웃으로 여기고, 세계 곳곳에서 일어나는 다양한 문제를 함께 해결해 나가야 할 공동의 문제로 받아들이는 태도	

② 사회·제도적 차원

　　㉠ 학교와 시민 사회에서 다문화 교육을 강화한다.

　　㉡ 이주민의 보호와 권리를 보장하기 위한 법적 장치를 마련한다.

　　　　예 외국인 근로자의 고용 등에 관한 법률, 다문화 가족 지원법 등

(2) 다문화 사회의 이민자 정책

① 용광로 정책 : 여러 다양한 문화를 그 사회의 주류 문화에 동화시키고자 하는 정책

② 샐러드 볼 정책 : 다양한 문화를 최대한 보장함으로써 서로 다른 문화가 각각의 정체성을 유지하면서 조화를 이루려는 정책

바로 바로 CHECK✓

다문화 사회의 문화 갈등을 해결하기 위한 바람직한 태도를 모두 고른 것은?

> ㄱ. 다른 문화를 존중하는 태도를 갖는다.
> ㄴ. 다른 문화를 포용하려는 태도를 갖는다.
> ㄷ. 다른 문화를 문화 사대주의적 관점에서 이해한다.
> ㄹ. 다른 문화를 자신의 일방적인 시각으로 이해한다.

❶ ㄱ, ㄴ   ② ㄱ, ㄹ
③ ㄴ, ㄷ   ④ ㄷ, ㄹ

심화학습 다문화 정책을 바라보는 관점

1) 용광로 이론 : 금, 철, 구리 등 서로 다른 여러 금속을 용광로에 넣으면 모두 녹아 하나가 되는 것처럼, 이주민들이 그들의 언어나 문화적 특성 등을 버리고 기존의 지배적인 문화에 완전히 동화된다고 바라보는 관점 → 동화주의 관점

2) 샐러드 볼 이론 : 샐러드 볼 안에서 각기 다른 맛과 색을 가진 다양한 채소와 과일들이 고유한 맛을 지키면서도 조화를 이루는 것처럼, 모든 문화가 자기만의 독특한 특성을 유지하면서 기존 문화와 공존할 수 있다고 바라보는 관점 → 다문화주의 관점

01 다음 문화 경관 중 성격이 <u>다른</u> 것은?

① 종교에 따른 문화 경관

② 기후에 따른 문화 경관

③ 산업에 따른 문화 경관

④ 언어에 따른 문화 경관

01

문화권 형성에 영향을 주는 요인은 크게 자연환경(기후, 지형 등)과 인문 환경(종교, 전통, 언어, 종교, 관습, 산업 등)이 있다. 지역마다 환경이 다르기 때문에 문화 경관에도 차이가 나타난다.

02 문화권에 대한 설명으로 적절하지 <u>않은</u> 것은?

① 생활 양식이 비슷한 지역이다.

② 하나의 문화권은 언어가 동일하다.

③ 기후, 지형 등 자연환경의 영향을 받는다.

④ 종교, 언어 등 인문 환경의 영향을 받는다.

02

하나의 문화권 안에도 여러 민족, 국가, 언어 등이 복잡하게 뒤섞여 있는 경우가 있다.

ANSWER

01. ② 02. ②

03 다음과 같은 주식 문화권에 영향을 준 요인은?

> • 베트남의 쌀국수
> • 영국의 스테이크

① 관습
② 종교
③ 기후
④ 전통

03
쌀을 주식으로 하는 아시아 지역은 고온 다습한 계절풍 기후로 인해 벼농사가 유리하다. 건조 기후 지역과 유럽에서는 밀 농사와 목축업이 유리하여 빵과 고기를 이용한 음식 문화가 발달하였다.

04 다음과 같은 문화 경관을 만들어 낸 요인은?

▲ 노트르담 대성당
(프랑스)

▲ 술탄 아흐메드 모스크
(터키)

▲ 왓프라케오 사원
(타이)

▲ 스리미낙시 사원
(인도)

① 언어
② 제도
③ 산업
④ 종교

04
크리스트교(프랑스), 불교(타이), 이슬람교(터키), 힌두교(인도)가 나타난 종교 경관을 보여주는 건축물이다.

05 다음과 같은 국기를 통해 알 수 있는 이들 국가의 공통적인 종교는?

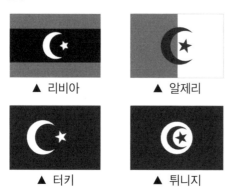

▲ 리비아　　　▲ 알제리

▲ 터키　　　▲ 튀니지

① 불교
② 유교
③ 이슬람교
④ 크리스트교

[06~08] 다음 지도를 참고하여 물음에 답하시오.

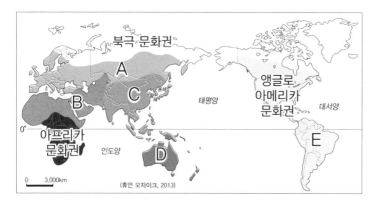

05
이슬람교를 믿는 국가의 국기에는 초승달과 별이 표기되어 있다.

ANSWER
05. ③

06 다음 내용에 해당하는 문화권은?

[고난도]

> 대부분 이슬람교를 신봉하며 아랍어를 사용한다.

① A
② B
③ C
④ D

07 C 문화권의 특징으로 옳은 것은?

① 석유 개발
② 영어 사용
③ 벼농사 발달
④ 플랜테이션 농업 발달

08 E 문화권의 특징으로 옳지 <u>않은</u> 것은?

① 주로 가톨릭을 믿는다.
② 다양한 혼혈족이 분포한다.
③ 일찍부터 산업화를 이루었다.
④ 과거 포르투갈과 에스파냐의 식민지였다.

09 다음과 같은 문화 경관을 볼 수 있는 종교는?

> 사찰, 탑, 연등, 승려

① 불교
② 힌두교
③ 이슬람교
④ 크리스트교

09
종교의 특징

불 교	불상, 사찰, 탑, 연등, 승려, 석가탄신일
크리스트교	교회와 성당, 결혼식·장례식, 성탄절
이슬람교	모스크식, 돼지고기 금지, 히잡, 쿠란
힌두교	다신교, 소 신성시, 갠지스 강의 종교 의식

10 다음과 같은 특징이 나타나는 종교 문화권을 고르면?

> 힌두교 문화권으로 소를 신성시하고, 갠지스 강에서 행해지는 종교 의식을 볼 수 있다.

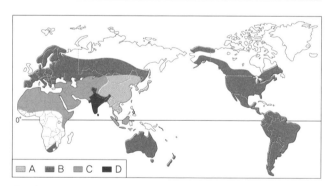

■A ■B ■C ■D

① A
② B
③ C
④ D

10
힌두교 문화권에 대한 설명이다. A는 불교, B는 크리스트교, C는 이슬람교, D는 힌두교 문화권에 해당한다.

ANSWER

09. ① **10.** ④

11 기출 다음 내용과 관련 있는 문화권은?

> • 대표적인 사상가는 공자, 맹자
> • 인(仁)과 예(禮)를 중심으로 한 도덕 정치 주장

① 유교 문화권
② 불교 문화권
③ 이슬람 문화권
④ 크리스트교 문화권

12 기출 다음에서 설명하는 것은?

> 새로운 문화 요소가 등장하거나 다른 문화와 접촉하면서 기존 문화의 특성이 변화하는 것

① 문화 정체
② 문화 단절
③ 문화 변동
④ 문화 장벽

11

유교 문화권은 우리나라, 중국, 일본, 베트남 등이 해당된다. 유교는 국가의 통치 이념, 사회 윤리 사상에 영향을 주었고, 조상의 제사, 노인 공경, 효와 예를 중시한다.

12

문화 변동은 새로운 문화 요소가 등장하거나 다른 문화와 접촉하면서 기존 문화의 특성이 변화하는 것을 말한다. 문화 변동의 원인에는 발명, 발견, 문화 전파가 있다.

ANSWER
11. ① 12. ③

13 다음 사례에서 알 수 있는 문화 변동의 요인은?

> 한글의 탄생으로 한자를 모르던 백성들이 글을 읽고 쓸 수 있게 되었다.

① 발견
② 발명
③ 접촉
④ 전파

13
제시문은 한글의 발명으로 문화 변동이 일어났음을 보여준다.

14 다음 사례에 나타난 문화 변동의 요인으로 옳은 것은?

> 유튜브(Youtube)를 통해 한국 문화가 세계적으로 유행하고 있다.

① 간접 전파에 해당된다.
② 자극 전파에 해당된다.
③ 직접 전파에 해당된다.
④ 내재적 요인에 해당된다.

14
인쇄물, 인터넷 등과 같은 간접적인 매개체를 통해 다른 사회의 문화가 전파되는 것을 간접 전파라고 한다.

ANSWER
13. ② **14.** ①

15 다음 사례와 관련된 용어로 옳은 것은?

> 중국에서 전래된 한자의 원리를 이용하여 이두 문자를 발명하였다.

① 자극 전파
② 간접 전파
③ 문화 동화
④ 강제적 문화 접변

15
자극 전파란 다른 사회의 문화 요소에서 아이디어를 얻어 새로운 문화 요소를 만들어 내는 것을 말한다.

16 다음 글과 관련 있는 문화 변동의 특징을 〈보기〉에서 모두 고른 것은?

> 힙합(hiphop)은 1970년대 말 미국의 청소년들이 만든 음악의 한 종류로 우리나라에서는 처음에 극히 일부 사람들에게만 사랑을 받았다. 그러나 지금은 많은 사람들이 즐겨 듣는 음악이 되었다.

> 보기
> ㄱ. 문화 융합   ㄴ. 문화 전파
> ㄷ. 외재적 요인   ㄹ. 내재적 요인

① ㄱ, ㄴ
② ㄱ, ㄷ
③ ㄴ, ㄷ
④ ㄴ, ㄹ

16
제시된 글은 힙합 음악의 전파에 의한 문화 변동을 말하고 있으며, 새로운 문화가 다른 사회에 전파되어 전달되는 문화 전파는 외재적 요인에 해당된다.

ANSWER
15. ① **16.** ③

17 다음 빈칸에 들어갈 용어로 옳은 것은?

> 새로운 요소의 등장이나 다른 문화의 접촉을 통해 변화하는 현상을 (　　　)이라고 한다.

① 문화 접변
② 문화 융합
③ 문화 쇠퇴
④ 문화 이동

17
문화 접변이란 서로 다른 문화를 가진 집단 사이에 문화 접촉과 문화 전파가 일어나면서 한쪽 또는 양쪽의 고유한 문화가 변화하는 현상을 말한다.

18 문화 동화의 사례로 가장 적절한 것은?

① 국악기와 서양 악기가 협연하는 퓨전 국악 공연 문화
② 한복의 화려함과 양복의 편리함이 결합한 의복 문화
③ 서양식 결혼식과 전통 폐백이 동시에 존재하는 결혼 문화
④ 백인 문화로 대체되어 가는 아메리카 원주민들의 토착 문화

18
문화 동화는 한 문화가 다른 문화 체계 속에 흡수되어 정체성을 상실하는 현상이다. ①·②는 문화 융합, ③은 문화 공존에 대한 설명이다.

ANSWER
17. ① **18.** ④

19

기출

다음 사례를 설명하는 개념으로 가장 적절한 것은?

> 우리나라 사찰에서 흔히 볼 수 있는 칠성각은 칠성 신을 모시는 민간 신앙과 불교가 결합하여 나타난 새로운 문화 요소이다.

① 문화 지체
② 문화 발명
③ 문화 융합
④ 문화 갈등

19

문화 융합은 서로 다른 문화가 결합하여 어느 문화에도 속하지 않는 제3의 문화가 나타나는 현상이다.

20 다음 사례에 해당하는 문화 변동의 양상은?

> 현재 싱가포르는 중국인, 말레이인, 인도인 등 다양한 민족이 같이 살며, 종교도 불교, 이슬람교, 힌두교, 크리스트교 등 다양하다.

① 문화 변화
② 문화 융합
③ 문화 병존
④ 문화 동화

20

싱가포르는 민족, 언어, 종교 등에서 다양한 문화가 각각 존재하는 문화 병존의 모습을 보여준다.

ANSWER

19. ③   20. ③

21 전통문화에 대한 설명으로 옳지 <u>않은</u> 것은?

① 사회의 고유한 가치로 인정받는 문화이다.

② 한 사회의 구성원으로서 자부심을 갖게 한다.

③ 오랜 기간 유지되어 현재까지 계승된 문화이다.

④ 다른 나라 문화를 잠식시킬 수 있는 힘을 지녔다.

22 〈보기〉에서 자문화 중심주의에 대한 설명으로 옳은 것을 모두 고른 것은?

> 보기
> ㄱ. 다른 문화를 비판 없이 수용한다.
> ㄴ. 자기 문화를 가장 우수하다고 믿는다.
> ㄷ. 자기 문화를 기준으로 다른 문화를 평가한다.
> ㄹ. 다른 사회의 문화를 그 사회의 맥락에서 이해한다.

① ㄱ, ㄴ

② ㄱ, ㄹ

③ ㄴ, ㄷ

④ ㄷ, ㄹ

21

오랜 기간 유지되어 오면서 그 사회의 고유한 가치로 인정받은 문화를 전통문화라 한다. **예** 한복, 김치, 불고기, 한옥, 온돌, 한글, 한지, 판소리, 충효 사상 등

④는 문화에 대한 제국주의 시대의 식민지 관점이다.

22

자문화 중심주의는 다른 문화를 자기 문화의 관점에서 일방적으로 판단하고 평가하는 태도이다.

ㄱ은 문화 사대주의, ㄹ은 문화 상대주의에 대한 설명이다.

ANSWER

21. ④ 22. ③

23 문화 사대주의의 관점을 가지고 있는 사람은?

기출
① 갑 : 나무 위에서 생활하는 민족은 우리보다 미개해.
② 을 : 서양의 옷은 한복보다 모든 면에서 고급스럽고 세련되었어.
③ 병 : 이슬람교의 돼지고기 금식은 기후를 고려한 합리적인 생각이야.
④ 정 : 다양한 장례 풍습은 그 지역의 환경, 역사와 관련이 깊어서 존중해야 해.

24 문화 상대주의에 대한 설명으로 옳은 것은?

기출
① 소수 민족의 문화는 무조건 무시한다.
② 자신의 문화만을 가장 우수한 것으로 인정한다.
③ 다른 문화를 그 사회의 환경과 맥락에서 이해한다.
④ 다른 문화가 자신이 속한 문화보다 무조건 우월하다고 생각한다.

23
문화 사대주의는 타문화를 동경·숭상하여 타문화는 무조건 좋고 자기 문화는 무조건 나쁘다는 식으로 보는 태도이다.
①은 자문화 중심주의, ③·④는 문화 상대주의에 대한 설명이다.

24
문화 상대주의는 문화의 상대성을 인정하며 어떤 사회의 문화를 그 사회의 맥락에서 이해하고 평가하려는 태도이다.
①·②는 자문화 중심주의, ④는 문화 사대주의에 대한 설명이다.

ANSWER
23. ② 24. ③

25 다음 대화에서 을이 가지고 있는 문화 인식 태도에 대한 내용으로 옳지 **않은** 것은?

> 갑 : 한국은 밥을 먹을 때 숟가락이나 젓가락을 이용하는데 인도는 그렇지 않은 거 같아.
> 을 : 맞아, 인도는 밥을 먹을 때 손을 이용해서 먹어. 그 모습이 지저분하고 점잖지 않게 보여.

① 문화의 우열을 나누고 있다.
② 문화의 다양성을 인정하지 않고 있다.
③ 문화를 그 사회의 맥락에서 이해하고 있다.
④ 자기 문화를 중심으로 상대방 문화를 평가하고 있다.

[26~27] 다음 글을 읽고 물음에 답하시오.

> 모든 인간 사회에서는 시대와 지역에 관계없이 누구나 인정하는 기본 원리인 (   )이(가) 존재하기 때문에 인권을 침해하고 인간에게 고통을 주는 문화까지도 허용하는 극단적 문화 상대주의 태도는 경계해야 한다.

26 빈칸에 들어갈 용어로 옳은 것은?

① 종교 의식
② 보편 윤리
③ 법과 제도
④ 상대 윤리

25
을은 자문화 중심주의의 태도를 보이고 있다. 자기 문화를 중심으로 상대방 문화를 무시하고, 문화의 우열을 나누는 태도로서 문화의 다양성을 실현하기 힘들다.

26
모든 인간 사회에서 시대와 지역에 관계없이 누구나 인정하고 따라야 할 기본 원리를 보편 윤리라고 한다.

ANSWER
25. ③ 26. ②

27 밑줄 친 사례에 해당하는 것을 〈보기〉에서 모두 고른
것은?

> **보기**
> ㄱ. 전족 풍습
> ㄴ. 명예 살인 관습
> ㄷ. 손으로 음식을 먹는 문화
> ㄹ. 외국 브랜드를 선호하는 문화

① ㄱ, ㄴ

② ㄱ, ㄷ

③ ㄴ, ㄷ

④ ㄴ, ㄹ

27
인권을 침해하고 인간에게 고통을 주는 문
화까지도 허용하는 극단적 문화 상대주의
의 사례로는 전족 풍습이나 여성이 가족의
명예를 더럽혔다는 이유로 살해당하는 명
예 살인 관습 등이 있다.

28 다음 중 다문화 사회의 긍정적인 영향을 〈보기〉에서 모
두 고르면?

> **보기**
> ㄱ. 자기 문화를 개선할 수 있음
> ㄴ. 문화 발전의 가능성이 높아짐
> ㄷ. 다른 문화에 대한 편견이 커짐
> ㄹ. 노동력 부족 문제를 해결할 수 있음

① ㄱ, ㄴ

② ㄴ, ㄷ

③ ㄱ, ㄴ, ㄹ

④ ㄴ, ㄷ, ㄹ

28
다문화 사회는 다른 문화에 대한 편견이나
고정 관념을 약화시켜 개방성을 높일 수
있다.

ANSWER
27. ① **28.** ③

29 다문화 사회에서 나타날 수 있는 부정적인 측면으로 옳지 <u>않은</u> 것은?

① 과거에 비해 외국인 범죄가 증가한다.

② 외국인 이주민에 대한 인권 침해 문제가 발생한다.

③ 외국인 근로자의 유입으로 우리 경제가 더욱 악화된다.

④ 다문화 가정이나 북한 이탈 주민의 부적응 문제가 발생한다.

29
외국인 근로자의 유입으로 국내 노동 시장의 빈자리가 채워져 우리 경제가 발전할 수 있다.

30 다문화 사회의 갈등을 해결하기 위한 바람직한 방안으로 옳은 것을 〈보기〉에서 모두 고른 것은?

기출

보기
ㄱ. 이주민이 자기 문화를 버리도록 강요한다.
ㄴ. 학교와 지역 사회에서 다문화 교육을 강화한다.
ㄷ. 서로 다른 문화 간의 소통과 관용의 자세를 가진다.
ㄹ. 자기가 속한 문화 이외의 다른 문화는 배척한다.

① ㄱ, ㄴ

② ㄱ, ㄹ

③ ㄴ, ㄷ

④ ㄷ, ㄹ

30
다문화 사회는 서로 다른 문화권에 속한 사람들 간의 접촉이 빈번해지면서 한 사회 안에서 다양한 인종, 종교, 문화를 가진 사람들이 함께 어우러져 살아가는 사회이다.

ANSWER
29. ③ 30. ③

31

다음 내용과 가장 관계 깊은 것은?

> • 한국어 기초 강좌 개설
> • 외국인 상담 및 취업 알선 사업
> • 결혼 이주 여성을 위한 법률 정보 제공

① 고령화 문제가 심각해지고 있다.
② 통일의 필요성이 강조되고 있다.
③ 자연환경의 중요성이 강조되고 있다.
④ 다문화 사회 정책이 다양하게 실시되고 있다.

32

다음 중 ⓒ에 해당하는 정책으로 옳은 것은?

> • (㉠) 이론 : 이주민들이 그들의 언어나 문화적 특성 등을 버리고 기존의 지배적인 문화에 완전히 동화된다고 바라보는 관점
> • (㉡) 이론 : 모든 문화가 자기만의 독특한 특성을 유지하면서 기존 문화와 공존할 수 있다고 바라보는 관점

① 결혼 이민자들에게 한국어 교육을 실시한다.
② 이주 노동자들에게 한국 문화 교육을 실시한다.
③ 이주민이 적응하도록 한국의 음식을 배우는 강좌를 개설한다.
④ 우리나라 사람들이 체험할 수 있는 다양한 다문화 축제를 개최한다.

31
다문화 사회의 다양한 정책에는 한국어 기초 강좌 개설, 외국인 상담 및 취업 알선 사업, 결혼 이민자의 국내 정착을 돕기 위한 임신·출산·교육·법률 제공 등의 지원책 등이 있다.

32
다문화 정책 중 ㉠은 주류 사회로의 동화를 강조하는 용광로 이론이다. ㉡은 각 문화의 고유한 맛이 나타날 수 있도록 다양한 인종과 문화가 함께 어울리는 문화를 만들고자 하는 샐러드 볼 정책이다. 우리나라 사람들도 우리나라에 이주한 사람들의 문화를 이해하고 존중해야 함께 어울릴 수 있다.
①·②·③은 외국인으로 하여금 한국 문화를 익혀 한국의 문화적 정체성을 갖도록 유도하는 용광로 정책의 사례이다.

ANSWER
31. ④ 32. ④

08 세계화와 평화

학습 point⁺

세계화에 따라 등장한 다국적 기업과 세계 도시의 특징, 세계화에 따른 문제점 및 해결 방안을 꼼꼼하게 정리해야 하고, 국제 사회의 행위 주체 및 소극적 · 적극적 평화의 의미를 구분할 수 있어야 합니다. 동아시아 역사 갈등 사례는 출제 가능성이 매우 높기 때문에 사례별로 알아 두어야 하며, 분단의 배경 및 통일의 필요성에 대해서 숙지해야 합니다.

01 세계화에 따른 변화

1 세계화와 지역화

(1) 세계화 중요⁺

① 의미 : 국가 간의 상호 의존성이 높아지고, 국제 사회가 국경을 초월하여 하나의 지구촌으로 통합되어 가는 과정

② 등장 배경

　㉠ 교통 · 통신의 발달로 시공간의 물리적 제약이 극복되고, 지역 간, 국가 간 상호 의존성이 증대되었다.

　㉡ 세계 무역 기구(WTO)의 출범과 자유 무역 협정(FTA)의 확대로 국가 간 상호 의존도가 심화되었다.

　㉢ 다국적 기업의 활동이 증대되었다.

③ 세계화의 영향

　㉠ 경제적 측면(경제의 세계화)

　　ⓐ 국경을 넘어선 상품, 서비스, 자본, 노동 등의 이동이 활발해졌다.

　　ⓑ 세계 경제가 공동의 경제 질서와 규범을 만들어 간다.

　　ⓒ 개인의 활동 범위가 국경을 넘어 전 세계로 확대되었다.

바로 바로 CHECK√

세계화의 영향으로 나타나는 변화로 적절하지 않은 것은?

❶ 국가 간 상호 의존성이 약화되고 있다.

② 국내에 거주하는 외국인의 수가 증가하고 있다.

③ 외국의 전통 음식을 우리나라에서도 쉽게 접할 수 있다.

④ K-POP, 한국 음식 등의 한류 문화가 세계 시장에서 유행하고 있다.

ⓓ 세계의 경제적·정치적 중심지 역할을 담당하는 세계 도시가 형성되었다.

ⓛ 문화적 측면(문화의 세계화)

ⓐ 세계 수준의 문화를 공유하고, 자국의 특수한 문화가 세계로 진출할 수 있다.

ⓑ 교통·통신의 발달로 지역 간의 교류가 활발해지면서 다양한 문화를 공유하여 삶이 풍요로워진다. **에** 한류, 월드컵 행사 등

ⓒ 전통 문화와 외국 문화가 만나 새로운 문화가 형성되었다.

ⓒ 정치적 측면 : 민주주의, 자유, 평등과 같은 보편적 인권의 보장 수준이 향상되었다.

(2) 지역화

① **의미** : 특정 지역이 가지고 있는 독특한 특성이 가치를 지니게 되면서, 그 지역이 세계의 정치·사회·문화의 새로운 주체가 되는 현상

② **등장 배경** : 공간적 이동이 활발해지면서 지역 간, 국가 간 경쟁 심화 → 지역 경제에 위기 요인과 기회 요인으로 작용 → 기회 요인으로서의 지역의 특성이 세계적으로 그 가치를 인정받음 → "가장 지역적인 것이 가장 세계적인 것"

③ **세계화와 지역화의 관계** : 전통적인 지역과 국가의 경계 구분이 무의미해지고, 오늘날에는 세계화 속에서 지역화가 동시에 일어난다.

④ **지역화 전략**

㉠ 효과 : 다른 지역과 구별되는 고유한 이미지를 창출시켜 지역 경제가 활성화된다.

㉡ 종류 : 장소 마케팅, 지역 축제, 지리적 표시제, 지역 브랜드 등

장소 마케팅	지역의 특정 장소를 상품으로 인식하고 선호하는 제도·이미지·시설을 개발하려는 전략 **에** 오스트리아 잘츠부르크의 모차르트 활용 홍보 등
지역 축제	지역의 자연환경, 역사와 종교 등의 인문 환경, 특산물 등을 소재로 일정 기간 동안 이루어지는 지역 행사 **에** 영국 에든버러 페스티벌, 함평 나비 축제, 보령 머드 축제 등
지리적 표시제	상품의 품질, 명성 등이 근본적으로 해당 지역에서 시작되는 경우 그 지역을 원산지로 하는 상품임을 표시하는 제도 **에** 보성 녹차(최초 등록), 횡성 한우, 프랑스 카망베르 치즈 등
지역 브랜드	지역의 상품과 서비스 또는 지역 자체에 부여한 하나의 고유한 상표 **에** I♥NY(뉴욕), I·SEOUL·U(서울) 등

2 다국적 기업과 세계 도시

(1) 다국적 기업 중요+

① 의미 : 세계 각지에 자회사, 지사, 생산 공장을 보유하고 세계 여러 나라에 진출하여 상품을 생산·판매하는 기업 ⓓ 애플, 맥도날드, 삼성, LG, 스타벅스 등

② 공간적 분업 : 기업 이윤의 극대화를 위해 각 기능이 공간적으로 가장 적절한 곳에 위치하도록 분리하는 현상

　㉠ 본사(경영 기획 및 관리) : 다양한 정보 수집과 자본 확보에 유리한 곳
　　→ 본국, 선진국의 세계 도시에 위치

　㉡ 연구소(핵심 기술 및 디자인 개발) : 우수한 연구 시설과 전문 기술 인력 및 교육·환경·문화·편의 시설이 풍부한 곳 → 선진국의 대학 및 연구 시설이 밀집한 곳에 위치

　㉢ 생산 공장(제품 생산) : 주로 저렴한 지가와 임금을 확보할 수 있는 개발 도상국에 위치하거나, 무역 장벽을 극복할 수 있는 선진국에 위치

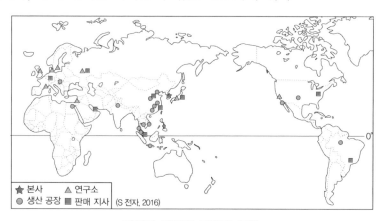

다국적 기업의 공간적 분업

(2) 다국적 기업이 지역에 미치는 영향

① 투자 유치국(개발 도상국)의 변화

　㉠ 변화 : 일자리 확대, 관련 산업 발달, 기술 이전 등으로 지역 경제가 활성화되었다.

　㉡ 문제점

　　ⓐ 다국적 기업의 공장 폐쇄 시 경기가 침체된다.

　　ⓑ 상대적으로 경쟁력이 약한 기존 소규모 기업은 쇠퇴할 수 있다.

ⓒ 초기에는 자본이 유입되었다가도 나중에는 현지 기업에 투자될 자본을 유출해 가기도 한다.

ⓓ 공장을 세운 이후 환경 오염 문제를 방치할 수 있다.

② 본국(선진국)의 변화

㉠ 변화 : 국외에서 얻은 수익으로 본국에 또 다른 투자 유발 → **추가적인 이익 창출 가능**

㉡ 문제점

ⓐ 일자리 감소로 실업자가 증가한다.

ⓑ 산업 공동화 현상으로 인해 지역 경제가 침체된다.

> **산업 공동화 현상** ▾ 검색
>
> 지역에 입지해 있던 산업이 다른 지역이나 국가로 이전하면서 해당 산업이 쇠퇴하는 현상

심화학습 다국적 기업의 세계화 과정

1단계 : 국내 본사에 무역 부서 설치
2단계 : 현지 법인을 설치하고 본사에서 관리
3단계 : 전문적 국제부 조직 설치
4단계 : 다국적 기업
5단계 : 제품 측면과 지역 측면을 동시에 관리
6단계 : 초국적 기업

다국적 기업은 단순히 해외에 지점 또는 자회사를 두고 있는 것이 아니라, 현지 국적을 취득한 현지 법인으로서의 제조 공장 또는 판매 회사를 가지고 있으며, 현지의 실정에 따라 움직이는 국제적인 기업 조직이다.

---

(3) 세계 도시

① 의미 : 정치·경제·문화 등 다양한 측면에서 세계의 중심지 역할을 담당하는 도시

　📍 뉴욕, 파리, 런던, 상하이, 도쿄 등

② 특 징

㉠ 경제적 측면

ⓐ 다국적 기업의 본사와 국제 금융 업무 관련 기업이 밀집되어 있다.

> **바로 바로 CHECK√**
>
> 다음 설명에 해당하는 것은?
>
> > 기업의 규모가 커지고 교통과 통신이 발달하면서, 둘 이상의 국가에서 법인을 설립하여 제품을 생산·판매하는 기업이다.
>
> ① 소호(SOHO)　　❷ 다국적 기업
> ③ 사회적 기업　　④ 도시 광산 사업

ⓑ 전 세계의 자본과 정보, 고급 노동력이 집중
되어 있다.

ⓒ 생산자 서비스업이 발달하였다.

생산자 서비스 ▾ 검색
생산자를 위한 서비스로 금융, 보험, 부동산, 법률, 광고 등의 서비스

ⓛ 공간적 측면

ⓐ 국제 연합(UN)과 같은 다양한 국제기구의 본부가 위치해 있다.

ⓑ 세계적인 교통·통신의 중심지 역할을 하고 있다.

3 세계화에 따른 문제점과 해결 노력 중요⁺

(1) 문화의 획일화

① 의미 : 국가 간 문화 교류가 증가하면서 한 지역의 문화적 특성이 다른 지역에서도 같거나 유사하게 나타나는 현상 예 햄버거, 커피, 청바지 등

② 특징 : 선진국의 제도나 의식주 문화 등이 확산되어 선진국 문화로 보편화되는 경향이 강하다.

③ 문제점

㉠ 선진국 중심의 문화에 동화되어 문화적 정체성과 고유성이 상실된다.

㉡ 문화의 상품화에서 선진국이 유리한 위치를 차지한다.

㉢ 문화의 다양성이 훼손된다.

④ 해결 방안

㉠ 외래문화를 비판적으로 수용하고 자국 문화의 정체성을 유지해야 한다.

㉡ 국가 간에 문화의 다양성을 보존하기 위한 국제 협약을 체결한다.

(2) 국가 간 빈부 격차 심화

① 배경 : 세계적으로 부는 증대되었지만, 기술과 자본이 풍부한 선진국에 부가 집중되고 상대적으로 경쟁력이 약한 개발 도상국은 경쟁에서 밀려 국가 간 빈부 격차가 심화되었다.

② 양 상

㉠ 첨단 산업, 기술 집약적 산업 등 부가 가치가 높은 산업은 주로 선진국에서 발달하였다.

ⓛ 제조업이나 농업과 같은 노동 집약적 산업은 대부분 개발 도상국에서 발달하였다.

ⓒ 한 국가 안에서도 지식 근로자와 단순 근로자 간의 경제적 차이가 발생하였다.

ⓔ 다국적 기업으로 인한 경제적 종속이 심화되었다.

심화학습 〉 국가별 1인당 국민 총소득

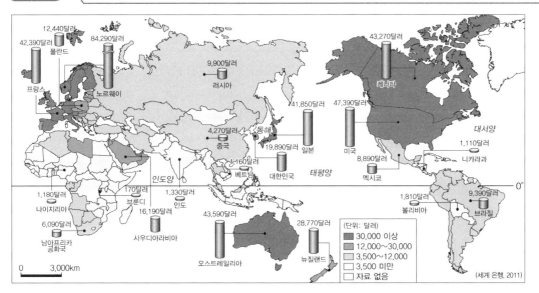

북아메리카, 서부 유럽, 일본, 호주 등의 선진국과 아프리카, 아시아 및 라틴 아메리카 등의 개발 도상국 간에 1인당 국민 총소득의 격차가 매우 커지고 있음을 알 수 있다.

---

③ 해결 방안

ⓐ 선진국이 기술 이전이나 투자 등을 통해 개발 도상국을 지원한다.

ⓑ 선진국을 중심으로 결성된 경제 협력 개발 기구(OECD)와 같은 국제기구를 통해 개발 도상국을 지원한다.

ⓒ 공적 개발 원조(ODA) : 선진국의 정부나 공공 기관이 개발 도상국의 경제 발전과 복지를 위해 도움을 주는 제도
📌 증여, 차관, 기술 원조 등

바로바로 CHECK✓

다음에서 설명하는 것은?

• 선진국과 개발 도상국 간의 경제적 불평등이 심화되는 무역 구조를 개선하기 위한 것이다.
• 저개발 국가에서 생산되는 제품에 대해 정당한 가격을 지불하여 생산자에게 무역의 혜택이 돌아가도록 하자는 운동이다.

❶ 공정 무역　　② 보호 무역
③ 자유 무역　　④ 관세 무역

  ⓔ 공정 무역 : 개발 도상국에서 생산되는 제품에 정당한 가격을 지불하여 생산자에게
   정당한 임금과 혜택이 돌아가도록 하자는 윤리적 소비 운동
   → **불공정한 무역 구조 문제를 해결할 수 있음**
  ⓜ 공정 여행 : 여행이 지역 경제에 환원되도록 하고, 현지의 환경을 해치지 않는
   여행

심화학습 ─ 공정 무역

대 상	커피, 카카오, 면화 등 주로 개발 도상국이나 저개발국에서 생산되는 제품
효 과	• 유통 비용을 절감하여 생산자에게 보다 많은 이익 제공 • 개발 도상국 아동과 부녀자의 노동 착취 방지 • 개발 도상국 생산자의 경제적 자립에 도움 • 친환경적인 제품의 소비 증가

---

(3) 보편 윤리와 특수 윤리 간의 갈등

① 보편 윤리의 입장과 특수 윤리의 입장 충돌

  ㉠ 보편 윤리의 입장 : 세계 시민이라면 누구나 인간 존엄성의 존중, 인권, 자유와
   평등, 평화 등과 같은 인류의 보편적 가치를 중시해야 한다는 입장
  ㉡ 특수 윤리의 입장 : 특정 국가의 시민으로써, 국가의 주권이나 자국 시민의 복지
   등을 보편적 가치보다 더 중시해야 한다는 입장

② 배 경

  ㉠ 인구의 국제 이동으로 인해 다문화 사회가 등장하면서 문화적 차이로 인한 갈등이
   증가하였다.
  ㉡ 빈곤과 기아, 난민 문제 등 국가 간 상호 의존하고 협력하여 해결해야 할 문제가
   증가하였다.

③ 해결 방안

  ㉠ 세계 시민 의식을 가지고 지구촌 문제에 관심을 가져야 한다.
  ㉡ 인류가 공통으로 중시해야 할 보편 윤리를 존중하는 가운데, 각 사회의 특수 윤
   리를 성찰하는 태도가 필요하다.

02 국제 사회의 모습과 평화의 중요성

1 국제 사회의 갈등과 협력

(1) 국제 갈등 중요⁺

① 의미 : 국제 사회에서 발생하는 다양한 갈등 📖 테러, 전쟁, 분쟁, 시위나 소요 사태 등

② 발생 원인 : 자국의 이익을 우선적으로 추구하기 때문이다.
  ㉠ 민족·종교로 인한 분쟁 📖 카슈미르 분쟁, 이스라엘과 팔레스타인 간의 갈등 등
  ㉡ 자원 확보 문제로 인한 분쟁 📖 석유와 같은 지하자원을 두고 카스피해 지역에서의 분쟁, 북극해 분쟁, 국제 하천을 둘러싼 아프리카의 물 분쟁 등
  ㉢ 각종 환경 문제를 둘러싼 분쟁 📖 오염 물질 배출 규제와 관련된 개발 도상국과 선진국 간의 갈등

③ 특 징
  ㉠ 여러 가지 원인이 복합적으로 작용하며, 각 문제들은 긴밀하게 연결되어 있다.
  ㉡ 특정 지역의 갈등이 다른 지역으로 파급되어 한 국가만의 노력으로 해결할 수 없는 문제들이 증가하였다.

④ 해결 노력
  ㉠ 당사국 간의 협상과 타협을 통해 평화적으로 해결한다.
  ㉡ 국제 연합(UN) 등 국제기구의 적극적 개입을 통해 국제 사회의 분쟁을 해결한다.
  ㉢ 국제법을 통해 국제 사회 분쟁 해결을 위한 법적 기준을 마련하고, 국제 사법 재판소의 재판을 통해 해결한다.

> **국제 연합(UN)** 🔍검색
> 제2차 세계 대전 이후 전쟁을 방지하고 평화로운 세계를 유지할 수 있는 협의체가 필요하다는 인식을 바탕으로 1945년에 창설된 국제기구이다. 국제 연합은 국제 분쟁 지역에 평화 유지군을 파견하여 분쟁 지역의 치안 유지와 재건 활동을 하며, 군비 축소 및 국제 협력 관련 활동을 수행하고 있다.

> **바로 바로 CHECK✓**
> 다음 대화에 등장하는 지역은?
> A : 이 지역은 힌두교와 이슬람교 간의 종교적 갈등이 매우 심각해.
> B : 그래서 국제 연합의 중재로 분할 통치하고 있지만, 분쟁이 끊이지 않고 있어.
> ① 벨기에
> ❷ 카슈미르
> ③ 쿠릴 열도
> ④ 팔레스타인

세계 분쟁 지역

심화학습 ── 세계의 다양한 갈등-카슈미르 분쟁 지역

인도 반도는 영국이 인도에서 철수할 때 인도와 파키스탄으로 분리·독립되었다. 이때 카슈미르 지역은 주민의 대부분이 이슬람교도이기 때문에 파키스탄(이슬람교)으로 귀속되기를 바랐지만, 힌두교도였던 지도자는 카슈미르를 인도로 편입하였다. 이후 카슈미르는 국제 연합의 휴전 선언으로 파키스탄령 카슈미르와 인도령 카슈미르로 분할되었고, 이들은 지금까지도 독립 또는 파키스탄으로의 편입을 주장하고 있다. 이 때문에 파키스탄에서는 매년 2월 5일을 카슈미르 날로 지정하여 인도령 카슈미르에서의 독립 요구 세력을 지지하는 기념행사를 개최하고 있다.

(2) 국제 협력

① 필요성

    ⊙ 세계화로 인해 국제 갈등의 영향력이 전 세계로 빠르게 퍼지고 있다.

    ⓒ 국제 사회의 문제는 한 국가의 노력만으로 해결이 불가능하기 때문에 국제 협력이 필요하다.

② 국제 사회 협력의 양상

    ㉠ 지리적으로 가까운 지역끼리 경제 협력체를 구성하거나 협정을 맺어 상호 간 이익 증진을 위해 노력한다.

    ㉡ 환경 오염, 전쟁 예방, 난민 등의 문제에 공동으로 대처하기 위해 협력해야 한다.

2 국제 사회의 행위 주체 중요⁺

(1) 국 가

① 의미 : 일정한 영토와 국민을 바탕으로 주권을 가진 행위 주체

② 특 징

    ㉠ 국제 사회의 가장 기본이 되는 행위 주체이다.

    ㉡ 국제법에 따라 독립적인 지위를 가지고 주권을 행사한다.

    ㉢ 자국의 이익과 자국민 보호를 최우선으로 추구한다.

    ㉣ 여러 국제기구에 가입하여 회원국으로 활동하며 외교 활동을 벌인다.

(2) 국제기구(정부 간 국제기구)

① 의미 : 두 국가 이상이 모여 하나의 조직체를 만들어 활동하는 행위 주체

② 역할 : 국제 사회의 평화 유지, 국가 간 경제·사회 협력 추진 등을 목적으로 활동한다.

③ 종류 : 국제 연합(UN), 세계 무역 기구(WTO), 경제 협력 개발 기구(OECD) 등

(3) 국제 비정부 기구(NGO)

① 의미 : 국경을 넘어 활동하는 개인이나 민간단체가 모여 조직한 국제기구

② 역할 : 인류 공동의 이익을 위해 활동하며, 오늘날 역할이 더욱 확대되고 있다.

③ 종류 : 국제 사면 위원회(국제 앰네스티), 국경 없는 의사회, 그린피스 등

(4) 기 타

① 개인 : 국제 사회에 미치는 영향력이 강한 개인 예 강대국의 국가 원수, 국제 연합 사무총장, 교황 등

② 다국적 기업 : 국제적 규모로 생산과 판매를 하는 기업으로 세계의 정치·경제 분야에 큰 영향을 미친다.

③ 국가 내부적 행위 주체 : 국가의 일부분이지만 독자적인 입장을 가지고 국제적 활동을 하는 행위 주체 예 소수 민족, 노동조합, 각종 사회 세력 등

정부 간 국제기구와 비정부 기구

1) 국제 연합(UN) 산하의 국제기구
- 유엔 평화 유지군(PKF) : 세계 평화와 안전 유지를 위해 편성한 국제 군대
- 유엔 교육 과학 문화 기구(UNESCO) : 국가 간 교육, 과학, 문화의 보급 및 교류
- 세계 보건 기구(WHO) : 보건 위생 분야의 국제적 협력
- 식량 농업 기구(FAO) : 개발 도상국 농수산업의 현대화 지원과 전 세계 기아 문제 해결
- 세계 식량 계획(WFP) : 식량 농업 기구(FAO)의 사업 계획으로 식량 원조 및 긴급 구호
- 국제 노동 기구(ILO) : 노동자의 노동 조건 개선과 지위 향상
- 유엔 인권 위원회(UNCHR) : 세계 인권 보호 및 증진
- 유엔 환경 계획(UNEP) : 환경 문제와 관련하여 전 세계 국가들과 환경 단체를 지원
- 유엔 개발 계획(UNDP) : 개발 도상국에 대한 원조 계획을 조정
- 유엔 난민 기구(UNHCR) : 난민들이 새로운 국적을 취득할 때까지 지원

2) 비정부 기구(NGO)
- 그린피스 : 국제 환경 보호 단체로 핵 실험 반대, 기후 변화 억제, 산림 보호 등을 위해 활동
- 국경 없는 의사회 : 의료 혜택을 받지 못하는 사람들에 대한 긴급 구호를 실시
- 기타 : 국제 적십자사, 유니세프, 월드 비전 등

3 평화 중요⁺

(1) 평화의 의미와 중요성

① 의미

㉠ 소극적 평화

ⓐ 의미 : 전쟁, 테러, 폭행과 같은 물리적·직접적 폭력이 발생하지 않은 상태

ⓑ 한계 : 직접적 폭력의 원인이 근본적으로 해결되지 않는다.

> **구조적 폭력** 🔍검색
>
> 사회 제도와 관습, 경제적 상태, 정치와 법률, 개발로 인해 발생하는 억압과 착취 등에 의한 폭력 ⓔ 빈곤, 기아, 정치적 억압, 경제적 착취, 종교와 사상 차별 등

㉡ 적극적 평화

ⓐ 의미 : 물리적·직접적 폭력뿐만 아니라 구조적 폭력과 문화적 폭력의 간접적 폭력까지 모두 제거된 상태

ⓑ 의의 : 인류가 물리적 폭력의 위험은 물론 각종 차별과 억압에서 벗어나 인간의 존엄성을 보장받을 수 있는 진정한 의미에서의 평화라고 할 수 있다.

② 국제 평화의 중요성

㉠ 폭력에서 벗어나 인류의 안전과 생존을 보장해 준다.

㉡ 전쟁은 자연환경과 문화유산을 파괴하기 때문에 평화를 통해 문화유산 등 인류의 정신적 가치를 이어갈 수 있다.

㉢ 빈곤, 기아, 차별, 불평등, 핵 문제, 환경 문제 등을 해결하여 국제 정의를 실현하고, 인류의 삶의 질을 높일 수 있다.

(2) 국제 평화를 위한 노력

① 국제 연합(UN) 등 국제기구가 중재자 역할을 담당한다.

② 국제 비정부 기구의 활동을 통해 민간 차원에서 인권 침해 방지 등 다양한 활동을 전개한다.

③ 개인은 세계 시민 의식을 가지고 다양한 국제 문제를 해결하기 위해 적극적으로 참여해야 한다.

03 동아시아의 갈등과 국제 평화

1 남북 분단과 통일

(1) 남북 분단

① 배 경

㉠ 국제적 배경 : 제2차 세계 대전 이후 냉전 체제가 심화되었다.

㉡ 국내적 배경

ⓐ 민족 내부의 응집력 부족으로 통일 정부 수립 노력이 실패하였다.

ⓑ 6·25 전쟁 발발로 남북 분단이 고착화되었다.

② 과 정

㉠ 8·15 광복(1945) : 제2차 세계 대전에서 일본의 항복과 우리 민족의 독립 운동의 결실로 광복

㉡ 미군과 소련군 주둔 : 북위 38도선을 기준으로 남쪽에는 미군이, 북쪽에는 소련군이 주둔

ⓒ 대한민국 정부 수립(1948. 8. 15) : 미국과 소련의 대립 속에서 남한만의 총선거 (1948. 5. 10)로 정부 수립

ⓔ 6 · 25 전쟁으로 분단의 고착화

ⓐ 경과 : 1950년 6월 25일, 북한의 남침으로 전쟁 발발

→ 1953년 휴전 협정 체결 이후 휴전선을 경계로 남과 북으로 나뉘어 오늘날까지 분단 상태임

ⓑ 피해 : 전쟁으로 남북 모두 인적 · 물적 피해를 입고 서로 간의 적대감이 강화됨

(2) 통일의 필요성

① **영토 측면** : 반도국이라는 지리적 이점을 회복하여 대륙과 해양으로의 진출 가능성이 높아진다.

② 민족적 측면

㉠ 이산가족과 실향민의 고통을 해소한다.

㉡ 문화적 이질화 극복을 통해 민족의 동질성과 정체성을 회복하여 민족 공동체를 실현한다.

③ 경제적 측면

㉠ 분단 비용을 절감하여 경제 발전과 복지 사회 건설을 위해 사용할 수 있다.

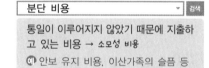

분단 비용 | 검색

통일이 이루어지지 않았기 때문에 지출하고 있는 비용 → 소모성 비용

ⓔ 안보 유지 비용, 이산가족의 슬픔 등

㉡ 남한의 자본 및 기술과 북한의 자원 및 노동력을 결합하여 국가 경쟁력을 강화시킬 수 있다.

㉢ 거주, 직업 등 선택의 기회가 확대되어 풍요로운 삶을 누릴 수 있게 된다.

④ **국제 · 정치적 측면** : 전쟁의 위협에서 벗어나 동북아시아의 평화 체제에 이바지하고, 더 나아가 전 세계에서 유일한 분단국의 통일로 세계 평화와 발전에 기여할 수 있다.

(3) 통일을 위한 우리의 노력

① 남북 정상 회담, 이산가족 상봉 등 남북 간의 지속적인 교류를 한다.

통일 비용 | 검색

분리되었던 두 체제의 통일 과정에서 소요될 것으로 예상되는 모든 비용

② 통일 비용을 준비해야 한다.

③ 통일에 대한 국민의 의지와 범국민적인 통일 교육이 뒷받침되어야 한다.

④ 통일에 우호적인 국제 환경을 조성해야 한다.

대륙 철도와 통일 이후의 한반도

　한반도는 유라시아 대륙의 동북부에 위치한 반도국으로 유라시아 대륙과 태평양을 잇는 관문이 되는 전략적 요충지이다. 통일 이후 우리나라 철도가 대륙 철도와 연결되면 우리나라, 일본, 중국, 러시아, 유럽 간 물류량이 증가하게 되며, 이 경우 주변 지역의 경제가 활성화되는 등 남북한 모두에게 경제적 이익을 가져올 수 있게 된다. 즉 한반도가 동북아시아의 물류 중심 국가로 성장할 수 있게 되는 것이다.

2 동아시아의 역사 갈등 중요+

(1) 영토 갈등

쿠릴 열도 (북방 4도)	• 군사 요충지 및 자원 확보를 둘러싼 러시아, 일본 간의 갈등 　→ 현재 러시아가 실효 지배 중임 • 일본이 1905년 러일 전쟁에서 승리하면서 일본의 영토가 되었고, 제2차 세계 대전 중 일본이 패한 후 구소련의 영토가 되었다.
센카쿠 열도 (댜오위다오)	• 자원 확보를 둘러싼 중국, 일본 간의 갈등 → 현재 일본이 실효 지배 중임 • 1895년 청일 전쟁에서 승리한 일본이 자국 영토에 편입시켜 지배하고 있는데, 현재 중국은 이를 불법 점령이라고 주장하고 있다.
시사 군도 (파라셀 제도)	• 자원 및 교통로 확보를 둘러싼 중국, 베트남 간의 갈등 • 남중국해에 위치한다. → 현재 중국이 실효 지배중임
난사 군도 (스프래틀리 군도)	• 교통로 및 자원 확보를 둘러싼 갈등 • 현재 중국, 베트남, 필리핀, 브루나이, 말레이시아 등의 국가가 50개의 섬을 각각 나누어 실효 지배 중이다. • 1933~1939년에 프랑스가 차지하다가 제2차 세계 대전 중 일본이 점령하였다. 　→ 일본이 패전한 이후 중국을 비롯한 주변 국가들이 영유권을 주장하고 있음

심화학습 〉 동아시아의 역사 분쟁(영토 분쟁)

(2) 일본과의 갈등

① 일본의 독도 영유권 주장

ㄱ 독도 : 역사적 · 지리적 · 국제법적으
로 명백한 우리 영토이다.

ㄴ 내용 : 일본은 독도 영유권 문제를 국
제 사법 재판소에서 해결하고자 한다.

ㄷ 전개 : 일본 역사 교과서에 독도를
일본 땅으로 왜곡하여 기술하였다.

② 일본의 역사 왜곡 문제

ㄱ 역사 교과서 왜곡 : 식민 지배에 대한 부정, 침략 전쟁을 미화하고 정당화

ㄴ 일본군 '위안부'에 대한 은폐 및 진실된 사죄 부족 문제

ㄷ 일본 정치인의 야스쿠니 신사 참배 문제

ㄹ 강제 징용 및 강제 징병 문제

> **바로 바로 CHECK✓**
>
> 다음 설명에 해당하는 곳은?
>
> • 중국과 일본의 영토 분쟁 지역이다.
> • 중국의 영토였으나 청일 전쟁 후 일본 영
>   토에 편입되었다.
> • 주변 해역에 석유와 천연가스가 대량으로
>   매장되어 있다.
>
> ① 난사 군도   ② 쿠릴 열도
> ③ 시사 군도   ❹ 센카쿠 열도

> 야스쿠니 신사   ▼ 검색
>
> 제2차 세계 대전 때 일본 천황을 위해 싸
> 우다가 전사한 전범들을 안치하고 제사를
> 지내는 곳

(3) 중국과의 역사 갈등

① **동북공정** : '동북 변경 지역의 역사와 현상에 관한 체계적인 연구 과제'의 줄임말

② **내용** : 중국이 현재 자국 영토(만주 지역) 안에 있었던 모든 역사를 중국의 역사라고 주
장하며 고조선, 고구려, 발해를 중국사로 편입시켰다.

③ 목 적

    ㉠ 소수 민족의 이탈 가능성을 막아 현재 영토를 확고히 하기 위함이다.

    ㉡ 한반도 통일 시 발생할 수 있는 영토 분쟁을 방지하기 위함이다.

(4) 동아시아 역사 갈등의 해결 방안

① 정부 차원

    ㉠ 합리적이고 논리적인 근거를 토대로 평화적으로 대화를 이끌어 나간다.

    ㉡ 일본과 중국의 역사 왜곡에 대해 우리 주장의 정당성을 국제 사회에 널리 알리는 홍보 활동에 힘써야 한다.

    ㉢ '동북아 역사 재단'과 같은 관련 연구 기관을 설립하여 역사 왜곡에 대응하는 역사 연구를 할 수 있도록 지원해야 한다.

② 민간 차원

    ㉠ 시민 단체 : 청소년 역사 캠프 등 민간 교류를 통해 공통의 역사 인식 자리를 마련한다.

    ㉡ 연구 기관(학계) : 한 · 중 · 일 학자의 공동 역사 교재 발행 등 주변국과 공동 역사 연구를 진행하여 역사 인식의 차이를 극복한다.

3 국제 사회의 평화에 기여하는 대한민국

(1) 세계 속의 우리나라

① 지정학적 위치

    ㉠ 유라시아 대륙과 태평양을 연결하는 반도국으로 지리적 요충지에 위치한다.

    ㉡ 주변 국가와의 갈등과 협력 속에서 성장하였기 때문에 주변 국가 간의 갈등을 중재할 수 있는 위치에 있다.

② 정치 · 경제 강국으로서의 위상

    ㉠ 1950년 : 경제 원조를 받는 최빈국이었다.

    ㉡ 현재

        ⓐ 적극적인 산업화 정책과 국민의 노력으로 경제 협력 개발 기구(OECD)의 회원국에 가입하였다.

ⓑ 세계 10위권의 무역 대국이자 정보 산업의 강국이 되었다.

ⓒ 국제 연합(UN) 안전 보상 이사회의 비상임 이사국을 역임하였다.

ⓓ 다양한 국제회의를 개최하여 국제 사회에서 정치적 위상을 높이고, 국가 경쟁력을 한층 강화하였다.

③ 문화 대국으로서의 위상

㉠ 한류의 열풍 : 우리의 대중문화가 전 세계로 퍼짐으로써 문화 산업이 발달하였다.

㉡ 각종 스포츠 대회 유치와 유네스코 세계 문화 유산 보유국이다.

　　예 석굴암, 불국사, 해인사 장경판전 등

(2) 국제 평화를 위한 노력

① 정부 차원

㉠ 개발 도상국에 대해 해외 원조를 실시하고, 재난을 당한 국가에 긴급 구호를 실시한다. 예 한국국제협력단(KOICA)

㉡ 국제 연합 평화 유지군(PKF) 파견과 대량 살상 무기 및 테러 확산 방지 등에 협력한다.

㉢ 남북 간의 긴장을 완화시키고, 통일로 세계 평화에 기여한다.

② 민간 차원

㉠ 세계 시민 의식을 가지고 빈곤과 기아 문제 해결을 위한 활동에 적극적으로 동참한다.

㉡ 반전 운동과 같은 비정부 기구의 활동에 참여한다.

01 (가) 현상에 대한 설명으로 옳지 <u>않은</u> 것은?

기출

> 국가 간의 상호 의존성이 높아지고 국제 사회가 국경을 초월하여 하나로 통합되어 가는 과정을 (가)라고 한다.

① 보호 무역 주의로 확대되었다.

② 다국적 기업의 출현으로 가속화되었다.

③ 교통과 정보·통신의 발달로 가능해졌다.

④ 세계 무역 기구(WTO)의 출범으로 확산되었다.

01

세계화는 교통·통신의 발달로 삶의 공간이 전 지구적 규모로 확대되는 현상으로 국경이 약화되고, 국가 간 협력이나 경쟁이 증가한다. 자유 무역의 확대로 세계화가 더욱 가속화되고 있으며, 세계 무역 기구(WTO)의 역할이 더욱 증대되고 있다.

02 세계화의 배경으로 옳지 <u>않은</u> 것은?

① 보호 무역의 발달

② 교통·통신의 발달

③ 세계 무역 기구의 출범

④ 국가 간 상호 협력의 필요성

02

보호 무역의 발달은 세계화에 반대되는 현상이다.

ANSWER
01. ① **02.** ①

03 세계화에 따른 경제적 변화로 옳지 <u>않은</u> 것은?

① 다국적 기업의 활동이 증가한다.

② 개인의 경제 활동 범위가 전 세계로 확대된다.

③ 기술, 자본, 노동 등의 국제적 이동이 활발해진다.

④ 선진국과 개발 도상국 간의 경제적 격차가 줄어든다.

03

세계화로 인해 선진국과 개발 도상국 간의 경제적 양극화가 심화되고 있다.

04 세계화의 부정적 측면으로 옳지 <u>않은</u> 것은?

① 경쟁력이 약한 개발 도상국의 산업이 위축된다.

② 타문화에 대한 편견이나 적대감으로 인한 갈등이 발생한다.

③ 서구 중심의 문화에 동화되어 문화의 정체성을 상실하게 된다.

④ 다국적 기업의 영향력이 감소되어 상품의 수출 시장이 축소된다.

04

세계화로 인해 다국적 기업의 영향력은 강화되고, 경쟁력 있는 다국적 기업의 상품 수출 시장이 확대된다.

ANSWER

03. ④ 04. ④

05 다음 내용과 관련된 용어로 옳은 것은?

> 지역이 세계의 정치, 사회, 문화의 새로운 주체가 되는 현상

① 산업화
② 세계화
③ 도시화
④ 지역화

06 다음 설명과 관련 있는 지역화 전략은?

> 지역의 특정 장소를 상품으로 인식하고 개발하려는 전략

① 지역 축제
② 도시 전략
③ 장소 마케팅
④ 지리적 표시제

사 회

07 지역화에 대한 설명으로 옳지 <u>않은</u> 것은?

① 지역 경제가 활성화되는 데 기여한다.

② 인류의 문화 다양성 증진에 기여한다.

③ 지역만의 독특한 특성을 가치로 인정한다.

④ 세계화가 약화되면서 지역화가 등장하였다.

07

오늘날 전통적인 지역과 국가의 경계 구분이 무의미해지면서, 세계화의 흐름 속에서 지역화가 동시에 일어나고 있다.

08 세계 도시에 대한 설명으로 적절하지 <u>않은</u> 것은?

① 개발 도상국에 위치해 있다.

② 국제 금융 기업이 밀집되어 있다.

③ 전 세계의 자본과 정보가 집중되어 있다.

④ 세계적인 통신의 중심지 역할을 하고 있다.

08

세계 도시는 정치·경제·문화 등 다양한 측면에서 세계의 중심지 역할을 담당하는 도시를 말한다. 뉴욕, 런던, 파리, 도쿄 등 대부분이 선진국에 위치해 있다.

09 생산자 서비스업에 대한 설명으로 옳은 것은?

기출 ① 개인의 소비 생활을 돕는 서비스이다.

② 소도시의 주택가에 많이 형성되어 있다.

③ 연구 개발, 회계, 광고 서비스 등이 해당된다.

④ 산업 구조가 고도화되면서 중요도가 낮아지고 있다.

09

생산자 서비스업은 기업의 생산 활동을 도와주는 서비스이다. 교통이 편리하고, 정보가 많은 세계 도시나 선진국의 도심에 주로 입지한다. 연구 개발, 광고, 금융, 보험, 법률, 회계 등이 이에 해당한다.

①, ② 소비자 서비스업은 소비자에게 직접 제공되는 개인의 소비 생활을 돕는 서비스이다. 주로 도·소매업, 음식, 숙박, 관광, 교육, 의료 등 소비자 근처에 입지한다.

④ 산업 구조가 고도화되면서 중요도가 높아지고 있다.

ANSWER

07. ④ **08.** ① **09.** ③

10 다음 빈칸에 들어갈 알맞은 용어는?

> 세계화의 과정에서 등장한 (   )은 국제적 공간 분업을 통해서 세계적인 생산과 판매망을 형성하고 있다.

① 주식회사

② 공정 기업

③ 사회적 기업

④ 다국적 기업

10
다국적 기업이란 세계 각지에 자회사, 지사, 생산 공장을 보유하고 세계 여러 나라에 진출하여 상품을 생산·판매하는 기업을 말한다.

 11 다음에서 ○○전자가 가장 중요하게 고려한 입지 요인은?

> 우리나라의 ○○전자는 1980년대 말부터 타이, 베트남, 인도네시아 등에 생산 공장을 건설하고 있다.

① 값싼 노동력

② 높은 기술 수준

③ 쾌적한 자연 환경

④ 풍부한 원료 자원

11
우리나라의 인건비 상승으로 인건비를 절약하기 위해 값싼 노동력이 풍부한 중국이나 동남아시아 지역으로 생산 공장을 이전하고 있다.

ANSWER
10. ④ 11. ①

12 다국적 기업과 관련된 내용으로 옳지 <u>않은</u> 것은?

<u>고난도</u> ① 연구소는 주로 개발 도상국에 입지한다.

② 다국적 기업이 진출한 국가는 경제가 활성화된다.

③ 국경을 초월한 세계적인 경제 활동을 수행하는 기업을 말한다.

④ 세계 각지에 자회사, 지사, 생산 공장, 연구소를 보유한 기업이다.

12
다국적 기업의 본사나 연구소는 주로 선진국에, 생산 공장은 주로 인건비가 저렴한 개발 도상국에 입지한다.

13 국가 간 빈부 격차 문제를 해결하기 위한 개인적 차원의 노력으로 옳은 것은?

① 공정 여행 참여

② 공적 개발 원조 실시

③ 다국적 기업의 상품 구매

④ 국제기구를 통한 개발 도상국 지원

13
개인적 차원에서 공정 여행을 다니고, 공정 무역 제품을 구매하여 개발 도상국에게 도움이 되도록 한다.

14 공정 무역에 대한 설명으로 옳지 <u>않은</u> 것은?

① 윤리적 소비 운동이다.

② 유통 비용을 절감할 수 있다.

③ 개발 도상국의 노동 착취를 방지한다.

④ 선진국의 생산자에게 정당한 혜택이 돌아간다.

14
공정 무역은 개발 도상국에서 생산되는 제품의 생산자에게 적정한 혜택이 돌아가도록 하자는 윤리적 소비 운동이자 무역 형태이다.

ANSWER
12. ① **13.** ① **14.** ④

15 국제 사회의 갈등에 대한 설명으로 옳지 <u>않은</u> 것은?

① 한 국가의 노력으로 해결할 수 있다.

② 자국의 이익을 우선시하기 때문에 일어난다.

③ 갈등을 해결하기 위해 국제 사회의 협력이 필요하다.

④ 자원, 민족 등 여러 가지 원인이 복합적으로 나타난다.

15
특정 지역의 갈등이 다른 지역으로 파급되어 한 국가만의 노력으로 해결할 수 없는 문제들이 증가하고 있다.

16 종교적 갈등에 의한 분쟁 지역으로 옳은 것을 〈보기〉에서 모두 고른 것은?

기출

┌─보기┌
ㄱ. 카슈미르 분쟁
ㄴ. 카스피해 분쟁
ㄷ. 쿠릴 열도 분쟁
ㄹ. 북아일랜드 분쟁
└─────────

① ㄱ, ㄴ

② ㄱ, ㄹ

③ ㄴ, ㄷ

④ ㄷ, ㄹ

16
카슈미르 분쟁은 인도(힌두교)와 파키스탄(이슬람교) 간의 갈등이고, 북아일랜드 분쟁은 영국으로부터 독립을 요구하는 가톨릭교도와 개신교 간의 갈등이다.
ㄴ. 카스피해 분쟁은 석유와 천연가스와 관련된 자원 분쟁이다.
ㄷ. 쿠릴 열도 분쟁은 러시아와 일본 간의 영토 분쟁이다.

ⒶⓃⓈⓦⒺⓇ
15. ① **16.** ②

17 지도에 표시된 지역의 분쟁 원인이 되고 있는 종교를 〈보기〉
기출 에서 모두 고른 것은?

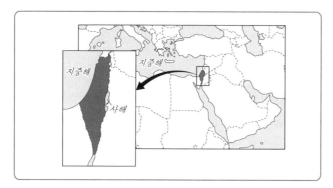

> 보기
> ㄱ. 불교   ㄴ. 힌두교
> ㄷ. 유대교   ㄹ. 이슬람교

① ㄱ, ㄴ

② ㄱ, ㄷ

③ ㄴ, ㄹ

④ ㄷ, ㄹ

18 다음과 관련 있는 국제 사회의 행위 주체는?

> 주권을 가진 독립적인 행위를 하는 국제 사회의 가
> 장 기본이 되는 행위 주체

① 국가

② 국제기구

③ 소수 민족

④ 다국적 기업

17

이스라엘–팔레스타인 분쟁은 이슬람교와 유대교 간의 오랜 갈등이다. 제2차 세계 대전이 끝나면서 국제 연합은 팔레스타인을 유대인(유대교) 구역과 아랍인(이슬람교) 구역으로 분할하였다. 이후, 1948년 팔레스타인 지역에 유대인들이 이스라엘을 건국하면서 유대인과 아랍인 간에는 팔레스타인 지방의 영유권을 둘러싸고 심한 대립이 나타났으며, 이는 수차례에 걸친 중동 전쟁으로 이어졌다. 몇 차례의 전쟁을 겪으면서 이스라엘은 아랍인 구역을 장악하였으며, 이 과정에서 팔레스타인 사람들이 이스라엘을 떠나 주변 국가에서 난민 생활을 하게 되었다.

18

국가는 일정한 영토와 국민을 바탕으로 주권을 가진 독립적인 행위를 하는 국제 사회의 가장 기본이 되는 행위 주체이다.

ANSWER

17. ④ **18.** ①

19 다음과 관련 있는 국제 사회의 행위 주체는?

> 국경을 넘어 활동하는 개인이나 민간단체가 모여 조직한 국제기구

① 그린피스
② 유럽 연합
③ 국제 연합
④ 국제 통화 기금

19

국제 비정부 기구(비정부 국제기구, NGO)는 국경을 넘어 활동하는 개인이나 민간단체가 모여 여러 나라에 걸쳐 조직한 국제기구이다. **예** 국경없는 의사회, 그린피스, 국제 사면 위원회 등
②·③·④는 모두 정부 간 국제기구에 해당한다.

20 다음 빈칸에 들어갈 용어를 순서대로 나열한 것은?

> (㉠) 평화란 전쟁, 테러와 같은 (㉡)·직접적 폭력이 발생하지 않은 상태를 말한다.

	㉠	㉡
①	소극적	물리적
②	적극적	구조적
③	적극적	물리적
④	소극적	문화적

20

소극적 평화란 전쟁, 테러, 폭행과 같은 물리적·직접적 폭력이 발생하지 않은 상태를 말한다.

ANSWER

19. ① 20. ①

21 다음 밑줄 친 내용과 관련된 국제 행위의 주체는?

> 이스라엘과 요르단은 이스라엘 건국 이후 줄곧 극단적으로 대립해 왔다. 특히 양국은 1967년의 중동 전쟁 이후 첨예한 적대 관계를 유지해 왔다. 이러한 양국 정부는 국제 연합(UN) 등 국제 사회의 적극적인 중재로 1994년 평화 협정을 체결하였다.

① 다국적 기업
② 정부 간 국제기구
③ 국제 비정부 기구
④ 권위를 가진 영향력 있는 개인

22 다음 내용에 해당하는 것은?

> 오늘날 국제 사회는 평화를 실현하기 위해 노력하고 있다. 빈곤과 기아, 각종 차별과 불평등 때문에 발생하는 문제들을 해결함으로써 인류는 더욱 인간다운 삶을 영위할 수 있다.

① 소극적 평화
② 적극적 평화
③ 특수 윤리의 실현
④ 물리적 폭력의 제거

21
정부 간 국제기구는 두 국가 이상이 모여 하나의 조직체를 만들어 활동하는 행위 주체를 말한다. 국제 연합(UN), 세계 무역 기구(WTO), 북대서양 조약 기구(NATO) 등이 있다.

22
빈곤과 기아, 각종 차별과 불평등 때문에 발생하는 문제들이 해결된 상태는 전쟁, 테러와 같은 직접적인 폭력뿐 아니라 간접적인 폭력까지 모두 제거된 상태로 적극적 평화라고 한다.

23 국제 평화를 위한 행위 주체의 역할로 옳지 <u>않은</u> 것은?

고난도

① 정부 간 국제기구의 중재가 점점 중요해진다.

② 정부 간 국제기구는 힘의 논리로 갈등을 해결한다.

③ 국제 비정부 기구는 인도주의적 구호 활동을 한다.

④ 개별 국가들은 평화적인 외교 협상으로 갈등을 해결한다.

23

개별 국가들은 양보와 타협을 통한 외교적 협상으로 갈등을 해결해야 하며, 정부 간 국제기구는 힘의 논리를 앞세우기보다는 분쟁 당사국이 원만한 해결을 모색할 수 있도록 중재자 역할을 담당해야 한다. 또한 국제 비정부 기구는 전쟁이나 테러에 따른 인권 침해를 방지하고 인도주의적 구호 활동을 해야 한다.

24 남북 분단의 과정을 순서대로 나열한 것은?

> ㄱ. 6·25 전쟁
> ㄴ. 미국과 소련군 주둔
> ㄷ. 남한 단독 총선거 실시
> ㄹ. 1945년 8월 15일 광복

① ㄱ - ㄴ - ㄷ - ㄹ

② ㄴ - ㄹ - ㄷ - ㄱ

③ ㄷ - ㄹ - ㄴ - ㄱ

④ ㄹ - ㄴ - ㄷ - ㄱ

24

1945년 8월 15일 일제로부터 해방이 되자마자, 38도선을 경계로 남과 북에 각각 미군과 소련군이 주둔하여 군정을 실시하였다. 1948년 남한에서 단독 총선거(5·10 총선거)를 실시하면서 대한민국 정부가 수립되었다. 이후 북한의 남침으로 6·25 전쟁이 발발하면서 분단은 고착화되었다.

25 통일의 필요성으로 적절하지 <u>않은</u> 것은?

① 국가 경쟁력 강화

② 국제 평화에 이바지

③ 민족의 정체성 회복

④ 군사 강국 지위 확보

26 통일을 위한 방안으로 옳지 <u>않은</u> 것은?

① 통일 비용을 마련해야 한다.

② 경제적 통일만을 목표로 한다.

③ 남과 북이 지속적인 교류를 해야 한다.

④ 범국민적인 통일 교육을 실시해야 한다.

25

통일이 된다면 전쟁 종결로 군사적 위협과 갈등을 해소할 수 있어 동북아시아의 평화를 정착시킬 수 있다.

26

경제적 통일뿐만 아니라 정치적 통일 등 통일에 대한 범위는 국민적 합의를 통해 정해야 한다.

ANSWER

25. ④ 26. ②

27 지도와 같이 통일 이후 대륙 횡단 철도가 연결될 때 기대
고난도 할 수 있는 효과로 옳지 <u>않은</u> 것은?

① 남북 간 교역이 활성화될 수 있다.

② 한반도에서 아메리카 대륙까지의 운송이 증가한다.

③ 대륙 철도를 이용하여 화물을 수송할 수 있게 된다.

④ 한반도는 동북아시아의 물류 중심 국가로 성장할
   수 있게 된다.

28 지도에 표시된 분쟁 지역의 공통적인 분쟁 국가는?
기출

★ 분쟁 지역

① 독일

② 일본

③ 칠레

④ 중국

27

통일 이후 대륙 횡단 철도가 연결되면 한
반도에서 유럽 대륙까지 가는 물류량이 크
게 증가할 것이다.

28

센카쿠 열도(댜오위다오), 남중국해의 시
사 군도, 남중국해의 난사 군도의 영토 분
쟁에 공통적으로 관련이 있는 국가는 중국
이다.

29
기출
지도에 표시된 분쟁 지역에서 두 지역 모두에 대해 영유권을 주장하는 국가는?

① 일본
② 중국
③ 러시아
④ 대한민국

30 일본의 독도 영유권 주장에 대한 우리의 대응으로 옳지 <u>않은</u> 것은?

① 일본 정부에 공식 문서로 항의한다.
② 역사적으로 합리적인 근거를 찾는다.
③ 국제 사법 재판소에 일본을 제소한다.
④ 독도가 우리 영토임을 국제 사회에 알린다.

29
센카쿠 열도(댜오위다오), 쿠릴 열도의 영토 분쟁에 공통적으로 관련이 있는 국가는 일본이다.

30
독도는 현재 우리나라가 실효적으로 영토 주권을 행사하고 있는 우리의 영토이기 때문에 국제 사법 재판소에 제소할 이유가 없다.

ANSWER
29. ① 30. ③

31 동북공정에 대한 설명으로 옳지 <u>않은</u> 것은?

① 중국의 역사 왜곡 사업이다.

② 신라, 백제의 역사를 중국사로 편입시키려는 것이다.

③ 중국 소수 민족의 이탈 가능성을 막기 위한 의도가 있다.

④ 현재 자국 영토 안에 있었던 국가를 중국의 역사로 연구하는 것이다.

31
동북공정은 중국이 현재 자국 영토 안에 있었던 우리의 고조선, 고구려, 발해의 역사를 중국사로 편입시키려는 역사 왜곡 사업이다.

32 국제 평화를 위한 개인적 차원의 노력을 〈보기〉에서 모두 고르면?

> ┌보기┐
> ㄱ. 환경 협약 체결하기
> ㄴ. 세계 시민 의식을 갖고 기부하기
> ㄷ. 통일의 중요성을 알리는 캠페인 참여하기
> ㄹ. UN 등과 같은 국제기구에 적극적으로 참여하기

① ㄱ, ㄴ

② ㄱ, ㄹ

③ ㄴ, ㄷ

④ ㄴ, ㄹ

32
국제 평화를 위한 개인적 차원의 노력으로는 캠페인 활동, 기부 활동, 비정부 기구의 활동에 참여하기 등이 있다.

ANSWER
31. ② 32. ③

09 미래와 지속 가능한 삶

 학습 point⁺

세계 인구 분포의 특징, 인구 이동의 유형, 선진국과 개발 도상국의 인구 문제는 출제 가능성이 높습니다. 특히 에너지 자원의 종류와 특징, 지속 가능한 발전은 대표적인 빈출 주제입니다. 미래 지구촌의 모습을 분야별로 긍정적 측면과 부정적 측면을 정리해 두어야 합니다.

01 세계의 인구와 인구 문제

1 세계의 인구 현황

(1) 세계의 인구 성장

① 인구 변화

㉠ 산업 혁명 이후 급속하게 인구가 증가하였다.

㉡ 현재 개발 도상국의 인구 성장 속도가 선진국에 비해 빠르다.

선진국	18세기 후반 산업화가 일찍 시작되어 인구 성장을 이루었다.
개발 도상국	20세기 중반 이후 산업화가 진행되면서 빠른 인구 증가를 이루었다.

② 인구 성장 요인

㉠ 산업화로 인한 생활 수준의 향상과 인구 부양력 이 증대되었다.

㉡ 의학 기술의 발달로 사망률이 감소하였다.

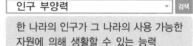

인구 부양력 ▾ 검색

한 나라의 인구가 그 나라의 사용 가능한 자원에 의해 생활할 수 있는 능력

심화학습 세계의 인구 성장

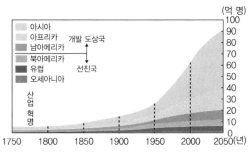

18세기 중반 산업 혁명을 겪으면서 세계의 인구는 급격하게 증가하여 1800년대에 10억 명을 넘어서게 되었고, 2011년을 기준으로 세계 인구는 70억 명을 넘어섰다. 산업 혁명은 경제 발전과 의료 기술의 발달 등을 가져왔고, 이와 함께 사망률이 감소하면서 인구가 급격하게 증가하는 계기를 마련하였다.

③ 인구 변천 단계

1단계 다산 다사	• 높은 출생률과 높은 사망률로 인구의 자연 증가율이 매우 낮은 단계 • 높은 사망률의 원인 : 전염병, 기근, 낮은 의료 수준 등
2단계 다산 감사	• 높은 출생률과 사망률 감소로 인구의 자연 증가율이 매우 높은 단계 • 사망률 감소의 원인 : 인구 부양력 증대, 의료 기술 발달 등
3단계 감산 소사	• 낮은 사망률과 출생률 감소로 인구의 자연 증가율이 둔화되는 단계 • 출생률 감소의 원인 : 여성의 사회적 지위 향상 및 취업 기회의 증가, 교육 수준의 향상, 정부의 산아 제한 정책, 자녀에 대한 가치관 변화 등
4단계 소산 소사	• 낮은 출생률과 낮은 사망률로 인구의 자연 증가율이 감소하는 단계 • 저출산 · 고령화 사회 진입 원인 : 핵가족 선호, 평균 수명의 연장 등

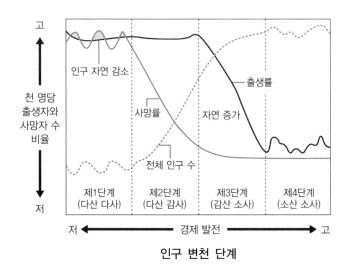

인구 변천 단계

참깐

인구 변동
• 자연적 증감 : 출생과 사망에 의한 인구 증감
• 사회적 증감 : 전입과 전출에 의한 인구 증감

(2) 세계의 인구 분포 중요⁺

① 인구 분포의 특징

불균등 분포	• 거주에 유리한 특정 지역에 집중 분포함 • 북반구 중위도인 20°~40° 사이에 밀집함 • 온대 기후 지역의 하천 주변과 해안 지역에 세계 인구의 절반 이상이 거주함
대륙별 분포	• 아시아 대륙에 전체 인구의 60% 이상이 거주함 • 오세아니아 대륙에는 가장 적은 인구가 거주함

② 인구 분포에 영향을 미치는 요인

ⓐ 자연적 요인 : 지형, 기후, 토양, 식생 등 → **농경 사회에서 중시함**

ⓑ 인문·사회적 요인 : 정치, 경제, 산업, 문화, 종교, 교통 등 → **산업화 이후 중시함**

ⓒ 최근에는 인문·사회적 요인의 영향력이 커지고 있다.

③ 인구 밀집 지역

자연적 요인	• 냉·온대 기후 지역의 하천 주변과 해안 지역 • 농업에 유리한 평야 지역
인문·사회적 요인	• 산업이 발달하고 일자리가 풍부한 지역 • 생활 환경이 좋고 교통이 편리한 지역

④ 인구 희박 지역

자연적 요인	• 열대·건조·한대 기후 지역 • 험준한 산지, 사막, 토양이 척박한 지역, 극지방
인문·사회적 요인	• 산업화가 이루어지지 않고, 일자리가 부족한 지역 • 전쟁이나 분쟁이 발생하는 지역

바로 바로 CHECK√

밑줄 친 ⊙에 해당하는 지역으로 적절한 것은?

> 세계의 인구는 전 세계에 골고루 분포하는 것이 아니라 ⊙ 사람들이 살기 좋은 특정한 지역에 집중하여 분포한다.

① 대륙 내부의 사막 지역
② 토양이 척박한 산악 지역
③ 극지방 부근의 한대 기후 지역
❹ 북반구 중위도의 냉·온대 기후 지역

심화학습 세계의 인구 분포

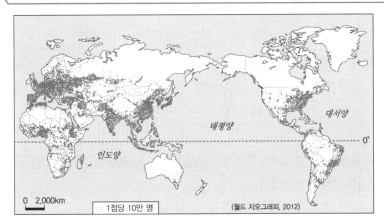

세계 인구는 약 90% 이상이 북반구에 거주하며, 온대 기후가 나타나는 중위도 지역에 인구가 분포한다. 반면, 열대 기후의 적도 지방과 한대 기후의 극지방은 인구가 희박하다. 일찍부터 산업화가 이루어진 북서부 유럽과 미국 동부 지역은 경제 수준이 높고 각종 산업 시설과 일자리가 풍부하기 때문에, 계절풍 기후 지역인 동남아시아 지역은 벼농사가 발달하여 인구 부양력이 높기 때문에 인구 밀도가 높다. 반면 건조 기후 지역인 북부 아프리카는 농업에 불리하기 때문에 인구가 희박하다. 오스트레일리아 또한 인구 밀도가 매우 낮다.

2 세계의 인구 이동 및 인구 구조

(1) 세계의 인구 이동 중요⁺

① 인구 이동 요인 : 정치, 경제, 종교 등 다양한 요인에 의해 국제 이동이 이루어진다.

　　㉠ 인구 흡인 요인 : 고임금·일자리 풍부, 생활 편의시설 풍부, 쾌적한 주거 환경, 교통 편리 등

　　㉡ 인구 배출 요인 : 빈곤·저임금, 일자리 부족, 생활 편의 시설 부족, 교통 불편, 환경 오염 등

② 오늘날의 인구 이동

　　㉠ 세계화가 진행되면서 일자리, 유학, 환경 등의 다양한 요인에 따른 인구 이동이 빈번하게 나타난다.

> **잠깐**
> **인구 이동의 유형**
> • 경제적 이동 : 주로 개발 도상국에서 산업이 발달한 선진국으로의 이동
> • 정치적 이동 : 정치적 탄압, 내전, 분쟁 등으로 인한 이동
> • 환경적 이동 : 해수면 상승, 사막화 등 기후 변화에 따른 환경 난민의 이동
> • 종교적 이동 : 종교의 자유를 위한 이동
> • 강제적 이동 : 과거 노예 무역으로 인한 아프리카 흑인들의 이동

ⓛ 경제적 이동의 비중이 크다.

③ 국제 인구 이동에 따른 문제

　㉠ 인구 유입 국가

　　ⓐ 긍정적 영향

　　　• 인구 이동의 영향으로 문화적 다양성이 증대되었다.

　　　• 노동력 확보로 경제가 활성화되었다.

　　ⓑ 부정적 영향

　　　• 이주민의 종교와 문화가 유입되어 원주민과 이주민 간의 경제적·문화적 갈등이 발생하였다.

　　　• 난민 수용을 둘러싼 갈등이 발생하였다.

　㉡ 인구 유출 국가

　　ⓐ 긍정적 영향 : 해외 이주 노동자들의 송금으로 외화가 유입되었다.

　　ⓑ 부정적 영향 : 청장년층의 유출로 인한 노동력 감소로 지역 경제가 침체되었다.

심화학습 세계 노동자와 난민의 이동

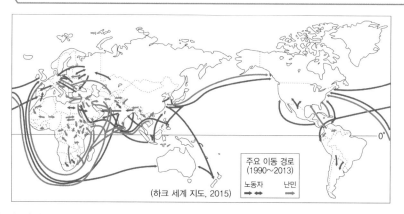

(하크 세계 지도, 2015)

1) 노동자의 이동(경제적 이동)

　• 북부 아프리카에서 서부 유럽으로의 이동

　• 라틴 아메리카에서 미국 서남부 지역으로의 이동

　• 석유 개발로 경제가 성장한 서남아시아로의 이동

2) 난민의 이동(정치적 이동)

　• 분쟁과 내란이 잦은 서남아시아나 아프리카에서 유럽이나 인접 국가로의 이동

　• 환경 난민 : 해수면 상승이나 사막화로 거주가 불리해져 이동

(2) 세계의 인구 구조

① 선진국

㉠ 종형 또는 방추형이며, 노년층의 인구 비율이 매우 높다. → 상대적으로 중위 연령이 높음

중위 연령	▼ 검색
전체 인구를 나이 순서대로 세웠을 때 중간에 있는 사람의 나이	

㉡ 출생률이 감소하면서 인구 증가율이 정체 또는 감소 상태이다.

② 개발 도상국

㉠ 피라미드형으로 유소년층의 인구 비율이 높다. → 상대적으로 중위 연령이 낮음

㉡ 높은 출생률을 유지하면서 사망률 감소에 따라 인구 증가율이 매우 증가한다.

③ 기 타

㉠ 남아 선호 사상이 남아 있는 국가나 산아 제한 정책을 시행한 국가에서 심각한 남초 현상이 나타나기도 한다.

남초현상	▼ 검색
여자 100명당 남자 수를 성비라고 하는데, 성비가 100보다 크면 남초 현상, 100보다 작으면 여초 현상이라고 한다.	

㉡ 광업 및 중화학 공업 발달 지역은 청장년층에서 남초 현상이 나타난다.

심화학습 인구 구조 유형

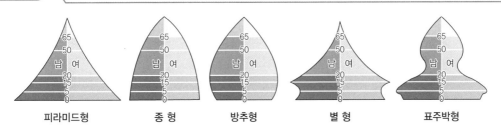

1) **피라미드형** : 출생률과 사망률이 모두 높은 구조로, 출생률은 조절되지 않고 사망률이 저하되어 인구 증가가 심한 유형 ⓔ 멕시코, 브라질, 인도 등의 개발 도상국

2) **종형** : 출생률과 사망률이 모두 낮아 인구 증가가 정체 상태인 유형 ⓔ 영국, 스웨덴, 미국 등의 선진국

3) **방추형** : 사망률이 낮아 인구 증가율은 정체된 상태이나, 출생률이 더욱 낮아져 오히려 인구가 감소하는 유형 ⓔ 유럽의 일부 선진국

4) **별형(도시형)** : 생산 연령층의 전입에 의해 청장년층이 많은 인구 구조 ⓔ 대도시

5) **표주박형(농촌형)** : 생산 연령층의 전출에 의해 유소년층 및 노년층이 많은 인구 구조

3 세계의 인구 문제 및 해결 노력

(1) 선진국의 인구 문제 : 저출산·고령화 문제 `중요+`

① 저출산 문제

ㄱ 원인 : 여성의 사회 활동 증가, 양육비 증가, 초혼 연령 상승, 자녀에 대한 가치관 변화

→ 합계 출산율 감소

ㄴ 문제점 : 노동력 부족에 따른 경제 성장 저하, 청·장년층의 노인 부양비 증가

ㄷ 해결 노력 : 출산 및 육아 수당 지급 등의 출산 장려 정책 실시, 보육 시설 확대, 여성의 사회 활동을 보장하는 제도 마련, 가족 친화적 가치관 확대, 남녀 간 가사와 양육 분담, 양성 평등 문화 확립 등

② 고령화 문제

ㄱ 원인 : 의학 기술 발달로 사망률 감소, 평균 수명 연장으로 노년층 인구 비율 증가

ㄴ 문제점 : 생산 가능 인구 감소, 노년층의 은퇴 이후 경제적 어려움과 소외 현상 심화, 세대 간 일자리 경쟁 및 갈등 심화

ㄷ 해결 노력 : 노인 복지 제도 정비, 실버 산업 확충, 노인 일자리 마련, 노인을 지혜와 경험을 가진 사회 구성원으로 공경, 현재 세대와 미래 세대 간의 형평성을 고려하여 자원이나 일자리 등을 배분

합계 출산율 ▼ `검색`

여성 1명이 평생 동안 낳을 수 있는 평균 자녀 수로, 출산 가능한 여성의 나이인 15세부터 49세까지를 기준으로 함

바로 바로 CHECK√

다음 현상으로 인해 나타나는 인구 문제에 해당하는 것은?

• 결혼 연령 상승
• 육아 지원 제도 부족
• 자녀 양육비 부담 증가

❶ 출산율의 저하
② 총인구의 증가
③ 고령 인구의 감소
④ 유소년 인구 비율의 증가

잠깐

고령화 : 총인구 중에 65세 이상 노년층 인구가 차지하는 비율이 높아지는 현상
• 고령화 사회 : 7% 이상
• 고령 사회 : 14% 이상
• 초고령 사회 : 20% 이상

바로 바로 CHECK√

고령화로 인해 나타날 수 있는 사회 문제로 적절하지 않은 것은?

① 청·장년층의 노인 부양 부담 증가
❷ 출산율 증가에 따른 보육 시설 부족
③ 노인 복지를 위한 국가 재정 부담 증가
④ 생산 가능 인구 비율의 감소에 따른 국가 생산성 저하

심화학습 우리나라의 인구 구조

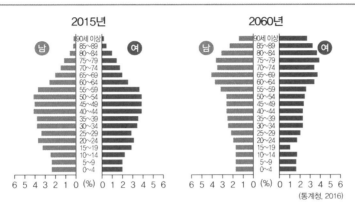

2015년 2060년

(통계청, 2016)

산업화 이후 출생률이 현저히 낮아져 유소년층의 비중은 감소하고, 노년층 비중이 빠르게 증가하고 있다.

(2) **개발 도상국의 인구 문제** : 인구 과잉 문제

① **원인** : 제2차 세계 대전 이후 산업화와 의료 기술의 보급으로 사망률 감소 → 인구 급증 → 인구 급증에 따른 인구 부양력이 함께 성장하지 못함

② **문제점** : 빈곤과 기아 문제, 이촌향도 현상으로 인한 도시의 과밀화 문제(주택 부족, 사회 기반 시설 부족, 일자리 부족 등), 환경 오염 문제

③ **해결 노력** : 가족계획 사업과 같은 출산 억제 정책, 경제 성장과 식량 증산 정책, 인력의 해외 진출, 중소 도시 육성 등 지역 간 균형 발전

02 세계의 자원과 지속 가능한 발전

1 자원의 분포와 소비

(1) 자원의 의미와 특성

① **자원의 의미** : 자연에서 얻을 수 있는 것 중에서 인간의 생활을 유지하는 데 유용하며 기술적·경제적으로 개발이 가능한 모든 것

② 자원의 특성

　　㉠ 유한성 : 자원의 매장량이 한정되어 있으며, 재생 불가능한 특성

　　㉡ 가변성 : 자원의 가치가 과학 기술 발달, 경제적 수준, 사회·문화적 배경 등에 따라 변화하는 특성

　　㉢ 편재성 : 자원이 지구상에 고르게 분포하지 않고, 일부 지역에 집중되어 분포하는 특성

　　　→ 생산지와 소비지가 불일치하는 경우가 많음

바로 바로 CHECK√

다음에서 설명하는 자원의 특성은?

자원은 지구상에 고르게 분포하지 않고 특정 지역에 치우쳐 분포한다. 특히, 석유는 전 세계 매장량의 절반 이상이 페르시아만 연안에 집중되어 있다.

① 가변성　　　　② 상대성
❸ 편재성　　　　④ 유한성

③ 자원의 분류

　　㉠ 비재생 자원 : 석탄, 석유, 천연가스처럼 고갈되는 자원

　　㉡ 재생 자원 : 태양열, 지열, 수력 등과 같이 무한정 사용할 수 있는 자원

(2) 에너지 자원의 분포와 특징 　중요⁺

① 석 탄

특 징	• 산업 혁명 때 철광석과 함께 주요 자원으로 이용되었다. • 발전용, 산업용, 가정용으로 이용한다. • 탄화 정도에 따라 무연탄, 역청탄, 갈탄 등으로 구분된다.
분 포	• 석유에 비해 여러 지역에 고르게 분포한다. • 주로 고생대 지층, 고기 습곡 산지, 북반구 냉·온대 지역 등 넓은 지역에 분포한다. • 주요 생산지 : 중국, 미국, 오스트레일리아, 인도 등
국제 이동	석유에 비해 국제 이동량이 적다.

② 석 유

특 징	• 세계적으로 가장 많이 사용되고 있는 에너지 자원이다. • 수송용, 발전용, 석유 화학 공업의 원료로 이용한다. • 수송, 저장, 사용이 편리하여 현재 사용 비중이 가장 높은 에너지 자원이다. • 국제 경제 및 정치에 미치는 영향력이 매우 크다.
분 포	• 신생대 지층에 많이 매장되어 있다. • 서남아시아의 페르시아만이 최대 생산지이다. • 주요 생산국 : 사우디아라비아, 러시아, 미국 등
국제 이동	자원의 편재성이 커서 국제 이동량이 많다.

③ 천연가스

특 징	• 에너지 효율이 높다. • 석유와 석탄에 비해 연소 시 대기 오염 물질 배출량이 적은 청정에너지이다. • 가정용으로 많이 이용되며, 자동차의 연료 등에도 사용된다.
분 포	• 석유와 함께 매장되어 있다. • 주요 생산국 : 러시아, 미국, 캐나다 등
국제 이동	냉동 액화 기술의 발달로 장거리 수송이 가능해지면서 국제 이동량과 소비량이 증가하였다.

④ 세계 에너지 소비 실태

   ㉠ 산업화 이후 에너지 자원으로 석탄과 석유가 많이 사용되었으며, 최근에는 천연가스의 사용량이 증가하였다.

   ㉡ 현재 소비량 : 석유 > 석탄 > 천연가스 > 수력 > 원자력 순

   ㉢ 선진국이나 공업이 발달한 국가에서 대부분 소비되고 있다.

바로 바로 CHECK√

화석 에너지에 대한 설명으로 옳은 것은?

❶ 석탄, 석유, 천연가스는 화석 에너지이다.
② 석유는 18세기 산업 혁명의 핵심 자원이었다.
③ 석탄은 주로 자동차와 비행기의 연료로 쓰인다.
④ 천연가스는 액화 기술의 발달로 소비량이 감소하고 있다.

심화학습 ── 석유와 석탄의 국제적 이동

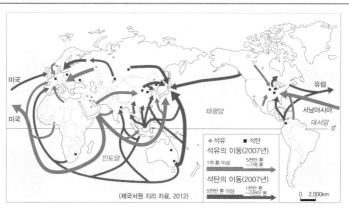

(제국서원 지리 자료, 2012)

  석유는 석탄에 비해 매장과 생산의 지역적 편재성이 크다. 특히 서남아시아의 페르시아만 지역에서의 수출량이 많고, 석유를 주로 소비하는 국가는 산업이 발달한 유럽, 북아메리카 등의 선진국이기 때문에 국제적 이동량이 많은 편이다.

  석탄은 석유에 비해 비교적 넓은 지역에 분포하고, 중국, 미국, 호주 등에서 생산하며, 서부 유럽과 동부아시아 등으로 수출한다. 석탄은 석유와 달리 생산지에서 소비하는 경우가 많아 국제적 이동량이 적은 편이다.

(3) 자원 문제 및 해결 노력

① 자원으로 인한 문제

　⊙ 자원은 유한하고 편재되어 있지만, 에너지 자원
　　의 소비는 꾸준히 증가하여 자원 부족 문제가
　　발생한다.

　⊙ 자원의 생산지와 소비지의 불일치로
　　인한 국가 간 갈등이 발생한다.

　⊙ 자원 민족주의의 대두로 자원을 전략적
　　으로 사용하면서 영역 분쟁이 발생한다.

　⊙ 세계 에너지 소비 상위 10개국이 전체
　　화석 에너지 소비량의 절반 이상을 차
　　지하면서 국가 간 자원 소비 격차가 확
　　대되고 있다.

　⊙ 화석 에너지의 사용 증가로 지구 온난화가 심화되고, 대기 오염 문제도 심각해지고 있다.

② 자원 문제 해결 방안

　⊙ 신재생 에너지의 개발과 이용을 확대한다. ⓔ 풍력, 태양광, 지열, 수력, 바이오 에너지 등

　⊙ 미래 세대를 고려하여 자원을 효율적으로 이용하고, 일상 생활에서의 자원 절약을
　　생활화한다.

　⊙ 자원의 안정적 확보를 위해 자원 외교를 강화한다.

자원 민족주의 ▼ 검색

자원 보유국들이 자국에서 생산되는 자원에 대한 독점적 권리를 주장하는 현상으로, 자원을 무기화하여 자국의 이익을 극대화하기 위해 이용한다.

바로바로 CHECK√

다음에서 설명하는 것은?

자민족이나 자국의 이익을 위해 보유하고 있는 자원을 전략적으로 사용하는 것이다.

① 다원주의　　② 생태 중심주의
❸ 자원 민족주의　④ 세계 시민주의

심화학습 — 세계의 자원 분쟁 지역

(한국 국방 연구원, 2016)

1) 카스피해 : 러시아, 카자흐스탄, 아제르바이잔, 투르크메니스탄, 이란이 석유와 천연가스 지대의 영유권을 두고 분쟁
2) 북극해 : 러시아, 캐나다, 미국, 노르웨이, 덴마크가 석유와 천연가스 지대의 영유권을 두고 분쟁, 지구 온난화로 북극의 빙하가 녹으면서 개발 가능성이 높아짐
3) 동중국해 : 중국, 일본 간의 가스전 분쟁
4) 남중국해 : 중국, 타이완, 필리핀, 브루나이, 말레이시아 등이 석유 및 천연가스를 두고 영유권 분쟁
5) 포클랜드 제도 : 현재 영국령에 속해 있지만 아르헨티나가 영유권을 주장하면서 석유 지대 영유권을 두고 분쟁

2 지속 가능한 발전 중요⁺

(1) 지속 가능한 발전의 의미와 실천

① 의미 : 미래 세대가 그들의 필요를 충족할 수 있는 능력을 저해하지 않으면서, 현재 세대의 필요를 충족시키는 발전 방식

② 방향 : 환경 보전 및 경제 성장과 사회 통합의 균형을 이루어야 한다.

③ 실천 방법

　　㉠ 환경과 경제의 조화 : 생태계 수용 능력의 한계 내에서 경제 활동이 환경친화적이어야 한다.

　　㉡ 사회적 형평성 고려 : 경제의 양적 성장보다 질적 성장과 공정한 배분을 통해 평등한 사회를 지향해야 한다.

(2) 지속 가능한 발전을 위한 노력

① 국제적 차원

　　㉠ 국제 연합(UN)에서 지속 가능한 발전 목표를 제시한다.

　　㉡ 국가 간 국제 환경 협약을 체결하고, 온실가스 배출권 거래제를 시행한다.

　　㉢ 공적 개발 원조(ODA)를 통해 세계적인 빈곤 문제를 해결한다.

> **온실가스 배출권 거래제** ▾ | 검색
> 정부가 기업의 온실가스 배출량을 정해주고, 기업이 그 범위 안에서 온실가스를 감축하도록 하는 제도

② 국가적 차원

 ㉠ 「지속 가능 발전법」 등의 법률을 제정한다.

 ㉡ 사회 취약 계층 지원 제도 등을 마련하여 사회적 불평등을 해소한다.

 ㉢ 자원의 효율적 이용을 높여주는 기술을 개발한다.

③ 개인적 차원

 ㉠ 환경 보호를 위해 자원 소비를 최소화하고, 자원 재활용이나 에너지 절약에 힘쓴다.

 ㉡ 윤리적 소비를 실천한다.

 ㉢ 건강한 세계 시민 의식을 함양한다.

바로바로 CHECK✓

밑줄 친 ㉠에 대한 설명으로 옳지 <u>않은</u> 것은?

> ㉠ 지속 가능한 발전을 위해서는 경제 성장, 사회 안정과 통합, 환경 보전이 균형을 이루어야 한다.

① 환경 파괴를 최소화하고자 한다.
❷ 경제의 빠른 성장만을 우선시한다.
③ 계층 간 형평성을 고려하고자 한다.
④ 한정된 자원의 남용을 억제하고자 한다.

심화학습 지속 가능한 발전의 개념

 지속 가능한 발전은 단순히 경제 영역에 한정된 것이 아니라 사회 및 환경 영역을 포함한다. 경제, 사회, 환경의 조화와 통합적인 접근을 위해 인구 증가와 성장이 생태계 수용 능력의 한계 내에서 조화를 이루어야 하며, 개발을 할 때에도 지구적 차원뿐 아니라 지역적 차원에서 환경 용량을 고려하여 이루어져야 한다.

03 미래 지구촌의 모습과 내 삶의 방향

1 미래 지구촌의 모습

(1) 미래 사회의 예측

① 미래 사회 예측의 필요성 : 미래 사회는 변화 속도가 점점 빨라지고, 미래에 대한 불확실성이 증가하면서 미래 사회에 유연하게 대응할 수 있어야 한다.

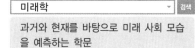

미래학 | 검색
과거와 현재를 바탕으로 미래 사회 모습을 예측하는 학문

② 미래 사회의 특징 : 미래학의 등장으로 과학적이고 합리적인 미래 예측이 가능해졌으며, 낙관론과 비관론이 동시에 제기된다.

(2) 미래 지구촌의 모습

① 국가 간 협력과 갈등

㉠ 국가 간 협력 강화

ⓐ 세계화로 인해 정치적·경제적 분야에서 교류가 활발해지면서 국가 간 상호 의존성이 증가하였다.

ⓑ 지구촌의 다양한 문제의 해결책을 모색하기 위해 국가 간 협력이 증대되었다.

㉡ 국가 간 갈등 심화

ⓐ 자유 무역의 확대로 자국의 이익을 우선시하면서 국가 간 경쟁이 치열해졌다.

ⓑ 자원 확보를 둘러싼 갈등이나 종교·문화적 차이로 인한 전쟁과 테러의 발생 가능성이 높아졌다.

ⓒ 국가 간 빈부 격차 문제가 심화되었다.

② 생태 환경의 변화

㉠ 변화 모습 : 온실 가스 배출로 인한 지구 온난화, 사막화, 열대림 파괴로 인한 생물 다양성 감소 등 에너지 사용 증가에 따른 생태적 위기가 심화되었다.

도시 수직 농장 | 검색
고층 건물의 각층마다 농장을 만들어 수경 재배가 가능한 농작물을 재배하는 방식

ⓛ 해결책

ⓐ 신재생 에너지를 개발·보급하고 환경 오염 방지를 위한 국제 협약을 체결한다.

ⓑ 멸종 위기 생물종을 복원하기 위한 방안을 마련한다.

ⓒ 도시 수직 농장 운영 등을 통해 식량 자원을 확보한다.

③ 과학 기술 발달에 따른 변화 **중요⁺**

㉠ 교통·통신의 발달로 시·공간의 제약이 축소되어 인간 활동의 범위가 확대되었다.

㉡ 정보 통신 기술 발달로 초연결 사회가 되기도 하지만, 개인 정보 유출 등 사생활 침해와 같은 문제도 등장하였다.

㉢ 생명 공학 발달로 유전자 변형 농산물 등 식량 생산이 증가하고 인간의 수명이 연장되지만, 윤리적 문제도 동시에 발생하였다.

㉣ 인공 지능 로봇의 발달로 생활의 편리함을 누릴 수 있지만, 반면에 인간 대신 다양한 분야에서 인공 지능 로봇이 일을 하게 되면서 일자리를 빼앗길 수 있다.

잠깐

국제 환경 협약
• 몬트리올 의정서(오존층 파괴 방지)
• 사막화 방지 협약(사막화 방지)
• 생물 다양성 협약(생물 종 보호)
• 람사르 협약(습지 보호)
• 바젤 협약(국가 간 유해 폐기물 이동 통제)
• 기후 변화 협약, 교토 의정서, 파리 기후 협약(지구 온난화 방지)

유전자 변형 농산물(GMO) ▾ 검색

작물 생산성을 높이기 위해 본래의 유전자를 새롭게 조작·변형시켜 만든 작물

잠깐

산업 혁명
• 1차 산업 혁명 : 증기 기관, 기계화
• 2차 산업 혁명 : 전기를 이용한 대량 생산 본격화
• 3차 산업 혁명 : 컴퓨터의 자동화 생산 시스템
• 4차 산업 혁명 : 로봇, 인공 지능, 유전자 공학 주도

바로바로 CHECK√

과학 기술의 발달이 인간 생활에 미친 긍정적인 영향은?

① 대기 오염이 심화되었다.

❷ 식량 생산량이 증가하였다.

③ 생물학적 다양성이 축소되었다.

④ 개인 정보의 유출 가능성이 높아졌다.

2 미래 사회를 대비하는 자세

(1) 미래 내 삶의 방향

① 세계화 시대에 맞는 개방적 태도와 관용의 정신이 필요하다.

② 나의 삶에 대한 올바른 인성과 가치관을 확립하고, 공동체 의식을 지녀야 한다.

③ 개인의 잠재력을 개발하고 적성과 가치관에 맞는 직업을 선택하기 위해 노력해야 한다.

바로 바로 CHECK√

미래 사회 구성원으로서 바람직한 태도가 아닌 것은?

① 타인의 자유와 권리를 존중한다.
② 자기 계발을 위해 꾸준히 노력한다.
❸ 특정 사회 집단의 이익만을 추구한다.
④ 지구촌 문제에 관심을 갖고 협력한다.

(2) 지구촌 구성원으로서의 태도

① 인간의 존엄성과 같은 인류의 보편적 정의를 국가나 사회 집단의 이익보다 앞세우는 자세를 지닌다.

② 인류의 공통적인 문제를 적극적으로 해결하기 위해 노력해야 한다.

01 세계 인구가 성장한 요인에 해당하지 <u>않는</u> 것은?

① 산업화로 인한 생활 수준의 향상

② 최근 선진국의 높은 인구 증가율

③ 의학 기술의 발달로 인한 사망률 감소

④ 농업 기술 발달에 따른 인구 부양력 증대

01

최근 개발 도상국은 사망률 감소와 높은 출산율의 영향으로 인구가 급증하고 있어 세계 인구 성장을 주도하고 있다.

02 다음 인구 변천 단계를 나타낸 그래프에서 2단계에 해당 _{고난도} 하는 설명으로 옳은 것은?

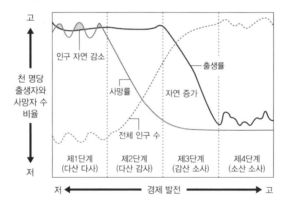

① 인구 증가율이 매우 낮아진다.

② 의료 기술의 발달로 사망률이 낮아진다.

③ 저출산·고령화 사회로 진입하는 단계이다.

④ 여성의 사회 진출 증가로 출산율이 감소한다.

02

그래프의 2단계는 초기 팽창 단계로, 출산율이 높은 상태에서 의료 기술의 발달로 인해 사망률은 감소하는 단계이다.

ANSWER

01. ② **02.** ②

03 세계의 인구 분포에 대한 설명으로 옳지 <u>않은</u> 것은?

① 온대 기후 지역에 가장 많은 인구가 분포한다.

② 아시아 지역에 전체 인구의 60% 이상이 거주한다.

③ 적도 지방과 극지방, 사막 등은 인구 희박 지역이다.

④ 벼농사가 발달하는 계절풍 지대는 인구 밀도가 낮은 편이다.

04 다음과 같은 특징이 나타나는 지역을 지도에서 고른 것은?

> 일찍부터 산업이 발달하여 인구가 밀집한 지역이다.

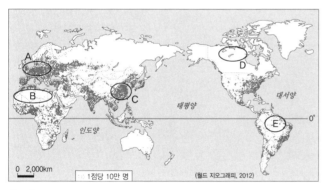

① A

② B

③ C, D

④ D, E

03
동부 및 남부 아시아 지역은 계절풍 지대로서, 일찍이 벼농사가 발달하여 인구가 많을 뿐만 아니라 인구 밀도 또한 매우 높다.

04
A는 온대 기후의 북서부 유럽으로 일찍이 산업이 발달하여 인구가 밀집한 지역이다. B는 아프리카의 건조 기후, C는 아시아의 온대 계절풍 기후, D는 캐나다의 한대 기후, E는 브라질의 열대 우림 기후이다.

ANSWER
03. ④ 04. ①

05 밑줄 친 (가)의 사례로 적절하지 **않은** 것은?

기출

> 개인의 공간적 이동은 이동 기간에 따라 (가) 일시적 이동과 반영구적 또는 영구적 이동으로 구분된다.

① 해외로 이민
② 직장으로 통근
③ 상품 구매를 위한 이동
④ 체험활동을 위한 국내 여행

05

등하교, 직장 통근, 상품 구매를 위한 이동, 국내 여행 등은 일시적 이동에 해당한다.

06 다음 인구의 국제 이동 중 (가)에 대한 설명으로 옳은 것은?

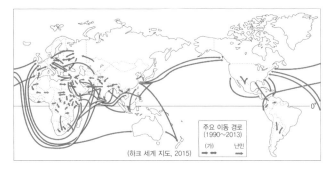

(하크 세계 지도, 2015)

주요 이동 경로
(1990~2013)
(가) 난민

① 정치적 이동
② 경제적 이동
③ 종교적 이동
④ 환경 난민의 이동

06

(가)는 노동자의 경제적 이동을 나타낸 것이다. 주로 동남아시아, 중앙아시아 등의 개발 도상국에서 유럽이나 미국과 같은 선진국으로 일자리를 찾아 나서는 이동 경로가 나타난다.

ANSWER
05. ① **06.** ②

07 한 나라 안에서 65세 인구가 전체 인구의 7%를 넘는 사회를 무엇이라 하는가?

① 고령 사회

② 고령화 사회

③ 초고령 사회

④ 초고령화 사회

07

65세 이상 인구가 전체 인구의 7~14%이면 고령화 사회, 14~20%이면 고령 사회, 20%가 넘으면 초고령 사회이다.

08 표를 분석한 내용으로 옳은 것은?

기출

우리나라 노인(만 65세 이상) 인구 비율

	1990년	2000년	2010년
전국	5.0%	7.3%	11.3%
농촌	9.0%	14.7%	20.9%
도시	3.6%	5.5%	9.2%

* 고령화의 단계

구분	노인 인구 비율
고령화 사회	7~14%
고령 사회	14~20%
초고령 사회	20% 이상

(통계청, 인구 주택 총조사, 각 연도)

① 도시의 노인 인구 비율은 감소하고 있다.

② 우리나라는 2000년에 초고령 사회에 진입하였다.

③ 2010년의 노인 인구 비율은 도시가 농촌보다 높다.

④ 도시와 농촌의 노인 인구 비율 격차는 점점 커졌다.

08

도시와 농촌의 노인 인구 비율 격차는 1990년(9.0% - 3.6% = 5.4%p), 2000년(14.7% - 5.5% = 9.2%p), 2010년(20.9% - 9.2% = 11.7%p)으로 갈수록 점점 커지고 있다.

① 도시의 노인 인구 비율은 증가하고 있다.

② 우리나라는 2000년에 고령화 사회에 진입하였다.

③ 2010년의 노인 인구 비율은 도시가 농촌보다 낮다.

ANSWER

07. ② 08. ④

09 다음은 우리나라 인구 구성비의 변화를 나타낸 것이다. 이러한 추세가 계속될 경우 나타날 수 있는 현상으로 옳지 <u>않은</u> 것은?

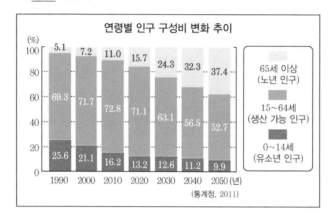

① 노동력 부족
② 경제 성장 둔화
③ 성비 불균형 심화
④ 노인 부양비 증가

10 다음과 같은 인구 구조가 나타나는 지역의 인구 문제로 옳은 것은?

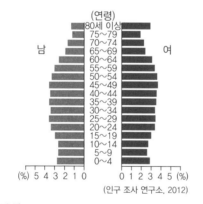

① 인구 급증
② 인구 부양력 부족
③ 경제 활동 인구의 감소
④ 대도시의 인구 과밀 문제

09
고령화는 전체 인구에서 노인 인구가 차지하는 비율이 높아지는 현상을 말한다. 우리나라의 성비 불균형은 남아 선호 사상이 초래한 결과로, 고령화 현상과는 관련이 없다.

10
유소년층의 인구 비율이 낮고, 노년층의 인구 비율이 높은 선진국의 인구 구조를 나타낸다. 선진국은 저출산·고령화로 인한 경제 활동 인구 감소, 청장년층의 노인 부양 부담 증가 등의 문제가 나타난다.

ANSWER
09. ③　**10.** ③

11 자료에 나타난 ○○○ 국가의 인구 특성으로 적절한 것을 〈보기〉에서 모두 고른 것은?

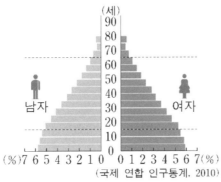

〈○○○ 국가의 인구 피라미드〉

│보기│
ㄱ. 출생률이 높다.
ㄴ. 사망률이 높다.
ㄷ. 기대 수명이 높다.
ㄹ. 총인구가 감소한다.

① ㄱ, ㄴ
② ㄱ, ㄹ
③ ㄴ, ㄷ
④ ㄷ, ㄹ

11
출생률과 사망률이 모두 높은 개발 도상국의 피라미드형이다. 급격한 인구 증가로 유소년층의 비율이 높은 인구 구조가 나타난다.

12 고령화에 따른 사회 문제로 적절한 것은?

① 노인을 위한 사회 복지비가 감소한다.
② 노인 빈곤이나 소외 등의 문제가 나타난다.
③ 노인 세대의 정치적·사회적 영향력이 작아진다.
④ 생산 가능 인구가 증가하여 경제 성장이 가속화된다.

12
최근 우리나라는 출산율이 급격히 낮아지고 평균 수명이 늘어나면서, 인구의 고령화에 따른 노동력 부족, 젊은층의 노인 인구 부양 부담 증가, 사회 복지비 증가, 노인 복지를 위한 국가 재정 부담 증가, 국가 생산성 저하 등의 문제들이 나타나고 있다.

ANSWER
11. ① 　12. ②

13 저출산·고령화 사회로 진입할수록 그 수치가 증가할 것으로 예상되는 것을 모두 고르면?

> 보기
> ㄱ. 중위 연령   ㄴ. 노인 부양비
> ㄷ. 경제 성장률   ㄹ. 생산 연령 인구

① ㄱ, ㄴ

② ㄱ, ㄹ

③ ㄴ, ㄷ

④ ㄷ, ㄹ

14 다음 ㉠에 해당하는 자원을 〈보기〉에서 모두 고른 것은?

> 자원은 재생 가능성에 따라 사용하면 고갈되는 자원인 ㉠ 비재생 자원과 재생 자원으로 구분할 수 있다.

> 보기
> ㄱ. 태양열   ㄴ. 석탄
> ㄷ. 천연가스   ㄹ. 풍력

① ㄱ, ㄴ

② ㄱ, ㄷ

③ ㄴ, ㄷ

④ ㄴ, ㄹ

13
중위 연령은 전체 인구를 연령 순서대로 세웠을 때 중간에 있는 사람의 나이를 의미한다. 중위 연령은 노년 인구 비율이 높을수록 높게 나타난다. 합계 출산율의 감소로 생산 연령 인구도 감소하게 되고, 그로 인해 경제 성장률도 감소하게 된다.

14
태양열, 풍력은 재생 자원이고, 석탄, 천연가스는 비재생 자원(고갈 자원)이다.

ANSWER
13. ①   14. ③

15 다음 글과 관련 있는 에너지 자원의 특성으로 가장 적절한 것은?

> 옛날 사람들에게 석유는 그저 끈적이는 '검은 물'에 지나지 않았다. 하지만 석유 정제 기술이 발전하여 다양한 용도로 쓰이게 되면서 '검은 황금'으로 탈바꿈하였다.

① 유한성

② 편재성

③ 가변성

④ 다양성

16 다음 글과 관련된 용어로 옳은 것은?

> 자원이 지구상에 고르게 분포하지 않고, 일부 지역에 집중되어 분포하는 특성

① 가변성

② 편재성

③ 유한성

④ 상대성

15
예전엔 쓸모가 없었지만 기술의 발달로 중요한 자원으로 변화한 석유와 같이, 자원의 가치가 고정되어 있는 것이 아니라 과학 기술의 발달과 사회적 · 문화적 배경에 따라 변화하는 특성을 가변성이라고 한다.

16
편재성이란 공간적으로 어느 한쪽에 치우쳐 분포하는 성질을 말한다.

ANSWER
15. ③   16. ②

17 다음에 해당하는 에너지 자원은?

기출

- 고기 습곡 산지를 중심으로 매장되어 있다.
- 산업 혁명의 원동력으로 이용된 화석 연료이다.
- 중국, 미국 등이 주요 생산국이다.

① 석탄
② 석유
③ 원자력
④ 천연가스

18 다음 지도와 관련 있는 자원에 대한 설명으로 옳은 것은?

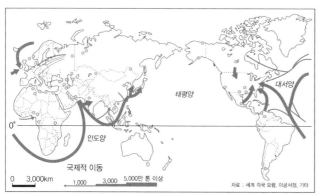

① 지역적 편재성이 커서 국제 이동량이 많다.
② 냉동 액화 기술의 발달로 생산이 증가하였다.
③ 오염 물질 배출이 적은 청정에너지에 속한다.
④ 산업 혁명 시기에 증기 기관의 연료로 이용되기 시작하였다.

17
석탄은 산업 혁명 때부터 철광석과 함께 주요 자원으로 이용되고 있으며, 고기 습곡 산지에 주로 매장되어 있다.

18
석유의 이동을 나타낸 지도이다. 석유는 서남아시아, 멕시코만, 러시아 등 비교적 좁은 지역에 매장되어 있어 지역적 편재성이 높은 편이며, 국제 이동량이 많다.
②·③은 천연가스, ④는 석탄에 대한 설명이다.

ANSWER
17. ① **18.** ①

19 다음 자원에 대한 설명으로 옳은 것은?

> 다른 화석 에너지에 비해 대기 오염 물질 배출량이 적어 청정에너지로 불린다.

① 주로 석탄과 함께 발견된다.
② 고생대 지층에 매장되어 있다.
③ 주로 가정용 연료로 많이 사용된다.
④ 비교적 넓은 지역에 매장되어 있다.

20 세계 에너지 자원의 소비 실태에 대한 설명으로 옳지 <u>않은</u> 것은?

① 현재 석유의 소비량이 가장 많다.
② 선진국에서 대부분 소비되고 있다.
③ 에너지 자원의 소비량은 지속적으로 증가하고 있다.
④ 국가별로 소비하는 에너지의 양은 비슷하게 나타난다.

19
천연가스는 석유와 함께 신생대 지층에서 발견되며, 주로 가정용 연료로 많이 이용된다. 최근 냉동 액화 기술의 발달로 장거리 수송이 가능해지면서 국제 이동량과 소비량이 증가하고 있다.

20
에너지 자원은 선진국이나 공업이 발달한 국가에서 대부분 소비되고 있어, 국가 간 자원 소비 격차가 확대되고 있다.

ANSWER
19. ③   20. ④

21 다음 지도와 관련된 자원 갈등 지역으로 옳은 것은?

① 나일강
② 북극해
③ 카스피해
④ 페르시아만

22 다음 지역의 공통점은?

고난도

> 페르시아만 연안, 북극해 연안, 남중국해 연안

① 환경 난민이 발생한 지역
② 신·재생 에너지 생산 지역
③ 에너지 자원을 둘러싼 분쟁 지역
④ 국제 하천을 둘러싼 물 분쟁 지역

21
러시아, 카자흐스탄, 아제르바이잔, 투르크메니스탄, 이란이 석유와 천연가스 지대의 영유권을 두고 분쟁하는 지역은 카스피해이다.

22
이 지역들은 석유, 천연가스 등의 자원 매장 지역으로서, 이 지역들을 둘러싼 주변 국가들의 영유권 분쟁이 발생하고 있다.

23 자원을 둘러싼 분쟁이 발생하는 원인으로 <u>잘못된</u> 것은?

① 자원은 그 매장량이 무한하다.

② 자원은 일부 지역에 매장되는 편재성이 있다.

③ 인구의 증가로 자원에 대한 수요가 증가하였다.

④ 자원 민족주의의 등장으로 자원을 무기화하기 시작하였다.

24 다음 글에 제시된 자원 문제의 해결 방안으로 옳지 <u>않은</u> 것은?

> 오늘날 에너지 자원의 소비량이 증가하면서 자원 고갈 및 부족 등의 문제가 발생하고 있다. 또한 화석 에너지 사용에 따른 지구 온난화 현상이 발생하고 있다.

① 국가 간 기후 변화 협약을 체결한다.

② 온실가스 배출권 거래제를 폐지한다.

③ 신·재생 에너지의 보급을 확대한다.

④ 일상생활에서 에너지 절약을 실천한다.

23
자원은 매장량이 한정되어 있는 유한성이 있기 때문에 자원을 둘러싼 분쟁이 발생한다.

24
온실가스 배출권 거래제는 지구 온난화 문제 해결을 위해 온실가스의 배출량 감축을 강제하는 제도적 방안이다.

ANSWER

23. ① **24.** ②

사 회

25 _{기출} ㉠에 들어갈 검색어로 적절한 것은?

- 1987년에 발표된 '우리 공동의 미래'라는 보고서에서 나온 개념
- 미래 세대가 그들의 필요를 충족시킬 수 있는 능력을 저해하지 않으면서 현재 세대의 필요를 충족시키는 것

① 거점 개발
② 지역 이기주의
③ 하향식 개발
④ 지속 가능한 발전

26 _{기출} 다음 내용에 해당하는 사례로 보기 <u>어려운</u> 것은?

'지속 가능한 발전'은 환경 파괴와 천연 자원의 고갈을 유발하지 않고, 인류가 지향해야 할 사회적 가치를 실현시키는 개발이라고 할 수 있다.

① 자연 녹지에 골프장을 건설하는 기업체 사장
② 작은 하천에서 얻은 수력 에너지로 빵을 굽는 주민
③ 농약이나 화학 비료를 사용하지 않고 포도를 재배하는 농민
④ 가축 분뇨를 발효시켜 메탄가스 발전기를 돌리는 축산업자

25

지속 가능한 발전(ESSD)은 환경적으로 건전하고, 미래 세대가 그들의 필요를 충족시킬 수 있는 가능성을 저해하지 않으면서, 현재 세대의 필요를 충족시키는 발전을 의미한다.

26

지속 가능한 발전은 환경 보호와 경제 성장의 두 측면을 동시에 고려하면서, 사회 안정과 통합까지 균형을 이루고자 하는 것이다.

ANSWER

25. ④   26. ①

27 다음 (가)에 들어갈 개념을 실천하기 위한 방안으로 옳지 <u>않은</u> 것은?

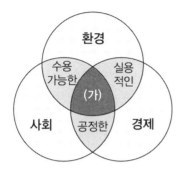

① 윤리적 소비를 실천한다.

② 세계 시민 의식을 함양한다.

③ 불평등을 해소하기 위해 경제 발전을 최우선으로 한다.

④ 공적 개발 원조를 통해 세계적인 빈곤 문제를 해결한다.

28 미래 사회에서 나타날 수 있는 다양한 문제가 <u>아닌</u> 것은?

① 자원 확보를 둘러싼 갈등 심화

② 다문화 사회 진입으로 인한 갈등 증가

③ 개인 정보 유출로 인한 사이버 범죄 증가

④ 인공 지능 로봇의 발달로 인한 일자리 증가

27
지속 가능한 발전을 실천하기 위해서는 생태계 수용 능력의 한계 내에서 경제 활동이 환경 친화적이어야 한다. 즉, 경제 활동과 환경 보호가 조화를 이루어야 한다.

28
인공 지능 로봇의 발달로 생활의 편리함을 누릴 수 있지만, 인간 대신 다양한 분야에서 인공 지능 로봇이 일을 하게 되어 일자리를 빼앗길 수 있다.

ANSWER

27. ③ 28. ④

29 미래 사회의 문제를 해결하기 위한 방안으로 옳지 <u>않은</u> 것은?

① 환경 문제는 문제가 발생하는 해당국이 전적으로 책임을 진다.

② 자원 문제는 신·재생 에너지 개발을 통해 해결하도록 노력한다.

③ 국제 분쟁은 국제 연합 평화 유지군을 파병하여 분쟁의 발생을 막는다.

④ 분쟁을 해결하기 위해 다른 문화나 민족, 종교의 고유한 가치를 존중하는 태도를 기른다.

30 다음 글과 관련 있는 미래 사회의 특징으로 보기 <u>어려운</u> 것은?

> 미래 사회는 과학 기술의 발달 속도가 그 이전보다 더 빨라질 것이며, 고도화된 정보화로 인해 개인의 사회적 영향력이 증대될 것이다.

① 정보 활용 능력이 중요해진다.

② 쌍방향 의사소통이 이전보다 활발해진다.

③ 시간과 공간의 제약이 이전보다 확대된다.

④ 문화적 측면에서 획일성보다 다양성이 중시된다.

29
환경 문제는 해당국만의 문제가 아니기 때문에 국제 협약을 체결하여 국제적 협조를 얻어 해결하는 것이 바람직하다.

30
과학 기술의 발달로 시·공간의 제약이 이전보다 축소되어 인간 활동의 범위가 확대된다.

ANSWER
29. ① 30. ③

31 미래 사회에서 발생하는 갈등의 원인으로 적절한 것을 〈보기〉에서 모두 고른 것은?

> ┌─보기┐
> ㄱ. 정보 통신 기술의 발전
> ㄴ. 국가 간 양극화의 심화
> ㄷ. 영토와 자원을 둘러싼 분쟁
> ㄹ. 자유 무역 확대로 세계 시장 통합

① ㄱ, ㄴ

② ㄱ, ㄹ

③ ㄴ, ㄷ

④ ㄷ, ㄹ

31
국가 간 이해관계의 대립, 국가 간 양극화의 심화, 영토와 자원을 둘러싼 분쟁, 종교적 대립 등으로 인해 국가 간 갈등이 세계 곳곳에서 발생할 것이다.

32 지구촌의 구성원으로서 가져야 할 세계 시민 의식에 대한 설명으로 옳지 <u>않은</u> 것은?

① 지구촌 문제에 관심을 가져야 한다.

② 자국의 이익을 최우선으로 생각한다.

③ 문화의 다양성을 존중하는 자세를 가진다.

④ 지구촌 문제를 해결하기 위해 적극 동참한다.

32
대한민국 국민이자 세계 시민으로서 공감과 연대 의식을 가지고, 지역마다 다른 문화의 차이를 인정하며 다양성을 존중하는 자세를 가져야 한다. 또한 책임 의식을 가지고 지구촌 문제를 해결하기 위해 적극 동참하고 실천하려는 노력이 필요하다.

ANSWER
31. ③ 32. ②

NOTE

고졸 검정고시 **사회**

2025년 1월 10일 개정6판 발행
2017년 1월 9일 초판 발행

편 저 자   이 재 은
발 행 인   전 순 석
발 행 처   정 훈 사
주   소   서울특별시 중구 마른내로72, 421호
등   록   제2014-000104호
전   화   737-1212
팩   스   737-4326